教育部哲学社会科学实验室 项目
"教育大数据与教育决策实验室"

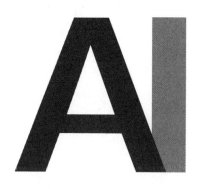

邱　峰◎著

大语言模型驱动教学创新与变革

上海教育出版社
SHANGHAI EDUCATIONAL
PUBLISHING HOUSE

前　言

欢迎您阅读《AI 大语言模型驱动教学创新与变革》一书。我期待着您能在阅读本书的过程中，发现新的思维方式、新的理解视角，并从中找到启示和灵感，驱动您的教学创新与变革。

人工智能技术已深深地影响了我们的生活，并正在不断地改变我们的世界。特别是 AI 大语言模型的强大能力在各个领域都已经充分显现出来，其中包括教育。它们既能够理解和生成人类语言，也能在多种语言之间进行转换，这使得我们有机会以前所未有的方式进行教学和学习。

本书旨在探讨 AI 大语言模型如何赋能并驱动教学创新与变革。首先介绍了 AI 大语言模型的基础理论，包括其背景、发展、知识获取与推理，以及未来的发展趋势与挑战。随后，进一步探讨了这些模型在教学中的应用，包括在教学管理、教学设计、个性化学习、项目和协作式学习，以及混合式学习等方面的应用。

特别是，本书对 AI 大语言模型在不同学科的实践案例进行了深入研究，从语文学科到数学学科，从英语学科到自然科学学科，希望通过实例深化理解，为您的教学实践提供有益的参考。随后，本书重点介绍了 AI 大语言模型的典型代表 ChatGPT，深入探讨了其功能特征、应用领域以及教学应用面临的挑战和应用展望。

在人工智能领域，AI 大语言模型是一项重要的创新，它的出现无疑为我们开启了一扇通向未来的大门。《AI 大语言模型驱动教学创新与变革》一书，希望能引导您穿越这扇门，走向新的世界，走向新的未来。

本书适合教育工作者、教学科研人员、学生、政策制定者以及对人工智能和教育技术感兴趣的广大读者。我期待本书能激发更多的思考、探索和创新，共同推动教育数字化转型的进程。

　　愿本书能给您带来启示，愿我们一同探索 AI 大语言模型如何驱动教学的创新与变革，也希望本书能成为您理解和应用 AI 大语言模型的有益指南。让我们共同开启更广阔、更深入的教育创新之旅。

　　祝您阅读愉快，有所收获！

华东师范大学教授、博士生导师
中国人工智能学会，智能教育技术专委会名誉理事长

2023 年 8 月

目 录 | Contents

第一章

导 论

人工智能(Artificial Intelligence,简称 AI)的发展,为教育领域带来了许多创新变革和实践应用的可能。其中,AI 大语言模型的发展极大地推动了教育中各个领域的智能化。虽然目前 AI 大语言模型技术在教育领域中的应用还处于刚刚起步的阶段,但是其发展趋势已经非常明显。未来教育中,AI 大语言模型将成为教师和学生的优秀助手,帮助他们更快、更准确地学习和教授知识。

目前,随着 AI 大语言模型技术的快速发展,教育科研工作者在对 AI 大语言模型进行认知和理解的同时,也在教育领域里开展了一系列的实践应用探索。为了能够使科技人员、教育实践者、决策者更全面、深入的了解 AI 大语言模型在教育中的应用,探索更加先进、高效的教育方法,本书的目的是向教育界提供有关 AI 大语言模型的最新研究和应用,促进人工智能和教育领域的融合和创新,进一步推动我国教育数字化转型的实现。

1.1 AI 大语言模型的概述

AI 大语言模型是一类基于人工智能的先进自然语言处理技术,它们能够理解、生成和处理人类语言。这些模型经过大量文本数据的训练,使得它们能够捕捉到语言的结构、语义和语境。在过去的几年里，AI 大语言模型取得了显著的进展，逐渐成为自然语言处理领域的主流技术。

AI 大语言模型的发展可以追溯到早期的自然语言处理技术。最初，自然语言处理的方法主要基于规则和统计，但这些方法在处理复杂和多样的语言现象时表现得并不理想。随着深度学习技术的出现，神经网络开始被应用于自然语言处理任务。这些神经网络模型通过从大量文本数据中学习特征表示，可以在一定程度上理解和处理自然语言。

近年来，随着计算能力的提高和数据规模的扩大，预训练的大规模语言模型应运而生。这些模型通过在海量文本数据上进行预训练，学习到丰富的语言知识。预训练模型如 BERT、GPT 等在多个自然语言处理任务上取得了突破性的成果。尤其是 GPT 系列模型，它们采用了 Transformer 模型架构，提供了强大的生成能力和表示学习能力。归纳起来，AI 大语言模型具有以下主要几个显著特点：

（1）**高性能**：通过在大规模文本数据上进行预训练，AI 大语言模型能够在多种自然语言处理任务中实现高水平的性能。

（2）**可生成性**：AI 大语言模型具有较强的生成能力，可以生成连贯、有意义的文本，满足各种应用场景的需求。

（3）**上下文敏感**：AI 大语言模型能够捕捉到文本中的上下文信息，从而更好地理解和处理复杂的语言现象。

（4）**迁移学习**：AI 大语言模型可以将在大规模文本数据上学到的知识迁移到其他相关任务上，降低训练成本和时间。

当然，尽管 AI 大语言模型在多个领域取得了显著成果，但要充分发挥其潜力和优化应用，AI 大语言模型也必须解决如下不足：

（1）**可解释性**：AI 大语言模型的内部工作机制往往难以解释，这使得模型在实际应用中可能遇到信任和可靠性问题。为了提高模型的可解释性，研究者需要开发新的技术，以揭示模型的决策过程和逻辑。

（2）**数据隐私**：训练 AI 大语言模型需要大量的文本数据，这可能引发数据隐私和安全问题。为了保护用户隐私，需要采取措施确保数据的安全处理和存储,并探索基于隐私保护的训练方法。

（3）**算法偏见**：AI 大语言模型可能从训练数据中学到偏见,从而在生成的文本中表现出不公平和歧视。为了消除算法偏见,需要关注数据来源的多样性,并采用去偏见技术来纠正模型的预测结果。

（4）**模型泛化能力**：尽管 AI 大语言模型在多个任务上表现出色,但在面对特定领域或小样本数据时,其泛化能力仍有待提高。研究者需要探索如何有效地利用领域知识和少量标注数据来提高模型的泛化性能。

（5）**能源消耗与环境影响**：训练 AI 大语言模型需要大量算力资源,这可能导致能源消耗和坏境问题。为了降低模型训练的环境影响,人们需要开发更加高效和节能的模型架构和训练方法。

总之,AI 大语言模型作为一种强大的自然语言处理技术,在未来有着广阔的应用前景。要充分发挥其潜力,人们需要关注并解决这些挑战,推动 AI 大语言模型在各个领域的创新应用。尽管如此,AI 大语言模型在诸多领域(如教育、医疗、金融等)都展示出巨大的应用潜力,未来仍有很多研究和发展空间。

1.1.1 背景与发展

AI 大语言模型是指由人工智能技术支持的具有大规模语言处理能力的模型。其最主要的功能是基于大量语料库进行训练,理解并生成自然语言,能够生成文章、对话交流等,也可用于文本生成和自然语言理解处理等任务。最近几年来,随着各种人工智能技术的发展,AI 大语言模型也取得了飞速发展,并被广泛应用于教育、医疗、金融和社交媒体等众多领域中。

（1）**背景**

自然语言处理是人工智能领域的重要研究方向之一,它涉及文本理解、语音识别、机器翻译、问答系统等多个方面。随着人们对大数据的需求不断增长,自然语言处理技术也得到了大幅提升,但仍存在诸多问题,如分词、依存句法分析、语义理解等问题。传统自然语言处理技术在处理非结构化数据时具有较大的局限性,使得机器在理解和生成自然语言方面往往显得不够自然和灵活。

为了解决这个问题，人们开始探索基于深度学习技术的自然语言处理方法，也就是具有大规模语言处理能力的 AI 大语言模型的研究。这种方法基于深度学习架构，融合了循环神经网络、长短时记忆网络、卷积神经网络等模型的思想，可以一定程度上根本解决自然语言处理中的基础性问题，如语言模型训练、机器翻译、文本生成、问题回答等问题。

（2）发展

AI 大语言模型的发展离不开深度学习技术的迅速发展。早在 2013 年，Google 就发表了一篇学术论文，提出了递归神经网络的语言模型。这种模型能够学习到句子中的语法结构，从而更好地理解和生成自然语言。在此基础上，依次出现了循环神经网络模型、长短时记忆网络模型、卷积神经网络模型等模型，而这些模型，都是 AI 大语言模型的发展基础。

值得一提的是，2017 年 Google 团队的 Vaswani 等人提出的 Transformer 模型在机器翻译领域引起了轰动。这个模型采用自注意力机制，该机制使得模型具备并行计算、捕捉长距离依赖关系、可解释性等特征，使得模型可以注意到句子中的不同位置之间的依赖关系，处理句子时不需要循环神经网络或卷积神经网络层。Transformer 模型的方法不仅在机器翻译领域表现出色，还广泛应用于自然语言处理其他领域。基于 Transformer 模型，2018 年 OpenAI 正式发布了 GPT－1 模型，开启了 AI 大语言模型领域之后的新阶段。这是一个使用多个领域的数据预训练的语言模型。GPT－1 取得了惊人的表现，甚至被称为近年来自然语言处理领域的重大突破之一，证明了大规模预训练模型的有效性。一年之后，2019 年 OpenAI 又公开了 GPT－2 模型，这是一个更强大的语言模型，拥有 15 亿个参数。该模型表现出惊人的生成能力，在许多自然语言处理任务中取得了优异的表现，例如提问回答、机器翻译、文本分类、情感分析等。2020 年，GPT－3 模型发布，该模型可以训练 1750 亿个参数。通过在更大的训练数据上进行预训练，GPT－3 在多个自然语言处理任务上取得了领先的性能。此外，GPT－3 在一些任务上实现了零样本或小样本学习，减少了微调的需求。

到目前为止,GPT-3 模型知识库的内容更新时间为 2021 年 9 月。

2022 年 11 月,OpenAI 正式发布和推出了 ChatGPT,在原来 GPT 系列前加上了 Chat 一词,表明它是一种以聊天或会话形式为主的预训练生成式模型。它继承了 GPT 系列模型的优势,强化了语言理解、生成能力和广泛的知识覆盖面,同时也在上下文理解记忆、对话管理、多轮对话的理解等方面进行了全面提升。ChatGPT 在推出后仅 2 个月时间内,活跃用户规模便突破 1 亿大关,超越了任何一项新技术工具对社会产生的影响度,也真正引爆了公众对 AI 大语言模型的关注度。2023 年 3 月,OpenAI 又正式发布了 ChatGPT-4,指出它是一个超大规模的多模态模型,具备文字、图像、音视频、制图等处理的多模态能力。ChatGPT-4 发布以后,世界上各个信息科技巨头和著名高校科研机构纷纷紧随其后,迅速跟进参与对 AI 大语言模型的研发。目前,国内外已经问世的大语言模型已不下数百款,而且几乎每周都有源源不断的新模型陆续登场。

1.1.2　知识获取与推理

AI 大语言模型的知识获取和推理能力主要来自其在训练过程中学习到的丰富语言知识和模式。在训练过程中,这些模型通过观察和学习大量文本数据,从而获取对各种概念、事实、语法规则和逻辑关系的理解。以下是 AI 大语言模型在知识获取和推理方面的主要方法:

1.1.2.1　主要方法

(1)预训练

在预训练阶段,模型通过无监督学习从大量无标签文本数据中学习语言知识。例如,GPT 系列模型采用生成式预训练方法,在给定文本片段的前提下,预测下一个词。在这个过程中,模型不仅学习到了词汇、语法和语义知识,还学习到了各种概念、事实和逻辑关系。

(2)微调

在预训练之后,模型可以通过有监督学习在特定任务上进行微调。在微调阶段,模型通过学习标注数据进一步优化其参数,以提高在目标任务上的性能。在这个过程中,模型可以学习到更为精细的知识和推理能力,使其更好地适应特定任务。

（3）模式匹配

AI 大语言模型通过识别输入文本中的模式来进行知识获取和推理。模型可以通过观察训练数据中的模式,学习到如何在给定的语境下使用适当的知识。此外,模型还可以通过对比不同文本片段之间的相似性,发现潜在的关联和规律。

（4）上下文理解

AI 大语言模型通过分析输入文本的上下文来获取知识和进行推理。这些模型可以根据上下文信息推断词汇、短语和句子的含义,从而理解复杂的语言结构和逻辑关系。例如,BERT 和 GPT－3 等模型采用双向 Transformer 架构,可以同时捕捉上下文信息,提高模型的推理能力。

（5）零样本或少样本学习

一些 AI 大语言模型(如 GPT－3)在训练过程中学习到了强大的知识获取和推理能力,使其能够在没有微调或仅有少量样本的情况下实现高效地迁移学习。这意味着模型可以根据其内部知识库和推理能力,在新任务上迅速适应和表现良好。

然而,值得注意的是,AI 大语言模型在知识获取和推理方面仍然存在一些局限性。

1.1.2.2　局限性

（1）有限的知识库

模型的知识库仅限于其训练数据中所包含的信息。对于没有接触过的新领域、概念或事实,模型可能无法准确地理解知识和进行推理。此外,模型的知识库也随着时间而过时,这意味着模型可能无法回答最新的问题或处理最新的趋势。

（2）算法偏见

由于训练数据可能包含人类作者的偏见和刻板印象,AI 大语言模型在知识获取和推理过程中可能会产生算法偏见。这可能导致模型在某些任务上表现不公平,或者生成具有偏见的输出。

（3） 可解释性和透明度

尽管 AI 大语言模型在知识获取和推理方面取得了显著进展,但它们的内部工作原理仍然相对复杂和不透明。这可能导致用户在理解和信任模型的决策过程时遇到困难。

（4） 错误传播和信任问题

模型在知识获取和推理过程中可能会产生错误。例如,模型可能会基于错误的事实进行推理,或者在缺乏足够上下文信息时生成不准确的输出。这些问题可能会影响模型在实际应用中的可靠性和信任度。

虽然存在这些局限性,但是 AI 大语言模型在知识获取和推理方面的能力仍然具有广泛的应用前景。未来的研究将会致力于解决这些局限,进一步提高模型的性能和效果。

1.1.3　未来发展趋势与挑战

AI 大语言模型在近年来取得了显著的进展,但还应该说是刚刚起步,未来发展的空间巨大。在发展过程中,也一定会面临诸多挑战。归纳起来,未来发展趋势与面临的挑战将会重点体现在以下几个方面。

1.1.3.1　发展趋势

AI 大语言模型的未来发展趋势将重点表现为模型的进一步优化和提升、更加智能化、高度集成化,多模态化、跨学科融合、可解释与透明化、资源全球化,以及强化伦理道德和政策的完善等。以下是未来发展趋势的主要方向:

（1） 更大规模的训练数据和模型

随着计算能力的不断提高,未来的 AI 大语言模型可能会使用更大规模的训练数据和更复杂的模型结构。这将有助于模型学习更加丰富的知识和更强大的推理能力,进一步提高在自然语言处理任务上的性能。

（2） 多模态学习与跨领域融合

未来的 AI 大语言模型可能会更加注重多模态学习,整合文本、图像、音频和视频等多种信息来源。这将有助于模型在更广泛的应用场景中发挥作用,提高其实用性。

（3） 提升可解释性与透明度

为了提高用户对 AI 大语言模型的信任度,未来的研究可能会更加关注模型的可解释性与透明度。这可能包括研究如何解释模型的内部工作原理,以及如何让用户更容易理解模型的处理过程。

（4） 缓解算法偏见与伦理问题

AI 大语言模型在训练过程中可能学到一些不公平的偏见或刻板印象。未来的研究将需要关注如何识别和减轻这些偏见,以确保模型的公平性和伦理性。

（5） 更高效的训练和推理方法

随着模型规模的增加,训练和推理过程的计算成本也在不断提高。未来的研究可能会探索更高效的优化算法和硬件加速技术,以降低计算成本并加速模型的部署。

（6） 定制化和特定领域的模型

针对特定领域或任务的定制化,AI 大语言模型可能会成为未来的一个发展趋势。这些定制化模型可以针对特定应用场景进行优化,也称之为专业领域的垂直模型,提升应用的针对性、有效性、实用性。

（7） 可控生成和安全性

AI 大语言模型在生成文本时可能产生一些不符合用户意图或不符合道德准则的内容。未来的研究可能会关注如何实现可控生成,以确保模型的输出既满足用户需求,又遵循相应的道德规范。

1.1.3.2 面临的挑战

尽管 AI 大语言模型在多个领域,包括教育领域,取得了显著的成果,但在未来发展中仍面临一些挑战和问题,以下是一些未来发展面临的主要挑战和问题:

（1） 数据偏见

AI 大语言模型在训练过程中可能受到数据偏见的影响。训练数据中的偏见可能导致 AI 生成的输出结果也存在偏见,这可能对用户产生不良影响。为了减轻数据偏见问题,需要持续关注和改进数据收集与处理方法,以及提高 AI 的公平性和可靠性。

（2）**误导性信息**

AI 大语言模型可能生成不准确或误导性的信息。例如在教育领域，这可能导致学生接受错误的知识。因此，需要加强对 AI 输出结果的监控与审核，确保提供给学生的信息是准确和有效的。

（3）**隐私与安全**

随着 AI 大语言模型在各个领域的广泛应用，保护用户的隐私和数据安全变得尤为重要。需要建立严格的数据管理和保护措施，确保用户隐私不被泄露。

（4）**人工智能伦理**

AI 大语言模型在教育领域的应用涉及众多伦理问题，如技术替代人类教师的可能性、AI 在评估学生表现时的公平性等。在未来发展中，需要关注这些伦理问题，确保 AI 技术在教育领域的可持续发展。

（5）**技术依赖**

过度依赖 AI 大语言模型可能导致学生和教师的技能退化，降低人际交流和创造力。因此，需要在利用 AI 技术的同时，注重培养学生和教师的独立思考和创新能力。

（6）**泛化能力**

虽然 AI 大语言模型在某些任务上表现出色，但在一些特定场景或涉及深度理解的任务上，其泛化能力仍有限。未来的研究需要关注提高 AI 大语言模型的泛化能力，以便更好地应对复杂和多样的问题。

（7）**可解释性**

AI 大语言模型的决策过程往往是不透明的，这可能导致用户对其输出结果的信任度降低。为了提高用户的信任度和接受程度，需要研究提高 AI 模型的可解释性和可审查性。

（8）**法规与政策**

随着 AI 技术在各个领域应用的不断拓展，法规和政策的制定和完善变得尤为重要。政府和相关部门需要关注 AI 技术在不同领域的发展，制定相应的法规和政策,确保 AI 技术的合理、安全、有效地应用和推进。

（9） 技术普及与数字鸿沟

AI 大语言模型的应用在一定程度上依赖于基础设施和互联网普及程度。在发展中国家和欠发达地区,数字鸿沟可能限制了 AI 技术在部分领域的普及和应用。解决这一问题不仅仅需要加大基础设施建设投入,还要从政策和措施上给予有力支撑和保障。

总之,AI 大语言模型在未来发展中面临诸多挑战和问题是正常的,这就需要研究者、教育工作者、政策制定者等共同努力,积极应对这些挑战。在保证有效性、可靠性、公平性和可持续性的前提下,充分利用 AI 技术的优势,全面推动各领域的创新与变革。

1.2　教学应用的潜能与范围

AI 大语言模型在教育中具有广泛的应用潜能与范围,能够提升教学效率、丰富教学资源、优化课堂互动,实现个性化学习,并为在线教育和各学科学习提供有力支持。尤其在教育数据分析、挖掘、归纳、提炼和创新能力培养方面有巨大潜力,有望为教育领域带来重要的变革与创新。

1.2.1　应用潜能

AI 大语言模型在教育领域应用具有显著潜能,尤其在教学效率提升、拓展教学资源、优化课堂互动、支持个性化学习、线上线下融合、辅助学科学习、进行教育数据分析和培养创新能力。这些潜能将推动教育领域的变革和创新,为教师和学生提供更多优质资源与支持。具体表现在以下几个方面:

（1） 教学效率提升

AI 大语言模型可以自动批改作业、测试和练习,减轻教师的负担,让教师有更多时间关注学生的个性化需求和发展。AI 大语言模型可以自动批改学生的作业、测试和练习,为学生提供及时的反馈和建议,从而教师可以将更多精力投入到教学设计和学生指导上。AI 可以根据每个学生的学习能力、兴趣和需求,推荐适合的学习资源,使教学更加高效和精准。可以快速生成丰富多样的教案、练习题、教学课件等教学资源，帮助教师节省准备时间，提高教学效率。实时捕捉学生在课堂上的反馈，提供有关学生理解程度、疑问和需求的信息，使教师可以实时调整教学方法和策略，提高课堂教学效果。AI 通过对海量教育数据的挖掘和分析，可以为教师提供关于教学效果、学生表现和需求等方面的有价值信息，帮助优化教学方法和策略，提高教学效率。

（2）教学资源拓展

AI 大语言模型能够生成丰富多样的教学材料，如教案、练习题、教学课件等，为教师提供更多教学资源，创新教学方法。AI 大语言模型的特点功能之一是生成性，可以自动生成教学材料，如教案、练习题、课件等，为教师提供更多的教学资源。而且可以生成多样化的教学资源，如图像、音频、视频等，拓展教学资源类型，丰富教学体验。针对学生差异性，AI 大语言模型可以根据每个学生的学习能力、兴趣和需求，自动推荐个性化的教学资源，让学生更加主动地参与学习。此外，AI 大语言模型还可以帮助教师更好地管理和利用教学资源，提高教学资源为教学服务的效能，也可以实现教学资源的共享，让更多的学生和教师可以获得优质的教学资源，提升教育资源的利用率。

（3）个性化学习服务

AI 大语言模型可以根据每个学生的学习能力、兴趣和需求，提供个性化的学习资源和教学方案，帮助学生实现最佳学习效果。AI 大语言模型在个性化学习方面的作用主要体现在：学习路径定制、学习内容个性化、答疑辅导个性化、进度掌握个性化、学习反馈个性化等。AI 大语言模型完全可以根据每个学生的知识基础、学习能力、兴趣和需求，制定个性化的学习路径，使学生在自己的能力范围内快速提高，提高学习效率。根据每个学生的学习状况和特点，推荐个性化的学习内容，如文本、音频、视频等，满足学生的多样化需求，激发学习兴趣。针对每个学生的疑问和需求，提供个性化的答疑和辅导服务支持，为学生解决难点和问题，提升学习效果。还可以根据每个学生的学习进度，实时监控学生的学习情况，提供个性化的学习建议和调整方案,帮助学生更好地掌握学习进度。与此同时,AI 大语言模型可以根据每个学生的学习情况,实时提供个性化的学习反馈和建议,帮助学生了解自己的学习状况,发现和改进学习问题。通过以上功能,AI 大语言模型可以为每个学生提供个性化的学习体验,使学习更加高效、有效和有趣。同时,教师也可以全面了解每个学生的学习情况,根据学生的情况制定更加科学合理的教学计划,提高教学效能。

（4）优化教学互动

AI 大语言模型可以模拟实际课堂教学场景,与学生进行实时互动,提高学生的实际应用能力,使课堂更加生动和有趣。AI 大语言模型具备强大的互动交流功能,可以实现与学生的实时互动,提供及时的反馈和建议,加强师生互动。可以根据每个学生的学习情况和特点,提供个性化的互动服务,如答疑、辅导和反馈等,满足学生的多样化需求。AI 大语言模型也可以生成多样化的互动形式,如对话、问答、角色扮演等,使教学互动更加生动、有趣。AI 大语言模型可以帮助教师共享教学资源,促进教师之间的交流和合作,增强教学互动效果。可以对教学互动的效果进行评估,为教师提供改进方案和建议,提高教学互动的质量。基于以上功能,AI 大语言模型可以优化教学互动,提高师生之间的互动效果和质量。与此同时,教师也可以根据学生的反馈和表现,及时调整教学策略和方法,提高教学效果。

（5）线上线下融合

AI 大语言模型可以为线上线下教学融合提供强大支持,实现优质教育资源的共享和普及,让更多学生受益。支持线上线下融合方面的作用主要体现在:在线课堂支持、移动学习支持、弹性学习模式、教学模式切换、云端大容量存储等。AI 大语言模型可以支持在线课堂,为学生提供远程学习和在线学习的服务。可以支持学生移动学习,如手机学习、平板电脑学习等,让学生更加便捷地随时随地学习和交流。可以支持弹性学习模式,如自主学习、合作学习等,满足学生的不同学习需求和学习方式。支持教学模式的切换,如线上线下课堂、混合式教学等,让教师和学生根据实际情况选择最适合的教学模式。支持云端大容量存储,可以将各类教学资源和学生作业等存储于云端,师生可以方便地随时随地进行存取、学习和交流。通过以上功能,AI 大语言模型可以支持线上线下融合,让学生和教师在不同的场景下都能获得优质的教育资源和服务。同时,线上线下融合也能够提高教学效率和质量,让教育更加普惠和便捷。

(6) 辅助学科学习

AI 大语言模型可以为学生在各个学科的学习提供有力支持,解答疑难问题,推荐相关资源,帮助学生拓展知识面和提高学科素养。AI 大语言模型在辅助学科学习方面的作用主要体现在不同的学科,如数学、物理、化学、生物、历史等学科。数学学科辅助可以帮助学生解答数学问题,如代数、几何、概率等,提供计算、分析、解决问题的辅助服务。物理学科辅助可以帮助学生理解物理学科的概念和原理,如力学、热力学、电磁学等,也可提供模拟、虚拟实验、演示的辅助服务。化学学科辅助可以帮助学生掌握化学学科的知识和实验,如化学反应、元素周期表、物质的结构和性质等,并提供模拟、虚拟实验、演示的辅助服务。生物学科辅助可以帮助学生掌握生物学科的知识和实验,如细胞结构、遗传、进化等,包括提供模拟、虚拟实验、演示的辅助服务。而对历史学科辅助,AI 大语言模型可以帮助学生理解历史学科的事件和进程,如古代文明、历史人物、政治经济制度等,也可以提供视频、音频、动画等演示的辅助服务。基于这些功能,AI 大语言模型可以辅助学生学习各学科的知识和技能,并提供多种形式的辅助服务和资源,帮助学生更好地理解和掌握学科内容,提高学习效率和学习成果。

(7) 教育数据分析

AI 大语言模型可以通过对海量教育数据的分析和挖掘,为教育工作者提供关于教学效果、学生表现和需求等方面的有价值信息,帮助优化教学方法和策略。简单说,教育数据分析是指通过对教育数据的收集、整理、分析和挖掘,不仅帮助教师优化教学方法和策略,也为教学决策和教育管理提供科学依据和决策支持。AI 大语言模型在教育数据分析方面的作用主要体现在:教学效果分析、学生画像分析、学生行为分析、教学资源评估、教学质量评估等。AI 大语言模型可以根据学生的学习数据,分析和评估教学效果,如学生的学习成绩、学习进度、学习行为等,为教学改进提供依据。学生画像分析是根据学生的学习数据,分析学生的学习习惯、兴趣爱好、学习难点等,绘制学生画像,为教师提供个性化教学方案和指导。学生行为分析是对学生的学习行为和学习模式进行分析,如学习时间、学习路径、学习方式等,为教师提供教学方案改进和学生管理建议。教学资源评估则是根据教学资源使用情况和师生反馈,评估教学资源的质量和适用性,为教学资源的优化和改进提供依据。教学质量评估可以根据学生的学习数据,分析教学质量和教学效果,为学校、教育管理部门提供教学质量评估和监督。通过以上功能,AI 大语言模型可以对教育数据进行全面的分析和挖掘,为教育管理和教学改进提供科学依据和决策支持,提高教学效果和学生学习成果。

（8）创新能力培养

学生创新能力的培养是未来教育的重要目标之一。AI 大语言模型可以激发学生的创造力和想象力,通过各种创新型项目和实践活动,培养学生的创新思维和实践能力。AI 大语言模型助力学生创新能力培养主要体现在以下几个方面:激发学生创新思维、培养学生实践能力、支持协作学习和项目学习、提供实时反馈和建议、提供良好的学习环境等。AI 大语言模型可以通过提供多样化的学习资源和个性化的学习方案,激发学生的创新思维,帮助学生认识到问题,思考创新解决方案,发挥创造力。可以为学生提供虚拟现实或增强现实实验室和在线实践平台,让学生在虚拟环境中进行实践操作,发挥想象力和创新能力。同时,还可以提供大量的数据资源和工具,帮助学生分析和解决问题。AI 大语言模型可以为学生提供协作学习和项目学习的平台和支持,激励学生在团队合作和实际项目中,发挥创新和实践能力,并培养团队协作精神和领导能力。在协作学习或项目学习同时,AI 大语言模型可以实时对学生的学习过程和成果进行反馈和建议,及时指导学生进行错误纠正和优化改进,提高创新思维和实践的能力。此外,AI 大语言模型可以为学生提供良好的学习环境,友好简洁的交互界面、智能、快速、精准的互动,让学生在学习中获得自信和动力,培养自主学习和自我创新的能力。通过以上方式,AI 大语言模型可以帮助学生培养创新能力,提高创新思维和实践的能力,为未来的职业发展和社会创新做好充分准备。

这些应用潜能无疑使 AI 大语言模型在教育领域的应用比以往任何一项技术具有更广阔前景,也有望成为推动教育创新与变革的利器。

1.2.2 应用范围

基于 AI 大语言模型在教育领域应用具有的潜能,其应用范围无疑极其广泛,尤其在教育管理、教学、学习、五育并举等方面。这些应用范围基本涵盖了教育的方方面面,以下就从这四个方面具体描述 AI 大语言模型的实际应用:

(1)教育管理

AI 大语言模型在教育管理方面的应用涉及的内容很多很广,主要包括以下几个方面:教务管理、教学评估、学生管理、数据分析与挖掘等。AI 大语言模型可以为学校提供智能化的教务管理系统,支持学校进行课程安排、教师管理、学生管理、教学质量评估等方面的管理工作。例如,AI 大语言模型可以自动分析学生的选课情况和课程表,为学生提供个性化的选课建议和课程推荐。可以自动对教师的教学效果和质量进行分析与评估,帮助教育管理者更加客观地了解教师的教学能力和水平,同时还可以为教师提供个性化的教学建议和培训计划,帮助教师不断提升教学水平和素质。可以自动对学生的作业、考试和测验结果进行分析与评估,帮助教育管理者和教师更加准确地了解学生的学习水平和成绩情况,同时还可以自动推送学生成绩信息和评价结果给学生和家长,促进家校沟通和合作。AI 大语言模型可以自动收集、分析和处理学生的学习数据和行为数据,支持教育管理者进行数据挖掘和分析,从而提升教育管理的智能化和精准化。例如,AI 大语言模型可以根据学生的学习数据和行为数据,预测学生的学习情况和行为趋势,帮助管理者制定更加科学和有效的教育政策。综上所述,AI 大语言模型在教育管理方面的应用可以帮助教育管理者更加科学、精准和高效地进行教育管理,促进学校整体的智能化和现代化。

（2）教学支持

教学支持是指为教师提供教学技术和资源支持,帮助教师提高教学效果和质量的一种服务。AI 大语言模型可以为教师提供智能化的教学支持,从而帮助教师提高教学效果和质量,更好地实现教学目标。在课程设计方面,AI 大语言模型可以根据学科和年级特点,自动生成适合的教学资源和教材,包括教案、课件、练习题等。这不仅可以节省教师的时间和精力,还可以提高教学效率和质量。同时,还可以根据学生的学习特点和需求,为教师提供个性化的教学资源和支持,从而实现教学的个性化。在教学过程中,可以模拟不同的场景和对话,例如协助教师进行口语教学和听力训练。同时,还可以为教师提供实时的批改和反馈服务,帮助教师及时发现学生的问题和错误,并提供相应的建议和指导。在教学评估方面,AI 大语言模型可以自动收集和分析学生的学习数据和行为数据,帮助教师了解学生的学习情况和问题,并根据数据分析结果调整教学计划和方法。同时,还可以自动评估教师的教学质量和效果,为教师提供相应的反馈和改进建议。综上所述,AI 大语言模型可以为教师提供全方位的教学支持服务,从课程设计到教学过程和评估,可以帮助教师提高教学效果和质量,实现教学目标。

（3）学习支持

学习支持是指为学生提供学习资源和学习辅助服务,帮助学生提高学习效果和质量的一种服务。AI 大语言模型可以为学生提供智能化的学习支持,从而帮助学生提高学习效果和质量,更好地实现学习目标。在学习资源方面,AI 大语言模型可以为学生提供丰富多样的学习资源,包括教材、练习题、视频、音频等。这些资源可以根据学生的学习需求和能力,进行个性化推荐和定制。同时,AI 大语言模型还可以为学生提供实时的答疑和辅导服务,帮助学生解决学习中遇到的问题和困难。在学习过程中,可以根据学生的学习行为和数据,为学生提供个性化的学习计划和指导,帮助学生制定合理的学习目标和计划,并根据学习数据分析结果进行调整和优化。同时，AI大语言模型还可以自动评估学生的学习水平和能力，为学生提供相应的反馈和建议。在学习评估方面，可以自动收集和分析学生的学习数据和行为数据，帮助学生了解自己的学习情况和问题，并根据数据分析结果调整学习计划和方法。同时，AI大语言模型还可以自动评估学生的学习成果和能力，为学生提供相应的反馈和建议。综上所述，AI大语言模型可以为学生提供全方位的学习支持服务，从学习资源到学习过程和评估，都可以帮助学生提高学习效果和质量，实现学习目标。

（4）五育并举

教育中的"五育并举"是指德育、智育、体育、艺术和劳动等五个方面的全面发展。AI大语言模型在教育中可以通过各种方式来支持和促进五育并举的发展。

在德育方面，AI大语言模型可以通过提供道德教育资源和服务，帮助学生树立正确的价值观和道德观念。例如，为学生提供故事、名言、诗歌等资源，鼓励学生培养道德情操和品德修养。同时，AI大语言模型还可以为学生提供道德评估和建议服务，帮助学生发现和改正自己的道德问题。

在智育方面，AI大语言模型可以通过提供有效的教育资源和服务，帮助学生扩展知识面和提高学习能力。例如，为学生提供丰富的教材和知识资源，助力学生掌握各种学科的知识和技能。同时，还可以为学生提供个性化的学习计划和方法指导，帮助学生实现智育的全面发展。

在体育方面，AI大语言模型可以通过提供运动训练资源和服务，帮助学生提高身体素质和运动能力。例如，可以为学生提供运动技能视频、健身计划等资源，帮助学生了解运动技能和健身知识。同时，还可以为学生提供运动健康评估和建议服务，帮助学生及时发现和改正自己的运动问题。

在艺术方面，AI大语言模型可以通过提供艺术教育资源和服务，帮助学生培养艺术兴趣和审美能力。例如，可以为学生提供音乐、美术、舞蹈等方面的教育资源，促进学生发展艺术天赋和创造力。同时，还可以为学生提供艺术评估和建议服务，指导学生发现和改进自己的艺术不足之处。

在劳动方面,AI 大语言模型可以通过提供劳动教育资源和服务,帮助学生了解劳动的意义和价值。例如,可以为学生提供劳动技能视频、职业规划等资源,帮助学生了解不同行业和职业的特点和要求。同时,还可以为学生提供劳动评估和建议服务,帮助学生发现和改正自己的劳动问题。

综上所述,AI 大语言模型在教育中可以通过多种方式来支持和促进"五育并举"的发展。同时,这些应用也有助于促进教学质量和效能的提升,助力学生实现全面的发展和成长。

1.3 教学实践中的挑战

尽管 AI 大语言模型在基础教育中的应用有很多潜力和优势,但在教学实践中仍然面临一些挑战。对于教学实践应用,这些挑战具体主要表现在:需要高水平的技术支持和维护、需要合理的教学设计和评估体系、需要与传统教育方法和价值观相融合,以及需要充分考虑个人的隐私和安全问题。

(1) 高水平的技术支持和维护

首先,AI 大语言模型的训练和优化需要大量的数据和计算资源,需要教育机构和教师投入大量的成本和资源来支持。同时,需要有一支高水平的技术团队来支持模型的训练和维护,这需要拥有专业的技术人才和良好的硬件设施。

其次,实践应用需要持续的技术更新和维护,以应对不断变化的教育需求和技术环境。这需要技术团队具备持续学习和创新的能力,不断改进和更新技术,提升模型的性能和应用效果。

另外,应用需要保证数据的安全和隐私,这需要采取一系列的措施来进行数据的保护和管理。同时,还需要遵守相关的法律和规定,如个人信息保护法等。

总之,AI 大语言模型的实践应用需要高水平的技术支持和维护,这需要教育机构和教师充分认识到其重要性,并投入足够的资源和人力来支持。同时,还需要拥有专业的技术团队来保证模型的训练、优化和应用效果,以实现其在教育中的应用和发展。

（2）合理的教学设计和评估体系

首先,教学设计需要根据学生的学习特点和需求来制定,不仅要考虑到技术的应用,还要注重教学的人性化和全面性。教师需要充分了解学生的学习水平和兴趣爱好,针对学生的需求和特点来制定教学方案和教学内容,以激发学生的学习兴趣和提高学习效果。

其次,评估体系需要考虑到学生的综合素质和能力,不仅仅是技术水平的评估。教师需要制定多元化的评估方法和工具,如课堂表现、作业完成情况、考试成绩、学习档案等,以全面评价学生的学习情况和教学效果。

另外,评估结果需要及时反馈给学生和家长,帮助学生发现自身的不足和优势,提供针对性的指导和建议。同时,还需要对评估结果进行分析和反思,以不断改进教学设计和评估体系,提高教学质量和效果。

总之,AI 大语言模型在教育中的应用需要合理的教学设计和评估体系,这需要教师不仅具备技术能力,还需要注重教学的人性化和全面性,以实现教学目标和提高学生的学习效果。

（3）与传统教学方法优势互补

首先,AI 大语言模型的应用需要与传统教学方法相融合,既要注重技术的应用和创新,也要保持传统教学方法的优点和特点,优势互补。教师需要根据教学内容和学生的需求来选择合适的教学方法和工具,以提高教学效果和学生的学习积极性。

其次,AI 大语言模型的应用需要与传统教育价值观相融合,注重学生的全面发展和综合素质的培养。教师需要根据教育部门和学校的教育目标和价值观来设计教学内容和评估体系,以保证学生的综合素质和全面发展。

另外,教师需要加强对学生的引导和辅导,帮助学生理解和应用 AI 大语言模型的知识和技术,同时也要关注学生的人格和思想发展,培养学生的创新能力和社会责任感。

总之,AI 大语言模型在教育中的应用需要与传统教育方法和价值观相融合,以实现教育的全面发展和提高学生的综合素质。教师需要注重教学的人性化和全面性,以实现教学目标和提高学生的学习效果。

（4）保障个人隐私和安全

首先,教育机构和教师需要带头遵守相关法律法规和政策要求,保障学生的隐私权和信息安全。例如,需要明确收集、使用、处理、存储、保护学生信息的规范和标准,并建立相应的信息安全管理制度和安全保障体系。

其次,教育机构和教师需要对 AI 大语言模型的应用进行严格的安全审查和评估,确保 AI 大语言模型的技术和应用符合安全要求,避免出现数据泄露、信息滥用等安全风险。

另外,教育机构和教师需要加强对学生的隐私保护和安全教育,引导学生了解和认识个人隐私权和信息安全的重要性,学习安全使用网络和技术的技能和方法。

总之,AI 大语言模型在教育中的应用需要充分考虑个人的隐私和安全问题,教育机构和教师需要遵守相关法律法规和政策要求,对 AI 大语言模型的应用进行严格的安全审查和评估,并加强对学生的隐私保护和安全教育,以保护学生的权益和利益。

第二章

AI 大语言模型理论基础

AI 大语言模型的理论基础主要来自自然语言处理和深度学习领域。自然语言处理是一种人工智能技术,旨在让计算机能够理解、生成和处理人类语言。自然语言处理领域涉及语音识别、语言翻译、文本分类、情感分析、文本生成等多个方面,是 AI 大语言模型的核心基础之一。深度学习是一种机器学习的分支,其核心思想是通过构建多层神经网络来实现对复杂问题的建模和解决。深度学习可以通过对大规模数据的学习来提高模型的准确性和性能,对于 AI 大语言模型来说尤为重要。

在 AI 大语言模型的发展历程中,最具代表性的是 2018 年推出的 GPT 模型,其成功应用了深度学习技术,并在自然语言处理领域取得了极大的成功,被认为是自然语言处理领域中的一项重要突破。

除此之外,AI 大语言模型还借鉴了概率论、信息论、计算机科学等多个领域的相关理论和方法,如马尔可夫模型、贝叶斯理论、信息熵、向量空间模型等。

总之,AI 大语言模型的理论基础主要来自自然语言处理和深度学习领域,并借鉴了其他多个领域的相关理论和方法。

2.1 人工智能和机器学习基本概念

人工智能和机器学习是两个相关的概念,但是它们有着不同的含义。

人工智能是计算机科学的分支之一，旨在使计算机系统能够模拟和实现人类智能的行为，例如语音识别、图像识别、自然语言处理等。而机器学习是人工智能的分支之一，它是通过让计算机系统自动学习数据和模式，以不断优化系统性能的过程。

2.1.1　人工智能基本概念

人工智能是计算机科学的分支之一，旨在使计算机系统能够模拟和实现人类智能的行为，例如语音识别、图像识别、自然语言处理等。人工智能可以分为弱人工智能、强人工智能和超级智能。

（1）弱人工智能

弱人工智能也称为狭义人工智能，是指针对特定任务或领域而设计的人工智能系统，其能力相对较弱。这些系统通常只能执行特定的任务，例如语音识别、图像识别、自然语言处理、机器翻译等。弱人工智能系统主要依赖于大量的训练数据和先验知识，通常是基于规则、统计模型或者机器学习算法等，并通过大量的数据和算法训练，学习和模拟人类的某些特定能力。

弱人工智能系统在特定领域中的应用非常广泛，也是目前人工智能领域中应用最为成熟和普遍的形态之一。例如在医疗领域中的医学影像识别、病历数据挖掘等；在金融领域中的风险控制、投资决策等；在交通领域中的自动驾驶技术等。弱人工智能系统已经在各个领域中得到广泛应用，大大提高了效率和准确性，同时也推动了智能技术的不断发展。

（2）强人工智能

强人工智能也称为广义人工智能，是指拥有与人类智能相当或超过人类智能的人工智能系统，具有较广的认知能力，能够处理各种任务和问题。强人工智能不仅能够像人类一样学习和推理，还能够创造新的知识和思想，并且具有自我意识和自我修复的能力。与弱人工智能相比，强人工智能具有更高的智能水平和更广泛的适应性，能够适应各种复杂环境和问题，而不是局限于特定领域或任务。

强人工智能的研究一直是人工智能领域的重要目标和挑战，它涉及许多领域的交叉,包括机器学习、计算机科学、认知科学、哲学等。其应用范围涵盖了各个领域,包括医疗、教育、交通、金融、能源等。强人工智能目前还没有完全实现,但是随着技术与方法的不断进步与发展,尤其是大规模数据的获取、存储和处理技术、机器学习和深度学习算法的不断优化和进化、计算机硬件性能的提升,如量子计算机的发展、人脑结构和功能的神经网络模型等的发展,最终会达到理想的目标,而且这一目标已经并不是很遥远。强人工智能的实现将会极大地改变人类社会的面貌,对人类的生活和发展产生深远的影响。

此外,强人工智能的实现还需要考虑可能带来的伦理和社会问题,例如机器人对人类的部分替代和取代、威胁和安全问题等。因此,实现强人工智能需要综合考虑多个方面的因素,并做好充分的准备和规划。

(3) 超级智能

超级智能是指远超人类智慧的智能机器,它们可以进行高级的思考和决策,并且具有创造新知识和理解新概念的能力。超级智能不仅具备强人工智能的能力,而且还能够超越人类智慧,具有更广阔、更深入的认知和思维能力。它们可以理解并创造新的知识、掌握各种复杂的技能和技术、发现并解决人类难以解决的复杂问题。

虽然目前我们还没有实现超级智能,但是许多科学家和研究人员认为,一旦超级智能被实现,将会对人类产生深远的影响和挑战。一些人担心,超级智能可能会对人类构成威胁,因为它们具有无限的智慧和能力,可以对人类造成潜在的危险。因此,如何控制和管理超级智能的发展,是人工智能领域面临的重大挑战之一。

为了解决这些问题,许多人工智能专家正在致力于研究超级智能的发展和控制。他们正在探索各种方法和技术,以确保超级智能的发展不会对人类产生危害,而是为人类社会和文明做出更大的贡献。

总之,人工智能是一种复杂的技术和概念体系,其应用领域非常广泛,涵盖了机器学习、深度学习、自然语言处理、计算机视觉等多个方面。人工智能技术的核心在于机器学习、深度学习、自然语言处理等技术,这些技术都是基于大量数据、算法和计算能力的支持,让计算机能够通过学习和推理来完成一系列复杂的任务。人工智能技术正在被广泛应用于各个领域,包括教育、医疗、金融、交通等,为人们的生产生活带来了许多便利。

2.1.2　机器学习基本概念

机器学习是指让计算机通过学习数据和模式,以不断优化系统性能的过程。机器学习是人工智能领域的一个重要分支,它是指利用数学和统计学方法,让计算机能够从数据中自动学习并改进其性能。机器学习的目标是让计算机具备从数据中获取知识和经验,并利用这些知识和经验来预测、分类、聚类等应用。机器学习的核心在于模型的训练和优化,通常分为三种学习方式和深度学习方式。

（1）有监督学习

这种方式需要给机器提供带有标签的训练数据,机器通过学习这些数据的特征和标签的对应关系来建立模型,并利用模型对未知数据进行分类或预测。典型的有监督学习任务包括图像识别、语音识别、自然语言处理等。

（2）无监督学习

这种方式不需要提供标签的训练数据,机器通过学习数据本身的分布和特征来建立模型,以实现数据的聚类、降维、异常检测等任务。典型的无监督学习算法包括聚类、主成分分析等。

（3）强化学习

这种方式通过将机器置于某种环境中,并给予其奖励或惩罚的方式来让机器学习最优的行动策略。典型的强化学习任务包括机器人导航、游戏AI 等。

（4）深度学习

深度学习是机器学习的一种,也是一个分支,它通过建立多层神经网络来模拟人脑神经元之间的信息传递和处理过程,从而实现对大规模数据的高效处理和智能分析。深度学习的核心在于通过大量的数据来训练神经网络的权重和偏置参数,以提高神经网络的准确性和泛化能力。

深度学习的优势在于可以自动从大量的数据中学习特征和模式,从而无须手动设计特征提取器。此外,深度学习的神经网络可以自适应地调整参数,从而在不同的任务中取得最优表现。因此,深度学习已经被广泛应用于各种人工智能任务,如语音识别、自然语言处理、图像识别、推荐系统等。

近年来,深度学习在人工智能领域中的应用越来越广泛,并在许多领域中取得了非常显著的成果。例如,AlphaGo 在围棋比赛中击败人类职业选手、语音识别系统的准确率大幅提升等,这些都是深度学习技术的应用所取得的成果。因此,深度学习被认为是人工智能领域中最为重要的技术之一。

总之,机器学习与人工智能是互相关联的两个概念,其中机器学习是实现人工智能的重要手段之一,它通过让计算机自动学习和优化模型,实现了计算机的智能化和自我提升的过程。

2.2　自然语言处理技术分类及教育应用

自然语言处理是指通过计算机技术和语言学知识,让计算机能够理解、生成和处理自然语言的技术。自然语言处理技术广泛应用于机器翻译、语音识别、自然语言生成、文本分类、情感分析等领域。

自然语言处理技术的实现需要通过对自然语言的语法、语义和语用进行分析和处理,从而使计算机能够理解和使用自然语言。其中,自然语言处理的核心技术包括分词、词性标注、句法分析、语义分析、命名实体识别、语音合成、语音识别等。

自然语言处理技术的应用非常广泛,可以帮助人们更方便地与计算机进行交互,也可以为企业提供更高效的语音客服、智能客服、机器翻译等服务。随着深度学习和神经网络的发展,自然语言处理技术的效果不断提高,未来的发展前景非常广阔。

本节重点介绍自然语言处理技术的定义和分类,以及在教育领域中的应用。

2.2.1　技术与应用分类

自然语言处理技术主要应用于自然语言处理和理解的领域,包括文本处理、语音识别、语义分析等。根据不同的技术应用和处理目标,自然语言处理技术与应用通常可以分为以下几类:

（1）文本预处理

在自然语言处理领域中,文本预处理是一个必不可少的步骤,用于将原始文本数据转换成机器学习算法可以接受的格式,同时还可以清洗文本、减少噪声、提高模型的精度和效果。文本预处理通常包括:分词,将原始文本按照一定的规则(例如空格、标点符号等)进行分割,得到一个个单独的词汇或标记;去除停用词,停用词是指在文本中频繁出现,但往往对文本分析无用的词汇,例如"的""是""在"等,在文本预处理中,通常会去除这些停用词,以减少噪声和提高效率;词干提取,将单词转换成其基本形式或词干,例如将"running""runs"和"run"都转换成"run",这可以减少文本中的词汇量,同时仍然保留了单词的基本含义;去除标点符号和特殊字符,去除文本中的标点符号、特殊符号、HTML 标签等;大小写转换,将所有单词转换为小写或大写,以避免大小写的差异造成的影响;文本向量化,将文本转换为机器学习算法可以接受的数值形式,通常使用词袋模型、TF-IDF 等方法进行文本向量化。

通过进行文本预处理,可以清理和转换原始文本,使其更适合机器学习算法进行处理和分析,提高自然语言处理算法的精度和效果。

（2）信息检索与提取

信息检索与提取是自然语言处理中的重要一环,它涉及如何从大量文本数据中自动化地检索和提取相关信息,以便用于信息检索、分类、推荐等任务。信息检索与提取主要包括以下几个方面:检索,指在大规模文本数据中,根据用户输入的查询条件,自动化地检索出相关文档、网页等信息的过程。常见的信息检索技术包括词袋、向量空间、布尔模型等。提取,指从非结构化或半结构化文本数据中,自动化地提取出与用户需求相关的信息的过程。常见的信息提取技术包括命名实体识别、关系抽取、事件提取等。文本分类，指将文本数据分成不同的类别或主题的过程。常见的文本分类技术包括朴素贝叶斯分类、支持向量机、深度学习等。推荐，指根据用户的历史行为、兴趣等信息，自动化地推荐相关的信息或内容。常见的信息推荐技术包括协同过滤、基于内容的推荐、深度学习等。

通过信息检索与提取技术，可以大大提高文本数据的利用价值，同时也可以降低人工处理的成本和时间，为用户提供更加个性化、精准的服务。在实际应用中，信息检索与提取技术已广泛应用于搜索引擎、社交媒体分析、金融风险管理、医学诊断等领域。

（3）语言模型与机器翻译

语言模型与机器翻译是自然语言处理技术中的两个重要部分，它们在不同的层面上对文本信息进行处理和转化。

语言模型是指利用统计方法或神经网络等技术，从大量文本数据中学习语言的规律和模式，以便能够生成自然流畅、合乎语法的句子或文本。语言模型的主要任务是预测一个词在给定上下文中出现的概率，因此也被称为条件概率模型。语言模型可被用于语音识别、文本生成、机器翻译等领域。机器翻译则是指利用计算机自动将一种语言的文本翻译成另一种语言的过程。机器翻译的主要任务是将源语言的句子转换成目标语言的句子，它通常包括三个步骤：分词、翻译和合并。其中分词是将源语言句子分成单词或词组的过程，翻译是将单词或词组翻译成目标语言的过程，合并是将翻译后的单词或词组组合成目标语言句子的过程。机器翻译的方法包括基于规则的翻译、统计机器翻译和神经网络机器翻译等。

由此可见，语言模型和机器翻译在自然语言处理中有着密切的联系，语言模型可以为机器翻译提供语言模式和规律的学习基础，同时机器翻译也可以利用语言模型来提高翻译的准确性和流畅度。在实际应用中，语言模型和机器翻译已经被广泛应用于机器人智能对话、智能客服、多语言信息处理等领域。通过建立语言模型，对文本进行自动翻译和生成，使得计算机能够理解和生成自然语言。

（4）语音识别与语音合成

自然语言处理无疑涵盖对语音的处理,语音识别和语音合成技术在自然语言处理中与文本处理具有同样重要作用。

语音识别是指利用计算机技术将人类语音转换为文本的过程。这个过程包括语音信号的采集、信号预处理、特征提取和模型分类等步骤。常用的语音识别技术包括基于隐马尔可夫模型和深度学习技术的语音识别方法。语音识别在智能家居、语音助手、智能驾驶等场景中有着广泛的应用。而语音合成是指将文本转换为人类可听的语音信号的过程。它包括文本预处理、文本分析、音素选择、语音合成、语音输出等多个环节。目前主流的语音合成技术有基于联合概率模型、基于拼接、基于神经网络的合成方法。语音合成已经被广泛应用于智能客服、语音导航、教育培训等领域。

语音识别和语音合成是自然语言处理的重要方面,它们在人机交互、智能对话、无障碍通信等方面具有广泛的应用前景。同时,语音识别和语音合成也需要进一步解决多种技术难题,比如噪声干扰、口音识别、自然度合成等问题。

（5）自然语言理解

自然语言处理肯定涉及自然语言理解,自然语言理解是指计算机系统对人类自然语言进行理解和分析的过程,包括语言的句法、语义、语用等多个层次的分析。

在自然语言理解中,通常需要进行词法、句法、语义和语用分析等多个环节。其中,词法分析用于将句子划分为单词,确定每个单词的词性和词义;句法分析用于确定单词之间的关系,如主谓宾、定语等;语义分析则用于确定句子的意思,如指代、推理等;语用分析则考虑语言在特定上下文中的使用方式,如语境、修辞、语气等。

自然语言理解在自然语言处理中的作用无疑极其重要,它在智能客服、机器翻译、智能问答、信息检索等领域中有广泛的应用。在未来,随着人工智能技术的不断发展,自然语言理解将进一步扩展应用领域,成为人机交互和智能化服务的重要技术基础。

（6）自然语言生成

自然语言生成是一种基于自然语言理解和语言模型等的技术，将计算机内部的数据和信息转化为人类可读的自然语言形式的技术。

自然语言生成的技术方法主要包括基于规则、基于模板和基于机器学习等。其中，基于机器学习方法是目前最主流的方法，它可以通过大量的数据训练模型，自动地生成高质量的自然语言文本。自然语言生成可以应用于各种场景，例如自动生成新闻报道、科技文献、电子邮件等，还可以应用于智能客服、智能家居、语音助手等领域。自然语言生成技术的主要挑战是如何生成自然、流畅、准确的语言，使得生成的文本内容与人类写作的质量相媲美。

总的来说，自然语言生成技术的发展将有助于提高计算机处理自然语言的能力，促进人机交互和人工智能的发展。

（7）对话系统

对话系统是一种能够自主和人类进行对话交互的计算机程序。它可以理解和生成人类自然语言，并能够从人类的对话中获取信息，自动完成任务或提供服务。

对话系统的基本构成部分包括自然语言理解、对话管理、自然语言生成和用户接口模块。其中，自然语言理解模块用于将用户输入的自然语言转化为机器可处理的语言表示形式；对话管理模块负责处理对话的交互逻辑，确定系统的回应和行为；自然语言生成模块则将机器语言转化为人类可理解的自然语言；用户接口模块则用于展示对话结果和接收用户输入。

对话系统在智能客服、智能家居、语音助手等领域中有着广泛的应用，尤其随着人工智能领域的发展和自然语言处理技术的进步，对话系统的应用前景将更加广阔。通过对话管理、语言理解、生成等技术，构建智能对话系统，实现自然语言交互。

以上技术与应用分类并不是互相独立的，许多技术在自然语言处理中是交叉应用的。随着技术的发展和应用场景的扩大，自然语言处理技术将会不断地演进和完善。自然语言处理技术通过计算机技术和语言学知识，让计算机能够理解、生成和处理自然语言。

2.2.2　教育领域的应用

自然语言处理技术在教育领域中的应用极其广泛，可以说涵盖教育的各个方方面面。本书将重点关注在教学和学习活动方面的应用，具体来说，提高教学效能、拓展教学资源、实现个性化学习、优化教学互动、支持线上线下融合等。

（1）提高教学效能

自然语言处理技术在教学中的应用无疑可以有效提高效能。例如它可以帮助教师更好地管理和分析学生数据，为学生制定更加个性化的教学方案，满足不同学生的需求。可以自动批改作业，并提供详细的反馈和建议。可以根据学生的学习能力和兴趣，生成个性化的教育方案，帮助学生更好地掌握知识和技能。可以为教师提供智能化的辅助教学工具，例如智能推荐、智能答疑等，帮助教师更好地管理和分析学生数据，提高教学效能。可以通过在线学习平台提供智能化的学习辅助功能，例如智能推荐、智能答疑等，极大地减轻教师的工作量，提高教学效能。

总之，自然语言处理技术可以帮助教师更好地管理和分析学生数据，提供个性化的教育方案，为学生提供更加快速、准确和个性化的学习体验等，极大地减轻教师负担，提高教学效能。

（2）拓展教学资源

教学资源是教学活动的重要支撑，而且也是教师费时费力的工作之一。自然语言处理技术可以有效帮助教师实现以下方面的拓展教学资源：自动生成教学材料：AI大语言模型可以自动生成适合不同学生水平的教学材料，如教案、课件、练习题等。教师只需提供教学目标和教材，就能自动生成相应的内容，减轻教师的工作量，同时保证教学质量。提供个性化学习资源：基于学生的个性化学习需求和能力，自然语言处理技术可以生成相应的学习资源，如针对学生需要的语音合成教学、文章、习题等，这可以使学习更加个性化和自主化，帮助学生更好地发挥自身优势，提高学习效率和兴趣。自动评估与反馈：自然语言处理技术可以对学生的作业和考试答案进行自动评估和反馈。通过对学生答案的自动分析和评估，帮助教师可以更快速、更准确地了解学生的掌握程度和问题所在，从而针对性地提供相关学习资源。提供学习辅助工具（工具也属于教学资源）：自然语言处理技术可以为学生提供各种学习辅助工具，如语音识别、语音合成、智能翻译、自动纠错等。这些工具可以帮助学生更好地理解和掌握知识，提高学习效率和效果。教师也可以利用自然语言处理技术对海量的教育文献和资料进行自动分析和梳理，快速形成自己有用的教学资源。

总之，自然语言处理技术可以为教师和学生提供更丰富、更多样化、更高效的教学资源和学习工具，拓展教学资源。

（3）实现个性化学习

自然语言处理技术在教育领域的另一个重要应用是支持个性化学习。基于学生的学习历史、兴趣爱好、学习习惯等个性化因素，可以自动为学生推荐个性化的学习材料和课程，例如，一个学生可能更擅长听力练习而不是阅读练习，自然语言处理技术可以通过分析学生的表现和偏好，为其推荐更多的听力材料，以提高其听力能力。同样，学生可能在某些主题上表现较好，而在其他主题上表现不佳，自然语言处理技术可以根据学生的表现情况和兴趣爱好，为其推荐更多针对性的学习材料和课程。还可以根据学生的学习情况，自适应地调整学习内容和难度。例如，在学习数学时，学生可能会遇到一些困难，系统可以根据学生的表现情况，自动调整学习内容和难度，以更好地帮助学生开展自适应学习。自然语言处理技术无疑可以对个性化的语言学习提供强大支持，例如提供单词发音、短语解释、语法时态规则等，学生可以方便地通过语音和文字输入与系统互动，有效提高语言学习的效果。

支持个性化学习不仅可以提高学生的学习兴趣和积极性，还可以帮助学生开展自适应学习，更好地掌握知识，提高学习效果。自然语言处理技术在支持个性化学习方面的应用将为教育领域带来更多的发展机遇。

（4）优化教学互动

教学互动是实现有效教学的重要前提,没有互动就没有真正教学活动的发生。自然语言处理技术不仅可以支持教学互动活动,而且可以优化教学互动,使得教学更具有趣味性和生动性,从而提高学生的参与度和学习效果。教师可以使用自然语言处理技术来设计智能化的教学应用程序,例如虚拟学生助手、智能问答系统等,这些应用程序可以与学生进行自然、流畅的对话,提供针对性的指导和反馈。此外,还可以帮助教师与学生之间的交流更加高效、精准,例如智能语音翻译工具可以帮助不同语言背景的学生更好地理解授课内容,提高教学的跨文化适应性和包容性。除此之外,自然语言处理技术还可以用于构建在线讨论平台、协同编辑工具等,使得师生之间可以随时随地进行交流和互动。同时,自然语言处理技术还可以辅助教师进行教学资源管理和教学评估,帮助教师更好地掌握学生的学习情况和学习进度,优化教学计划和方法,从而提高教学效果和效率。

总之,自然语言处理技术对教学互动的优化,使得教学更具有趣味性和生动性,大大提高学生的参与度和兴趣度,从而有效提升学习效果和效率。

（5）支持线上线下融合

自然语言处理技术完全可以支持线上线下融合教学模式的实现。在线上教学中,教师可以利用自然语言处理技术生成丰富多样的学习资源,包括视频、音频、图文资料等,并可以通过视频、语音或文字聊天的方式与学生进行互动。同时,AI 大语言模型可以生成各种形式的学习资料和练习题,帮助学生自主学习和巩固所学知识。在线下教学中,教师可以利用 AI 大语言模型生成适合教学场景的教学素材和课件,例如演示文稿、PPT、教案等,提高教学效率和效果。此外,还可以通过对线上线下教学数据的分析和挖掘,帮助教师优化教学计划和方法。线上线下融合的教学模式可以使教学更加灵活和高效。学生可以根据自己的时间和地点安排学习,不受时间和空间的限制,还可以通过多种方式进行学习,根据自己的喜好和特长选择最适合自己的学习方式。同时,AI 大语言模型还可以根据学生的学习情况和反馈,提供个性化的学习方案和建议,让学生在家就能够得到及时的指点和帮助。

综上所述,自然语言处理技术可以有效支持线上线下融合的教学模式,提高教与学的效能,推动教育数字化转型的进程。

总之,自然语言处理技术在教育领域中的应用是非常广泛的,可以帮助教育机构提供更优质的教育服务和支持。随着自然语言处理技术的不断发展和普及,人们相信它将会在教育领域中发挥越来越重要的作用,为教师、学生、教育管理者带来更多的便利和创新。

2.3 AI 大语言模型的特点与应用

AI 大语言模型是指基于深度学习算法,利用大规模文本数据训练出的能够自动生成自然语言文本的模型,目前最典型的代表有:BERT、GPT 等。大语言模型的训练需要使用大量的语料库和强大的计算资源。通过预训练,这些模型不仅可以实现文本的自动生成,还可以进行文本分类、情感分析、机器翻译等任务,是当前自然语言处理领域研究最关注的热点之一。

2.3.1 模型的特点

(1) 巨大的语言知识库

AI 大语言模型可以学习并形成巨大的语言知识库,包括语言的语法、语义、语用等。通过这些知识,AI 大语言模型可以更好地理解自然语言文本,并且可以在语言生成、情感分析等任务中表现出色。

(2) 预训练与微调

AI 大语言模型的训练分为两个阶段:预训练和微调。预训练阶段是指在大规模语料库上对模型进行训练,使其学习到大量的语言知识;微调阶段是指在特定任务上对预训练的模型进行微调,以适应特定任务的要求。这种两阶段训练的方式可以大大提高模型的效果和泛化能力。

(3) 上下文感知能力

AI 大语言模型可以感知上下文,能够基于前文生成后文,从而实现更加连贯和自然的语言生成。这种上下文感知能力也使得 AI 大语言模型在文本分类、情感分析等任务中表现优异。

（4）巨大的参数量

AI 大语言模型通常需要巨大的参数量才能达到较好的效果,例如 BERT 模型有 3.4 亿个参数、GPT – 3 模型有 1 750 亿多个参数。这些模型需要强大的计算资源才能进行训练和推理,巨量的参数也使得模型能够学习到更多的语言知识,提高模型的效果和泛化能力。

2.3.2　与其他机器学习模型的区别

依据 AI 大语言模型的特点分析,它与传统的机器学习模型相比具有更高的自动化和智能化水平,可以更好地处理自然语言数据,并且更加灵活和适应不同的应用场景。它们之间的主要区别在于模型的训练和推理方式的不同。

（1）训练方式的不同

传统的机器学习模型通常采用人工特征提取的方式,即由人工对原始数据进行特征提取和选择,再将特征作为模型的输入进行训练后得到一个参数化的模型。在应用时,输入新的数据,经过特征提取和数据预处理后,将其输入训练好的模型,得到一个预测结果。这种方式的主要缺点是需要专业的领域知识和经验来提取合适的特征,而且特征的质量对模型的性能影响很大。此外,这种方式需要大量的时间和精力来完成特征提取工作。

而 AI 大语言模型则是基于深度学习技术,采用的是端到端的训练方式。具体来说,AI 大语言模型将原始数据作为输入,经过多层神经网络的计算和优化后,直接输出最终结果。在训练阶段,AI 大语言模型需要大量的数据和计算资源进行训练,通过大规模的无监督学习和自监督学习,从数据中自动提取和学习特征,并形成高维的语义空间。在推理阶段,输入新的数据,AI 大语言模型可以自动进行特征提取和语义分析,并输出最终结果。AI 大语言模型的性能不仅取决于数据的质量和数量,还取决于模型的架构和训练方式。此外,AI 大语言模型还可以通过不断的预训练和微调来提高模型的性能,使其更加适合于具体的应用场景。

AI 大语言模型的训练需要大规模的语料库,这使得它具有大数据驱动的特点。与传统的机器学习模型相比,AI 大语言模型可以学习到更多的语言知识,从而提高模型的效果和泛化能力。

(2) 推理方式的不同

传统机器学习模型的推理方式通常基于规则和概率的计算,这些模型通常需要预先定义规则或模型参数,并使用训练数据来拟合模型参数,从而进行推理。这种方式通常适用于较为简单的问题和场景,例如基于规则的文本分类、关键词提取和命名实体识别等任务。但是,对于复杂的自然语言处理任务,这种方法往往面临着诸多限制和挑战,难以得到准确和全面的结果。

而 AI 大语言模型的推理方式通常基于神经网络,采用深度学习算法进行训练。它通过对大量的语言数据进行学习,能够自动提取语言规律和特征,并具备一定的理解能力。在进行推理时,AI 大语言模型通过对输入的语句进行分析和处理,从而生成相应的输出结果。这种推理方式相对于传统的机器学习模型更加高效、准确、灵活,具有更好的应用前景。

总体而言,在训练方式上,传统的机器学习模型采用人工特征提取的方式,即由人工对原始数据进行特征提取和选择,再将特征作为模型的输入进行训练,耗时费力。而 AI 大语言模型则是基于深度学习技术,采用的是端到端的训练方式,高效、灵活、自适应。在推理方式上,传统的机器学习模型采用基于规则和概率的计算,通常需要预先定义规则或模型参数,仅适用于较为简单的问题和场景。而 AI 大语言模型是基于神经网络,采用深度学习算法,可以自动进行特征提取和语义分析,并有自我学习能力,可适应更复杂的问题和场景。

2.3.3 应用前景

随着自然语言处理技术的不断发展和应用场景的不断拓展,AI 大语言模型的应用前景会越来越广阔。以下是 AI 大语言模型在一些主要领域的应用前景:

(1) 教育领域

在教育领域,AI 大语言模型无疑有着广阔的应用前景。随着教育数字化转型的推进,越来越多的学校和机构开始将 AI 大语言模型纳入教学中,用于提高教学效率、拓展教学资源、优化教学互动、支持个性化学习和培养创新能力等方面。未来,随着 AI 大语言模型的不断发展和完善,其应用前景也将更加广泛。例如,可以将 AI 大语言模型应用于学生评估和课程设计中,通过分析学生的语言表达能力和阅读能力等数据,为教师提供更加精准的教学反馈和建议,从而提高教学质量。同时,也可以将 AI 大语言模型应用于各类学科学习中,帮助学生更加深入地理解学科知识和掌握学科技能。总之,AI 大语言模型在教育领域的应用将逐步涵盖教育管理、教学、学习、五育并举等各个方面,前景非常广阔,全方位助力教育的创新和变革。

(2) 医疗领域

AI 大语言模型在医疗领域也有着极其广泛的应用前景。医学领域涉及大量的文献、报告和病历等文本资料,而这些资料的理解和处理需要对医学领域的语言和知识有深入的了解。AI 大语言模型可以通过对这些文本的学习和理解,辅助医生进行诊断、制定治疗方案和研究医学问题。例如,AI 大语言模型可以对医学文献进行分析和概括,提取出关键信息和知识点,辅助医生学习和研究。此外,AI 大语言模型还可以通过分析病历和医学影像等数据,帮助医生进行疾病诊断、预测病情发展趋势和制定个性化治疗方案。

另外,AI 大语言模型在医学教育领域大有用武之地,它帮助医学生学习医学知识和技能,提高其临床实践水平。例如,AI 大语言模型可以生成医学案例和模拟病历,供医学生进行练习和模拟诊断,还可以进行手术计划和手术模拟。此外,还可以辅助医学教师进行教学设计和典型案例剖析,提高教学效果和质量。

(3) 社交媒体领域

数字化时代,社交媒体领域也是人气和活跃度最高的领域之一。AI 大语言模型在社交媒体领域的应用也将是最广最多的地方。社交媒体平台上有海量的用户生成的文本数据,如社交媒体帖子、评论、私信等,这些数据对于企业和个人都具有重要的价值。AI 大语言模型可以通过自然语言处理和机器学习等技术,对这些数据进行分析和挖掘,从而实现个性化推荐、情感分析、舆情监测、广告投放等功能。

例如,社交媒体平台可以利用 AI 大语言模型对用户的兴趣、喜好、情感等进行分析,推荐用户感兴趣的内容和产品。此外,社交媒体平台还可以利用 AI 大语言模型对用户的发帖、评论等内容进行情感分析,了解用户的情感倾向,以便更好地理解用户需求,改进产品和服务。同时,AI 大语言模型还可以用于舆情监测,及时了解用户对企业或品牌的看法,及时进行危机公关处理。社交媒体平台利用 AI 大语言模型的语言分析和生成功能,来实现内容的智能分类、推荐和筛选,提高用户的使用体验。同时,社交媒体平台还利用 AI 大语言模型进行自动回复和客服咨询,提高服务效率和质量。此外,AI 大语言模型还可以通过对社交媒体上的言论进行情感分析和态度识别,来帮助企业和政府了解公众对某一事件或产品的看法,提供决策支持。

总的来说,AI 大语言模型在社交媒体领域的应用,不仅有助于提升用户体验和服务质量,还能为企业和政府提供有价值的数据支持,帮助他们更好地了解公众需求和反馈。

(4) 金融领域

在金融领域,AI 大语言模型同样也有广泛的应用。例如,银行可以使用 AI 大语言模型来自动化客服,快速响应客户的问题和需求;保险公司可以分析客户的保险需求和理赔申请,提供更加精准的服务;投资公司可以分析公司财务报告、新闻和社交媒体信息,辅助投资决策等。通过应用 AI 大语言模型,金融行业可以提高效率,降低风险,提供更好的服务和用户体验。

AI 大语言模型在金融领域的应用主要体现在以下几个方面:自然语言处理,金融机构需要处理大量的文本数据,例如新闻、社交媒体、研究报告等,AI 大语言模型可以通过自然语言处理技术,帮助金融机构自动化分析和分类这些文本数据,并提供及时的决策支持。风险管理,金融机构需要对各种风险进行识别和管理,例如信用风险、市场风险、操作风险等。AI

大语言模型可以对大量的数据进行分析,预测风险发生的概率,并提供相应的风险控制方案。投资决策,金融机构需要对市场进行分析和预测,以做出投资决策。AI 大语言模型可以对市场数据、公司财务数据和其他相关数据进行分析,提供投资决策支持和建议。金融安全,金融机构需要对金融交易进行监控和识别欺诈行为。AI 大语言模型可以对交易数据和相关文本进行分析,识别潜在的欺诈行为,并提供相应的安全和防范措施。客户服务,金融机构需要为客户提供个性化的服务和建议。AI 大语言模型可以对客户的需求和偏好进行分析,提供个性化的建议和服务,提高客户满意度和忠诚度。

总之,AI 大语言模型在金融领域的应用,可以提高金融机构的效率和准确性,降低风险和成本,提高客户满意度和忠诚度,具有广阔的应用前景。

（5）智能家居领域

AI 大语言模型在智能家居领域也有着广泛的应用前景。通过语音识别技术,用户可以使用语音指令控制家庭设备,如智能音响、智能电视、智能灯光等。同时,AI 大语言模型也可以根据用户的语音指令,自动调整设备的参数和设置,提供更加智能化的服务。此外,AI 大语言模型还可以通过分析用户的语音和语调,了解用户的情感和需求,提供个性化的服务和建议,提高用户的生活品质。

在智能家居领域,AI 大语言模型可以应用于语音识别和语音控制,使得用户可以通过自然语言与智能家居设备进行交互,实现更加智能、便捷的家居体验。例如,用户可以通过语音指令控制智能家电的开关,调节室内温度、光线等。同时,AI 大语言模型也可以通过分析用户的语音指令,推荐符合用户喜好的电影、音乐、电视剧等内容,提高用户的娱乐体验。此外,AI 大语言模型还可以根据用户的生活习惯和偏好,为用户制定个性化的智能家居场景,自动化地实现家居环境的控制和管理。

2.3.4 面临的挑战与策略

任何技术在实际应用过程中都会面临一定的挑战,AI 大语言模型也

不例外。然而,有挑战才会有进步。在上述应用领域中,AI 大语言模型所面临的挑战,基本可以归纳如下几点:

(1) 数据质量

数据质量是 AI 大语言模型应用面临的一个重要挑战。AI 大语言模型需要大量的高质量数据进行训练,但现实中往往存在数据质量不高、数据量不足等问题。数据质量不仅影响到模型的训练和性能,也影响到模型的应用和效果。因为模型的训练需要大量的高质量数据,而且数据必须具有代表性、多样性和真实性。但在实际应用中,获取高质量的数据是非常困难的,因为数据可能存在噪声、缺失、错误等问题。

(2) 知识表达

自然语言是一种复杂的表达方式,AI 大语言模型需要能够准确地理解和表达自然语言,这需要解决知识表示和表达方面的挑战。知识表达是指将知识转化为计算机可理解的形式,通常使用符号逻辑、本体论等方法来表示和组织知识。在自然语言处理领域,知识表达可以帮助计算机更好地理解和处理自然语言文本,包括语义分析、信息抽取、问答系统等任务。同时,知识表达也是实现人工智能"智能化"的重要基础。自然语言具有很高的多样性和差异性,包括语言的语法、词汇、习惯用语等,这使得 AI 大语言模型在处理多样性和差异性语言时面临很大的挑战。

(3) 模型可解释性

模型可解释性是指通过一定方式和手段,使得机器学习模型的内部运作透明化,使得人类可以理解模型的决策过程和结果的过程。但是目前 AI 大语言模型的复杂性使其在决策过程中缺乏可解释性,这对于某些需要解释的应用场景可能会造成限制。在 AI 大语言模型的实际应用中,因为模型的复杂性和黑盒特性使得人类很难理解其内部的决策过程。如果不能解释模型的决策原因,可能会影响人们对于模型的信任和应用效果的评估,从而限制了 AI 大语言模型在实际应用中的发展。因此,AI 大语言模型的可解释性研究已经成了一个热门的方向,相关的研究和技术应用可以帮助提高模型的可解释性,增强人类对于模型决策的信任感,促进 AI 大语言模型的更广泛应用。

（4）隐私与安全

AI 大语言模型需要大量的个人数据进行训练,这就需要处理大量的敏感信息,例如用户的个人资料、聊天记录等,这可能会带来隐私泄露的风险。例如在教育领域,学生的个人信息,包括学习数据、学生作业和考试成绩等。为了保护学生的隐私,教师和学校需要制定相应的隐私保护政策,同时 AI 大语言模型的开发者需要遵守相关的隐私法规。在医疗领域,进行疾病诊断和治疗建议时,需要处理大量的医疗数据和个人健康信息。这些信息涉及患者的隐私和安全,需要进行严格的数据保护和访问控制。在金融领域,进行金融预测和投资建议时,需要处理大量的财务数据和个人投资信息。这些信息也涉及到用户的隐私和安全,需要进行加密和保护。同时,需要避免使用 AI 大语言模型出现的错误或偏差导致的不良后果。

（5）技术壁垒

AI 大语言模型的应用需要高水平的技术支持和维护,对于一些教育机构、医疗机构、金融机构等中小型企业来说,技术壁垒可能成为其应用 AI 大语言模型的难点。这些机构需要投入大量资金和人力物力来进行技术研发和维护,才能够更好地应用 AI 大语言模型。同时,由于 AI 大语言模型的技术更新迅速,机构还需要不断跟进并迭代更新技术,以保持与时俱进。因此,技术壁垒可能成为一些机构在应用 AI 大语言模型时面临的挑战之一。

（6）社会影响

AI 大语言模型在语言和文化交流、信息传播等方面具有广泛的应用,但其应用也可能带来一些社会影响和伦理问题,需要加以关注和解决。AI 大语言模型的应用不仅在教育、医疗、金融等领域具有重要意义,还会对社会产生深远的影响。其中,最主要的社会影响可能是对人类工作方式的改变,尤其是对人类智力工作的冲击。AI 大语言模型的发展会导致一些传统智力工作被自动化和机械化,而人类需要不断提升自己的技能和能力,才能适应未来的工作环境。此外,AI 大语言模型也可能引发一些伦理和道德问题,例如虚假信息的扩散和隐私泄露等。因此,如何建立有效的监管和管理机制,确保 AI 大语言模型的应用对社会的影响是积极向上的也是面临的重要挑战之一。

综上所述,AI 大语言模型在应用中面临的挑战是多方面多因素的,因此就需要各方协同不懈努力来共同应对这些挑战。人们在战略上可以藐视这些挑战(因为最终挑战会被化解),但在战术上必须重视它们。针对上述这些挑战,可以采取一些策略进行应对,例如:不断提高数据质量和增加数据量,尤其是注重多样性和真实性、开发更先进的知识表示和表达方法,如知识图谱和语义表示等、探索可解释性模型,例如加入可解释性模块或设计可解释性模型、加强隐私保护和数据安全措施,如采用数据脱敏和加密技术、采用技术共享和知识传播,降低技术壁垒、积极引导公众和业界加强对 AI 大语言模型的应用和发展进行伦理和社会问题的讨论和反思,加强对 AI 技术的治理和规范等。人们有理由相信,在不断的技术创新和实践探索中,AI 大语言模型必将会为人类社会带来更多的创新和价值。

第三章
AI 大语言模型在教学中的应用

AI 大语言模型在教育领域中的应用极其广泛,尤其在实际教学中应用更是优势凸显、针对性强、效果显著,必将为教学的数字化转型和创新带来强大的推动力。就教学活动而言,涵盖面也是非常之广,包括教学管理、教师教学、学生学习、教学资源、教学评估等多个方面。AI 大语言模型能够在这些方面进行助力赋能,那么对教育领域的价值就将得到充分体现。本章将重点聚焦探讨 AI 大语言模型在教学中应用的几个主要方面: 教学管理、教师教学、学生学习、教学资源、教学评估。

3.1 教学管理

AI 大语言模型在教学管理中的应用涉及面广,内容多且繁杂,十分需要有人工智能技术的支持与帮助,实现提高教学管理效能,推进学校信息化和智能化的进程。AI 大语言模型可以很好地用于教务管理、教师管理、考试管理、学籍管理等各个方面,可以提供智能化的决策支持和服务,为学校提供更好的教育管理体系,同时也可以帮助教师更好地进行教学和学生更好地学习,实现个性化、智能化的教育。AI 大语言模型在教学管理方面的应用主要包括以下几个方面:

3.1.1 教务管理

教务管理是学校教学管理中的重要组成部分,涉及面也很多,但其中核心部分是：教学计划制定、课程设置、考务管理、成绩管理、学籍管理等方面。AI 大语言模型可以为教务管理提供智能化的支持,例如在教学计划制定、课程设置方面,可以通过对学校的办学定位、培养目标、师资配置、教学装备、学生状况等多种数据的分析,自动生成相应的教学计划和课程设置,并能依据一些条件的变化而自动修正计划,极大提升学校教务管理上的效能。

（1）教学计划制定

教学计划制定是教务管理中的重要环节,其目的是制定出合理、科学、可行的教学计划,为教学提供明确的方向和指导。AI 大语言模型可以帮助教务部门或教师自动生成教学计划,并根据学生的学习情况进行动态调整,从而提高教学质量和效率。模型可以根据学生的学习水平、课程内容等因素,智能地确定课程内容和教学方法,保证学生能够有效地掌握知识。此外,模型还可以利用数据分析和挖掘技术,为教学计划提供量化的支持,例如根据学生的学习情况和历史表现进行预测和建议,帮助教师和教务部门更好地制定教学计划。

传统的教学计划制定需要耗费大量的时间和精力,而 AI 大语言模型可以通过自然语言处理技术,帮助教务人员自动生成课程大纲、教学计划等教学文档,大大减轻教务管理的工作负担。同时,AI 大语言模型还可以通过对学生的学习情况和评估数据的分析,辅助教务人员优化教学计划,提高教学效率和效果。

（2）课程设置

课程设置是教务管理的核心部分之一,它包括开设新课程、调整课程计划、确定课程目标和课程大纲等。AI 大语言模型可以通过分析教学计划、课程安排、学生选课情况等数据,帮助学校进行更加科学合理的课程设置,并可以根据学生的兴趣、能力和需求,为学生提供更加个性化的课程选择。同时,AI 大语言模型还可以根据学生的学习情况和反馈信息,优化课程内容和教学方法。

与此同时,AI 大语言模型可以对学科领域的知识结构、知识体系、知识难点等进行分析和归纳,帮助学校制定更加科学合理的课程设置,从而提高教学效果和学生的学习兴趣。AI 大语言模型还可以结合学生的个性化需求和兴趣爱好,为学生量身打造个性化的学习方案和课程设置,从而提高学生的学习积极性和效果。此外,AI 大语言模型还可以根据学生的学习表现和反馈,及时调整和优化课程设置,从而提高教学质量和效率。

（3）学籍管理

学籍管理是指学校对学生学籍信息进行管理,包括学生的个人基本信息、学习成绩、考试情况、学业规划等。AI 大语言模型在学籍管理方面的应用可以提高管理效率和精度,例如利用自然语言处理技术对学生的学籍信息进行分类、整理、分析和预测,帮助学校更好地管理学生信息和推动学生发展。同时,AI 还可以帮助学校发现和解决学籍管理中的问题,例如学籍造假、学籍信息不完整或错误等。

在学籍管理方面,AI 大语言模型可以帮助学校实现学生档案信息的数字化管理,包括学生的个人信息、学习情况、奖惩记录等。AI 大语言模型可以自动处理这些信息,将学生的各类信息进行整合和归档,提高管理效率。同时,AI 大语言模型可以提供实时的学籍查询服务,让学生和家长随时了解学生的学籍信息和学习情况,帮助学生和家长更好地参与学生的学习和管理。

（4）考务管理

有教学就有考试,考务管理也是教务管理中比较复杂的工作之一,它主要涉及考试的安排、监督和评估等工作。AI 大语言模型在考务管理方面也有着广泛的应用,例如,考试安排:可以通过学生的选课情况和课程安排等数据,自动生成考试时间、考场、座位等信息,为教师和学生提供方便的考试安排。考试监督:可以通过监控考试过程中的图像和声音等数据,检测学生是否作弊或违规行为,并及时报警或通知监考老师。考试评估:可以对学生的考试成绩进行自动评估和分析,发现学生的弱项和优点,提供更加准确的评估和反馈。考试安全:AI 大语言模型可以通过数据加密和身份验证等技术手段,保障考试过程的安全和保密,防止作弊和抄袭等问题的发生。

综上所述，AI 大语言模型在考务管理方面的应用，可以提高考试安排的效率和准确性，加强考试监督的能力和安全性，提高考试评估的准确度和反馈效果，为教师和学生提供更好的考试服务和保障。

3.1.2　教师管理

学校教学活动的主力军是教师，教师队伍的建设与发展离不开教师管理环节，所以教师管理是学校教学管理的核心部分之一，它涉及教师的招聘、培养、评价、晋升等方面，也直接关乎学校未来的可持续发展。教师管理的核心目标是教师的培养，AI 大语言模型可以依据教师的知识结构、教学效果、科学研究等方面进行评估和反馈，有针对性地提供教师培养和专业发展的方向和建议，也为学校可持续发展奠定重要基础。

（1）教师招聘

在教师管理中，教师招聘是教师队伍建设的重要前提，能否招聘到优秀的教师直接影响到学校教师队伍长远的发展。AI 大语言模型可以通过分析处理应聘教师的学习经历、工作经历、知识背景、学术成果等信息，辅助学校招聘合适的教师。例如，利用自然语言处理技术综合分析应聘教师的学习与工作经历、学术成果、发展期望和理念等，帮助学校更好地筛选出合适的教师；利用机器学习技术，预测应聘教师在学校的工作表现和未来的职业发展方向，为学校招聘提供科学的决策依据。此外，AI 大语言模型还可以帮助学校自动化地处理招聘信息，例如自动生成招聘公告、自动筛选应聘者简历等，提高教师招聘的效率和准确性。

（2）教师培养

教师培养是教师管理的核心目标和任务。AI 大语言模型在教师培养方面的应用包括：教师职业素养的提升，利用自然语言处理技术对师德、教学理念、教学技能等方面进行评估，为教师提供精准的职业素养提升方案。教学能力的提高：通过语音识别和自然语言生成技术，将教学录像转换为文字并进行分析，帮助教师发现自己的教学不足和优化点，提供个性化的教学改进方案。教师专业发展规划的指导，利用 AI 大语言模型对教师的专业发展进行预测和规划，为教师提供科学的专业发展建议和指导。教师学术研究支持，利用 AI 大语言模型对文献、研究进展等进行自动化的整理和归纳，为教师提供科学的学术研究支持和建议。通过以上的应用，AI 大语言模型可以为教师提供全方位的培养支持，帮助教师职业素养提升、教学能力提高、学术研究支持、专业发展规划等，为教师培养开拓了一条有效途径。

（3）教师评估

教师评估是教师队伍建设的重要环节，也是教师管理的任务之一。基于 AI 大语言模型，可以实现对教师教学水平和工作绩效自动化、个性化、精准化的评估。AI 大语言模型在具体的评估中，主要通过分析教师的教学效果、课堂互动、学生反馈、教学成果等多个方面的数据，综合考虑教师的整体表现给出评估结果。评估结果不仅可以直接反馈给教师本人，同时也向学校提供更客观和准确的评估数据，帮助学校更好地管理和优化教师队伍。当然，AI 大语言模型还可以实现学校教师评估自动化流程，只要评估参数设定合理，评估过程不仅快捷高效，而且客观和准确。与此同时，在教师晋升方面，AI 大语言模型也可以根据教师的评估结果，自动化地进行职称晋升的建议，为学校决策，提高教师晋升的公正性和准确性。

3.2 教学与课程设计

教学设计与课程设计在教学领域中占有非常重要的地位。教学设计是为特定的教学活动或教学环境制定的计划和策略，它关注的是如何有效地传授知识、技能和态度，以及如何评估学生的学习成果。而课程设计涉及整个课程或学习计划的结构、内容和组织。它包括确定课程目标、选择和组织内容、确定教学方法和评估策略等。对教师而言，优秀的教学与课程设计都是一个难度较大的任务。AI 大语言模型的出现为教师有效完成这一任务提供了极大希望与可能。例如，AI 大语言模型可以帮助教师解决教学设计过程中的各类数据分析、教学方法与策略的选择，在课程设计中课程目标的设定、课程计划的制定与安排，以及教学资源的推荐和优化等,全面支持教师教学任务有效和高质量地完成。此外,AI 大语言模型还可以依据教学活动实施的情况帮助教师及时调整教学方法和策略,包括根据学生的学习情况生成个性化的教学计划,并提供相关的教学资料和练习题。总之,AI 大语言模型可以帮助教师有针对性地解决教学活动中的目标制定、各类数据分析、方法与策略的选择、课程的设计、计划的制定与安排,以及教学资源的推荐和优化等,全面支持教师教学效能的提升。

3.2.1　教学设计

教学设计是指在实施教育教学过程中,根据教学目标和教学内容,制定具体教学计划和策略的过程,重点聚焦如何有效地传授知识、技能和态度,以及如何评估学生的学习成果。在这一过程中,包括选择适当的教学方法、教学策略、教学资源和评价方式等,制定教学计划和课程安排,为学生提供优质的教育教学服务。AI 大语言模型对教学设计的支持主要有以下几个方面:

（1）数据分析

优秀的教学设计必须是基于对授课对象的详细分析基础上进行的。AI 大语言模型具备很强的数据收集、分析、处理、挖掘能力,它可以在这一方面发挥重要作用。通过对学生的学习表现、行为、兴趣等多方面数据进行收集、整理、分析和挖掘后,教师可以更好地全面了解学生的学习情况和学习需求,从而为教学设计奠定良好的基础。

AI 大语言模型为教学设计而进行的数据分析支持具体表现在如下几个方面。数据解读:可以对学生的文本输入进行分析,识别学生的学习需求、疑惑和兴趣点。情感分析:通过分析学生的反馈和评论,模型可以识别学生的情感和态度,如满意度、困惑或挫败感。预测分析:基于学生的历史数据和行为,模型可以识别学生的学习路径和模式,个体与群体的共同特点和差异,预测学生的未来学习成果和表现等。风险预测:模型可以预测学生可能面临的学习困难和挑战,帮助教育者提前进行干预。数据可视化呈现:模型可以与数据可视化工具结合,提供直观的数据图表和报告,帮助教师更好地理解和解释数据。总的来说,AI 大语言模型为教学设计的"数据分析"提供了强大的支持,帮助教育者更好地理解学生的学习状况,优化教学策略,提高教育效果。

（2）**方法与策略选择**

教学方法和教学策略的选择是教学设计过程中极其重要的环节。它是指在教学活动具体实施过程中需要采用什么手段、方法、策略。由于 AI 大语言模型具备很强的数据采集与分析能力,可以通过对学生数据分析,了解学生的学习特点和兴趣爱好,根据学生的个性化需求,为教师提供有针对性的教学方法和策略。同时,AI 大语言模型还可以通过分析历史教学数据,提供教学资源的推荐和优化,帮助教师更好地进行教学设计,以期实现最佳的教学效果。当然,教学方法和策略的选择将直接影响学生的学习效果和学习兴趣。

（3）**资源推荐与优化**

教学资源是任何教学活动的重要支撑,也是教学设计必须要考虑的要素。AI 大语言模型基于相关技术,可以对海量的教学资源进行智能化筛选和排序,并有针对性地向教师进行推荐,极大地提升了教师遴选资源的效能。具体来说,根据教学设计的教学目标和任务,并基于学生整体的学习数据进行分析和挖掘,AI 大语言模型可以快速识别学生的学习偏好、优点、不足,从而推荐符合学生需求的优质教学资源,比如视频、图片、文章、试卷等,协助教师更高效、更有针对性地完成教学设计。同时,教学资源的优化也是 AI 大语言模型应用的重要方向之一,它可以利用数据分析的手段,对教学资源的质量、适用性和有效性进行评估和优化,从而提升教学资源的质量和利用率。这一应用方向的目标是提供更加符合教师教学和学生学习需求的教学资源,促进教学效果的提升与激发学生的学习兴趣和学习效果。

3.2.2　课程设计

课程设计是教学活动中必要的环节之一,重点涉及整个课程或学习计划的结构、内容和组织,它包括确定课程目标、选择和组织内容、确定教学方法和评估策略。AI 大语言模型具备强大的知识和技能支持,能够帮助教师更加高效、科学地进行课程设计。AI 大语言模型在课程设计中的支持作用主要体现在三个方面，一是进行课程计划的设计，二是进行课程的安排，三是教学技术与工具的推荐与支持。当然，课程设计通常需要耗费大量的时间和精力，而 AI 大语言模型具有海量的数据和自然语言处理能力，可以帮助教师快速有效获得最新的学科知识和教育发展趋势，为课程设计奠定了重要基础。与此同时，AI 大语言模型可以对学科领域的知识结构、知识体系、知识难点等进行分析和归纳，帮助教师进行更加科学合理的课程设计，为课程计划与课程安排的设计提供重要保障。具体来说，AI 大语言模型对课程设计的支持主要体现在以下几个方面：

（1）课程计划

课程计划是一个系统性的过程，涉及确定课程目标、选择合适的教学内容、方法和评估策略，以确保学生能够达到预定的学习目标。课程计划的目的是确保学生获得所需的知识、技能和态度，为他们的未来学习和职业生涯做好准备。具体的教学内容包含明确学生在完成课程后应达到的知识、技能和态度，包括确定哪些主题和概念是必须要掌握的，教学方法选择包括最适合学生的教学策略和活动，而评估策略是针对如何评价学生的学习成果，确定他们是否达成所设定的学习目标。AI 大语言模型可以为课程设计中"课程计划"的支持具体表现在，确定课程的目标、选择合适的教学内容。明确学生在完成课程后应达到的知识、技能和态度。选择最适合的教学方法和策略，以及确定采用何种评估策略来评价学生学习目标的达成度。

（2）课程安排

课程安排也是课程设计的重要组成部分，涉及确定课程的实际执行时间、地点和频率。它确保所有课程都能够在有限的时间和资源内得到适当的安排。课程安排的目的是让所有学生都能够参加所需的课程，并使教育机构的资源得到最佳利用。总的来说，课程计划关注的是"教什么"和"怎么教"，而课程安排关注的是"何时教"和"在哪里教"。两者虽然重点和要求有所不同，但都是为了确保学生获得目标明确、安排合理、有序高效的教与学活动。

　　AI 大语言模型可以根据课程计划对课程进行安排,也包括依据历史数据的分析,以及学校教学资源和空间的可用性,制定可行的课程安排。这些安排涉及课程时间表、每个课程的具体上课时间、日期和时长,教学空间或课堂分配:包括根据课程的特定需求(如实验室、多媒体等)为每个课程分配合适的教学空间。AI 大语言模型还可以根据课程安排的需要,对教师进行合理的分配:确保每个课程都有最合格的教师进行教学,也包括对学生分班或分组,根据学生的需求和能力将他们分配到合适的班级或小组。

(3) 课程评价

　　课程评价始终是教育教学中至关重要的一环,它将衡量课程设计与课程质量的优劣。课程评价可以分为两种类型,一种是形成性评价,一种是总结性评价。形成性评价是在课程实施过程中,通过不断实践、反馈、调整和改进,帮助教师更好地知晓课程计划与安排的合理性、可行性、有效性。总结性评价则是在课程实施结束之后,对课程总体的评价,尤其是课程对学生学习的影响与成果进行总结和评价。无论哪种评价,制定相关的评价指标体系至关重要。

　　AI 大语言模型在课程评价方面具有独特功效,尤其是在形成性评价方面。它可以快速实时地分析大量的学生反馈,识别他们的情感和态度,如满意度、困惑或挫败感,为教师提供及时调整和改进课程的依据。还可以通过分析学生在课程学习过程中的表现,如作业、测验、讨论、参与度等数据,帮助教师及时调整教学方法和策略,提高教学效果。同时,AI 大语言模型在课程总结性评价中发挥全面客观的优势,通过多维度分析学生的学习成果,如考试成绩、论文成果、项目作品、行为表现等数据,帮助学校或教师总结课程的教学效果,为教师提供更为客观、准确的课程评价结果,为今后的课程设计提供指导和改进方向,也可以避免传统课程评价方式中存在的主观性、欠公正性等问题。

　　综上所述,AI 大语言模型对教学设计与课程设计的支持是多方面的,无论在教学设计中的数据分析、方法与策略选择、资源推荐与优化，还是在课程设计中的课程计划、课程安排，以及课程评价等方面，都可以为教师提供更全面、高效、个性化的教学与课程服务，对推进教育教学的不断创新和发展提供了极大支撑。

3.3　学习应用

学习应用是指将 AI 大语言模型应用于学生的学习过程中，支持学生个性、高效、有效地学习。具体而言，学习应用包括但不限于个性化、智能辅导、智能评测、智能学习系统、学习资源推荐等方面。通过 AI 大语言模型的支持，学习应用可以更好地满足不同学生的需求，提高学习效率和学习成果，促进学生个性化发展。AI 大语言模型对学习的支持主要有以下几个方面：

3.3.1　个性化学习

个性化学习是指针对不同的学习者，根据其个体基础、能力、风格、差异等，提供个性化的学习内容和学习过程的管理和支持。AI 大语言模型在支持个性化学习方面能起到独特的作用。它可以通过对个体学生的学习数据和行为进行分析，为学生提供个性化的学习方案，帮助学生更好地掌握知识和技能。具体来说，AI 大语言模型在支持个性化学习方面主要体现在：学习路径规划、学习内容定制、学习资源推荐、学习过程检测与反馈，以及学习成果评估等。

（1）路径规划

任何有效学习必须要有一个很好和合理的路径规划，尤其是针对个性化的学习。AI 大语言模型是基于智能分析能力，分析出学生的个性化需求和学习能力，为学生量身定制出最优的学习路径和学习计划。具体是通过分析学生的学习表现、兴趣爱好、学科偏好、知识水平等因素，为学生推荐最适合的学习内容、学习资源和学习方式，以实现帮助学生更加高效地完成学习任务和提高学习成效。同时，AI 大语言模型还可以通过实时监测学生的学习情况，及时进行反馈和调整，不断优化学习路径和学习计划，确保学生的学习效果最大化。此外，AI 大语言模型可以根据学生的学习历史和学习情况，为学生制定个性化的学习路径和计划，以实现学习的连续性和持续性。

（2）内容定制

在制定学习计划和路径的基础上，确定适合的学习内容是重要一环。它是指根据学生的个性化需求和能力水平，为其提供个性化的学习内容，以满足不同学生的学习需求。AI 大语言模型可以通过学生数据分析和学习历史记录，对学生的学习兴趣、学科掌握程度、学习目标等进行分析和识别，从而为每个学生提供个性化的学习内容和学习推荐，以提高学习的针对性和效果。同时，AI 大语言模型还可以根据学生的学习进度和反馈，实时动态地调整学习内容和难度，使学生的学习更加高效和有针对性。此外，AI 大语言模型还可以通过与其他学生的学习数据进行比较和分析，为学生提供同伴学习推荐，促进学生之间的合作学习和交流。

（3）资源推荐

学习资源推荐是个性化学习的一个重要支撑，尤其是推荐适合、有用、优质的学习资源。AI 大语言模型可以基于学生的学习历史、兴趣爱好、学科水平等的分析，多维度来推荐学习资源，例如视频、课程、文章、练习题等。具体而言，AI 大语言模型是采用协同过滤、内容遴选、深度学习等算法来进行资源推荐，同时考虑了资源的难度、时长、关联度、知识点覆盖等因素，以便更好地满足学生的个性学习需求和兴趣，提高学习针对性和效果。为了实现适合、有用、优质的资源推荐，AI 大语言模型可以通过以下几个方面进行资源推荐的优化。多样性推荐：考虑到学生的学科兴趣和知识广度，推荐多样化的学习资源，以增加学生的兴趣和学科探索性。实时推荐：随着学生学习状态的不断变化，可以动态地推荐相应的学习资源，以提高推荐的准确性和适应性。社交化推荐：结合社交媒体等平台，可以推荐学生正在学习的课程和资源，以激发学生的学习兴趣和社交互动。

（4）过程检测与反馈

学习过程检测与反馈是指通过对学生学习行为和学习结果的监测和

分析,然后根据检测和分析结果给予及时的反馈和指导,以提高学生的学习效果和学习体验。AI 大语言模型检测与反馈具体包括以下几个方面。学习行为检测:利用对学生的学习行为进行检测和分析,包括学习时间、学习频率、学习轨迹等,并对学习行为进行分析。学习表现检测:对学生的学习表现进行检测和分析,包括作业完成情况、考试成绩、课堂表现等。反馈和指导:根据学习行为和学习表现的检测结果,可以及时给予学生个性化的反馈和指导,比如,学生在学习过程中可能遇到某些概念或知识点的理解困难,此时 AI 大语言模型可以根据学生的表现,提供针对性的解释和指导,帮助学生更好地掌握知识点。此外,还可以根据学生的学习行为和表现,提供相关学习策略和方法的指导,以帮助学生更快捷和有效地学习。

(5) 成果评估

学习成果评估是评价学生在个性化学习过程中所取得成果的一种方法,也是学习过程中不可或缺的环节。通过学习成果评估,可以对学生的学习情况进行全面的了解和评价,同时也是有利于对个性化学习设计、路径规划、内容定制等效果进行反思和改进。与此同时,可以帮助教师更加客观、科学地评估学生的学习成果,提高评估的准确性和公正性。AI 大语言模型在学习成果评估方面的作用主要包括以下几个方面。自动化评估:可以自动化地对学生的作业、考试、论文等进行评估,大大减轻教师的工作负担。个性化评估:可以根据学生的学习情况和能力,进行个性化的评估,帮助教师更好地了解个体学生的学习状况,制定更有针对性的教学策略。多样化评估:可以根据不同的评估指标和要求,进行多样化的评估,如语言表达能力、思维逻辑能力、创新能力等,帮助教师更全面地评估学生的学习成果。

3.3.2 项目与协作式学习

项目学习和协作式学习是一种基于学生合作完成特定任务或项目的学习模式。在这种学习模式下,学生通常被分成小组,共同完成一个项目或任务,每个小组成员都承担着特定的角色和任务。这种学习方式不仅有助于培养学生实际操作能力和解决问题的能力,也有助于提升学生的协作和团队合作能力。该模式鼓励学生在实践中探索、发现、合作、交流和反思,培养学生在探索中学习、做中学习、协作中学习的能力。AI 大语言模型可以有力地支持这种教学模式的实施,不仅可以根据每个学生或团队的兴趣、能力和需求,推荐适合的项目和任务,并提供相应的支持和资源,还可以帮助团队成员之间的协作与交流,对项目进行管理,向个人或团队提供项目反馈意见,实现团队项目合作的有序进行、协同合作、问题解决、进度控制、按时完成、效果提升。具体支持方面有:项目设计、团队协作、资源与工具、进度管理,以及学习反馈等。

(1)项目设计

在项目与协作式学习中,关键之处是对项目的设计。学习者需要参与到一个真实的项目中,与其他学习者一起协作完成项目,从而获取相关的知识和技能。AI 大语言模型可以在项目设计阶段提供有力帮助,通过分析学习者的背景、兴趣和学习目标等信息,推荐适合的项目主题和难度,同时提供合适的工具和资源,帮助学习者更好地完成项目。在此过程中,AI 大语言模型可以运用自然语言处理技术,自动生成一些项目主题和任务描述,并能从项目的整体规划、主题的选取、项目的设计与实施以及评估等方面进行全面考虑,确保学生能够获得全面的学习体验和成果。同时,AI 大语言模型还可以根据学习项目协作过程中获取相关的数据和进行分析,提供实时的指导和支持,例如自动生成一些协作工具和流程,帮助学习者更好地完成任务。在项目完成后,AI 大语言模型还可以对学习者的成果进行自动化评估,并提供相应的反馈和建议,从而帮助学习者提高项目能力和解决问题的能力。总之,AI 大语言模型在项目与协作式学习中具有重要的作用,能够提供更加智能化和个性化的学习支持和指导。

(2)团队协作

团队协作是指多人共同合作完成某项任务或项目的过程。在学习中,团队合作可以促进学生的交流与合作,提高学生的沟通与协作能力,激发学生的学习兴趣和动力,使学习更加有趣和有效。团队合作也可以帮助学

生发展解决问题的能力和创造力,提高学生的领导能力和团队精神。AI
大语言模型为团队协作项目实施提供有力支持,例如,提供个性化的团队
合作方案、监测团队合作进展、检测个人在团队合作中的表现、给出个性化
的反馈和指导等方式,帮助学生更加高效、有针对性地完成团队合作项目。
同时,AI 大语言模型可以基于学生在学习过程中的行为数据,提供智能化
的团队合作评估,为教师指导提供参考依据,也使教师能更好地评估学生
的团队合作表现。

(3) 资源与工具进度管理

在项目与协作式学习中,进度管理是非常重要的一环,它能够帮助团
队成员掌握项目进展情况,及时发现和解决问题,确保项目能够按照预定
计划和时间完成。AI 大语言模型主要可以通过以下几种方式支持项目与
协作学习的进度管理。自动化任务分配:可以通过对学习团队成员的兴
趣和能力,自动将任务分配给最适合的人员。这样可以确保任务能够被很
好地完成,并减少时间和精力的浪费。任务跟踪和提醒:在项目具体实施
过程中,AI 大语言模型可以自动跟踪项目中的任务,及时提醒团队成员完
成任务的时间和工作量。由此可以更好地掌握项目的进展情况,及时发现
和解决问题,确保项目能够按照预定计划和时间完成。数据分析和可视
化: AI 大语言模型可以分析项目进展的数据,并将其可视化,以便团队成
员更好地直观清晰地看到项目的整体情况,促进每位成员努力完成各自的
任务部分。自动化报告生成:在项目整体完成后,AI 大语言模型可以自
动化生成项目报告,为团队成员全面地了解项目完成情况、与其他团队的
比较,以及为教师对每个团队协作进行评估提供重要依据。

(4) 学习反馈

针对项目与协作式学习,学习反馈也是非常重要的一环。由于项目与
协作学习是采用多小组、多对象、多任务、多作品的过程,所以要形成有效
反馈建议和指导对教师是一个极其繁重的工作。AI 大语言模型可以非常
有效地支持和实现项目与协作式学习的反馈。这些反馈具体包括,及时反
馈:在项目与协作式学习中,学习反馈应该是及时和准确的,这可以帮助

学生及时调整自己的学习策略,进一步提高学习效果。个性化反馈:AI大语言模型可以针对每位学生提供个性化的反馈,通过分析每位学生的学习数据,了解其学习状态、偏好和需要,可以为其提供更为贴合个性的反馈和指导。多元化反馈:项目学习反馈与传统学习不同,不仅限于答题或作业成绩评价,还应该包括更多维度的反馈,如,可以通过项目过程中进度、完成度、协作度、项目成果等的反馈,让学生多维度地知晓自己在项目协作过程中的学习效果。AI大语言模型可以根据学生在协作学习中的表现进行分析,评估学生在团队合作、项目管理、沟通协调等方面的能力,并给出相应的反馈和建议,帮助学生不断提升自己的协作和管理能力。

3.3.3 混合式学习

随着科技的快速发展和教育数字化转型的推进,混合式学习已成为教育领域的重要形式之一。混合式学习是指在传统面授(线下)教学基础上,利用互联网将在线学习、移动学习、泛在学习、线上指导与互动交流融为一体的学习方式。AI大语言模型在教学上应用的优势可以大大提升混合式学习的效果和质量。混合学习模式还有一个显著的特点是它的灵活性,即可以随时随地进行学习。AI大语言模型对混合式学习的支持将重点体现在线上学习活动,包括个性化、资源推送、互动交流、智能问答,以及学习评价等。

(1)个性化

在线下课堂学习的基础上,学生可以按照教师的要求进行线上学习,线上学习更强调自主学习,也就是自主学习线下没有掌握的、复习不懂的、操练不熟练的、巩固已掌握的、交流感兴趣的等。针对线上学习的个别化与自主性,AI大语言模型可以在线针对每位学生的学习行为进行检测和分析,包括学习时长、学习频率、学习轨迹等,并对学习行为进行分析,也包括进行学习表现的检测和分析,如作业完成情况、作业的正确错误率、交流互动表现等。AI大语言模型将根据学习行为和学习表现的检测结果,可以及时给予学生个性化的反馈和指导,比如,学生在学习过程中可能遇到某些概念或知识点的理解困难时,AI大语言模型可以根据学生的表现,提供针对性的解释和指导,帮助学生更好地掌握知识点。此外,还可以根据学生的学习行为和表现,提供相关学习策略和方法的指导,以帮助学生更快捷和有效地学习。支持学生的个性化学习也是混合式学习的一个重要特征。AI 大语言模型的自然语言处理技术不仅可以分析学生的学习历史和成果,而且也能很好地理解和分析学生的学习习惯和喜好,为每位学生定制个性化的在线学习计划,包括推荐适合的学习路径和学习方法,如先复习线下已学的内容,再提出问题让学生在线回答,根据回答,提示和告知下一步应该补习内容和学习步骤。

（2） 资源推送

在线学习需要各种学习资源的支持,AI 大语言模型可以根据学生的学习历史和成果,需求和兴趣等,为学生推荐适合的在线课程和学习资源,以帮助学生更好地理解和掌握知识点。这些资源可以是视频、音频、图片、书籍、学习材料、互动课件等。AI 大语言模型可以实时了解每个学生的学习进度和学习难点,并提供相应的学习建议和指导。例如,如果一个学生在某个知识点上表现不佳,AI 大语言模型可以及时为学生推送相应的学习资源和练习题,以帮助学生解决学习之困难。在线学习时,学习工具的推送也是非常重要的,AI 大语言模型可以通过学习者的历史学习行为和偏好,对其进行智能推荐学习工具。例如,对于某个学生来说,如果他在过去的学习中经常使用某个工具或浏览某类网站,那么在未来的学习中,AI 大语言模型可以根据这一历史数据进行智能推荐相应的工具和网站,使其学习更加有针对性和高效。总之,通过 AI 大语言模型的支持,可以实现对学习者个性化的学习资源和工具推送,提高学习的针对性和有效性。

（3） 互动交流

在混合式学习中,互动交流是非常重要的一环。传统的线下(面对面)教学中,学生与教师、学生与学生之间可以直接进行互动交流,而在线学习中,学生与教师之间的交流则更加依赖于各种工具和平台。AI 大语言模型可以提供交流平台和工具的支持,有效地实现互动交流活动的开展。比如,可以通过视频会议、在线讨论区、电子邮件、即时通信等多种方式开展互动交流。AI 大语言模型可支持的具体互动交流工具主要有:Zoom 是一种流行的在线视频会议和协作平台,可以支持混合学习中的虚拟课堂互动交流。Microsoft Teams 是一个支持团队协作和沟通的在线平台,也可用于远程学习和在线教育,支持实时聊天、视频会议等功能。Google Meet 是在线视频会议平台,支持多种设备和操作系统,也可用于虚拟课堂和在线教育。Canvas 是一种在线学习管理系统,学习管理的同时,可以支持混合学习中的互动交流和课堂互动,包括实时聊天、讨论论坛、在线测试等功能。Blackboard 是一种在线学习管理系统,可以支持混合学习中的课堂互动和互动交流,包括在线讨论、协作工具、虚拟课堂等功能。Moodle 是一种开源的在线学习平台,可以支持混合学习中的互动交流和课堂互动,包括在线讨论、协作工具、虚拟课堂等功能。当然,除了以上列举的平台和工具,还有很多其他支持混合学习中互动交流的在线教学平台和工具,人们可以根据具体的需求和情况选择使用。需要注意的是,在选择使用任何在线互动交流平台和工具时,都要确保它们的安全性和可靠性,保护学生的隐私和学习内容的安全。

(4) 智能问答

在混合式学习模式中,学生更多的时间是在线进行自主学习或个别化学习,这种情况下,学生通常会遇到许多问题要请教和希望得到及时回答,如果仅依赖教师在线来满足这些需求是难以实现的。而基于 AI 大语言模型支持的智能问答系统就可以实时地回答学生的各种问题,同时还能在不同的知识领域中提供学生所需的知识辅导。智能问答系统采用了多种技术的支持,其核心模块是自然语言处理模型,它可以对学生输入的问题进行语义分析和答案生成。语义分析是对学生输入的问题进行分析,提取问题隐含的语义信息,并进一步理解问题的意思。然后根据语义分析的结果与数据库中的相应信息进行匹配,寻找最优答案或生成答案。如果数据库中没有相应的答案,系统会调用网络资源继续查找答案。智能问答系统的实现需要多种技术的支持,尤其是其中的一些关键技术,如自然语言处理、语音识别技术、知识图谱技术、机器学习技术、数据挖掘技术等。总之，AI大语言模型基于这些技术支持的智能问答系统可以更加准确地理解学习者的问题，并能考虑语境和语义的复杂性，实时给出更加具有针对性的回答。同时，智能问答系统还可以结合学生的学习历史和偏好，提供个性化的学习建议和学习资源推送，帮助学生更好地完成学习任务和提高学习效果。

（5）学习评价

混合学习模式下，对学生的学习进行及时、客观、正确的评价极其重要，尤其是过程性的评价，因为学生线上基本都是独立自主进行学习的，过程性评价可以帮助学生实时知晓问题的所在，及时纠错，使学习更为顺利和有效。AI大语言模型完全可以支持混合学习过程中的过程性评价。具体来说，它可以通过分析学生在学习过程中的表现、回答问题的准确性、思考方式、讨论内容等多方面的数据，对学生的学习进展进行评估，并为提供针对性的反馈和建议。例如，在线上互动交流时，可以对学生的发言内容进行分析，提取关键信息，评估学生的思考能力和表达能力。同时，它还可以通过分析学生的讨论行为，如是否参与讨论、发言频率、提问方式等，了解学生的参与度和贡献度，帮助教师更好地评估学生的学习表现。此外，AI大语言模型还可以利用自然语言处理技术，分析学生在线学习中的笔记和作业，对学生的学习进展进行评估。通过对学生的笔记和作业进行自动评分，可以减轻教师的工作负担，同时为学生提供实时的反馈和建议，帮助他们更好地理解课程内容和提高学习效果。总之，在混合学习模式下，AI大语言模型可以通过分析学生在线学习过程中的各种数据，对学生的学习进展、学习行为、学习成果等进行评价，为客观、准确、公正地评价学生的在线学习提供有力支持。

3.4 资源生成

教学资源是任何教学活动的重要支撑，脱离教学资源的支撑，教学活动通常是无法正常进行的。教学资源的设计与制作是极其费时费力的工作,也是造成教师工作负担较重的因素之一。AI 大语言模型的出现为教学资源的自动生成带来了无限的可能,其强大的生成能力几乎超出人们的想象。它基于人工智能技术、自然语言理解、机器学习,以及各种算法,在一定的学科知识范围内,自动生成符合教学目标和课程内容的教学资源,比如教学课件、PPT、作业、试题等。这不仅大大提高教师的工作效率,减轻教学负担,并且可以生成更加丰富、多样化、个性化的教学资源,满足不同层次的教学和学习需求。AI 大语言模型在教学资源生成方面的应用主要体现在以下几类:教学资源、学习资源、实验资源,以及评估资源。为体现 AI 大语言模型在教学资源生成方面的能力,本部分将针对不同类型的资源,生成部分具体的小案例来加以说明。

3.4.1　教学资源

教学资源是教师教学活动中不可或缺的一部分,对于提高教学质量、激发学生兴趣、增强教学效果具有重要作用。这里所指的教学资源重点是指以教师教学活动为主的资源,比如说,教学设计、教学方案、多媒体课件、教学视频、课堂试题等。由于这些教学资源的制作与更新通常需要教师耗费大量时间和精力,AI 大语言模型可以提供一种全新的解决方案,可以通过自然语言生成技术帮助教师高效地自动生成这些教学资源,例如,教师可以给出一个题目或者一个主题,AI 大语言模型可以根据教师提供的信息自动生成一些相关的知识点、题目、课件等教学资源,帮助教师快速地制作教学资源。

此外,还可以根据教师提供的学习目标、课程大纲、学生的学习情况等信息,生成适合不同层次、不同难度的教学资源,帮助教师更好地满足学生的学习需求。又如,AI 大语言模型还可以帮助教师自动检索、筛选和推荐适合教学使用的教学资源。教师根据 AI 大语言模型提供的搜索功能,快速地搜索到相关的教学资源,而无须在海量的资源中手动查找。还可以根据教师的教学需求和学生的学习情况,自动筛选出最适合的教学资源,并向教师推荐这些资源,帮助教师更加高效地选择教学资源。

同时,AI 大语言模型还可以通过学生学习行为数据分析,帮助教师更好地评估和改进教学资源。例如,AI 大语言模型可以分析学生对教学资源的使用情况,包括学生的学习时间、浏览时间、观看视频的时长等,从而帮助教师了解学生对教学资源的反馈,进而优化和改进教学资源,提高教学效果。

除此之外,AI 大语言模型还可以支持教学资源的多语言生成和多媒体制作。教学资源的多语言生成可以更好地面对语言障碍问题,满足不同语言学习者的需求。

(1) 教学设计

AI 大语言模型在教学设计方面可以帮助教师更加高效地生成教学设计。通过对学科领域的语料库进行分析和训练,大型语言模型可以自动生成学科领域的教学设计,包括教学目标、教学内容、教学活动和评估方式等,从而为教师提供更多选择和参考。例如,教师可以使用 AI 大语言模型生成教学目标,输入相关关键词,模型可以自动生成符合要求的目标,并根据不同学生的特点和需求,调整目标的难易程度、具体表述和重点突出,使得教学目标更加符合学生的实际情况和需求。当然,教学设计在确定总目标的前提下,还要设定具体目标、知识目标、情感目标等,这些目标的设计都可以由 AI 大语言模型支持完成。在教学内容的生成方面,AI 大语言模型可以结合学科领域的知识和学生的学习特点,自动生成符合课程要求的教学内容。例如,对于一门语文课程,模型可以根据学科领域的语言知识和学生的阅读习惯,自动生成符合要求的阅读材料,并根据学生的兴趣和水平,调整材料的难易程度、体裁和主题等,使得学生更容易理解和掌握。在教学活动的生成方面,可以根据学科领域的特点和学生的实际情况,自动生成符合课程要求的教学活动,包括课堂互动、小组合作和实验操作等,使得教师可以更加轻松地进行课堂授课和教学管理。而在评估方式的生成方面,AI 大语言模型可以根据课程要求和学生的实际情况,自动生成符合要求的评估方式,包括考试、作业和项目等,从而帮助教师有效评估学生的学习情况和学科掌握程度。

总之,AI 大语言模型在生成教学设计方面的应用,可以为教师提供更加高效、智能的教学设计方式,不仅提高了教师的工作效率,同时也使得学生的学习效果得到更好的保障。

以下是 AI 大语言模型自动生成的教学设计案例。请注意:提问要求必须是由教师提出,就是向 AI 大语言模型提出要生成的内容(如教学设计、教学方案、多媒体课件等),学科范围(如语文、数学、英语、物理等)和主题是什么?学科范围或主题也可以交给 AI 大语言模型自动确定(由于以下案例提出主题任意,所以由 AI 大语言模型自动生成的主题是:探究细胞的结构和功能)。

 **教学设计生成案例**

提　问:请生成的一份教学设计,中学生物学,主题任意

生　成(回答):以下是生成的教学设计,主题:探究细胞的结构和功能

教学目标:

总体目标:学生能够描述细胞的结构和功能,区分不同类型的细胞。

知识目标:学生能够掌握细胞膜、细胞质、细胞核等基本结构的组成和功能。

情感目标:培养学生对生命科学的兴趣和热爱,激发学生的创新思维和实验探究能力。

教学内容:

1. 细胞的基本结构和功能。

2. 细胞的分类和特点。

3. 细胞的实验探究和应用。

教学活动:

1. 导入环节:通过展示图片或视频等素材,引入细胞的话题,激发学生兴趣和好奇心。

2. 知识讲解:通过 PPT 等形式,讲解细胞的结构和功能,让学生了解细胞的基本组成和功能特点。

3. 实验探究：组织学生进行显微镜下观察细胞样本,让学生亲身体验细胞的结构和功能,并了解细胞的分类和特点。

4. 应用拓展：引导学生探究细胞在生物研究和医学应用中的作用和价值,鼓励学生进行创新思维,提出自己的研究问题和想法。

评估方式：

1. 考试评估：设立细胞的知识考试,以检测学生对细胞结构和功能的掌握程度。

2. 实验评估：通过学生在实验探究中的表现,评估其对细胞的实际理解和应用能力。

3. 表现评估：以学生的课堂表现、提问和讨论为依据,评估学生的学习态度和参与度。

教学资源：

1. 细胞的图片、视频等素材。

2. 细胞的实验样本和显微镜等设备。

3. PPT 等多媒体教学资源。

以上教学设计仅供参考,具体的教学内容和教学活动还需要根据教学班级的实际情况和学生的学习水平进行适当调整和完善。

（2）教学方案

教学方案是教学设计的具体实施方案,是对教师在实施教学任务时的具体指导。AI 大语言模型可以支持教学方案的制定,具体包括以下几个方面：教学目标的细化、教学步骤和策略、学习活动和任务设计、评估和反馈、个性化教学支持等。教学方案的制定始终是围绕教学的总目标,也就是希望学生在整个教学活动中达到的最终目标。这个目标应与课程要求、学科标准或教学计划相一致,并要求能够明确衡量学生的学习成果。

AI 大语言模型会基于教学的总目标,帮助教师生成分解目标：将总体教学目标分解为具体的小目标。根据教学活动的不同阶段、内容和学生的学习能力,将整体目标分解为逐步实现的小目标。这些小目标应具体、可量化,并能够指导教师的教学实施。目标层次整理:将小目标按照层次进行整理,分为主要目标、次要目标和细分目标等层次,以便教师更好地组织和安排教学活动。主要目标是整体目标的重要组成部分,次要目标和细分目标是为了实现主要目标而设定的具体步骤或技能。每个小目标应进行明确的描述,明确指明学生应该达到的知识、技能和能力水平。描述可以使用行动动词,以便清晰地表达学生应该具备的具体行为或能力。

教学步骤和策略是教学方案中的重要部分,它是按照教学目标指导教师有序地组织和实施教学,具体包括:引入和激发兴趣、讲解和演示、练习和巩固、合作学习和互动、讨论和思考、总结和回顾。其中重点是如何引入和激发兴趣:在教学活动开始时,引入新的知识或概念,并激发学生的兴趣和好奇心。可以使用启发性问题、引发思考的材料、实例等方法来吸引学生的注意力,并激发他们对学习内容的兴趣。讲解和演示:引入阶段后,进行详细的讲解和演示,向学生传授相关的知识和技能。教师可以使用多媒体资源、图示、实物、示范等方式来讲解和演示,以帮助学生理解和掌握学习内容。练习和巩固:在讲解和演示后,给学生提供机会进行练习和巩固。这可以包括个人练习、小组讨论、问题解答等形式,以帮助学生巩固所学的知识和技能,并提供反馈和指导。合作学习和互动:教师可以设计合作学习的活动,鼓励学生进行小组合作、伙伴讨论等形式的互动。这可以促进学生之间的合作和交流,帮助他们相互学习和理解,并培养团队合作和沟通能力。讨论和思考:引导学生进行讨论和思考,促进他们深入思考和分析问题,提高批判性思维和问题解决能力。可以使用提问、案例分析、辩论等方式来激发学生的思维,引导他们深入探究和表达自己的观点。总结和回顾:教学活动的最后,进行总结和回顾,帮助学生整理所学的知识和技能,加深对学习内容的理解和记忆。教师可以提供总结性的讲解、练习、评估或让学生互相分享归纳的结果,以巩固学生的学习成果。教学策略可以根据教学内容、学生的学习需求和特点进行调整和选择。教师可以根据具体情况灵活运用不同的策略,以提高教学和学习效果。

　　教学方案还应考虑如何评估学生的学习成果,并提供相应的评估方法和标准,包括课堂测验、作业、项目评估、口头表达等形式的评估。与此同时,个性化教学支持也是重要的考虑因素,因为 AI 大语言模型可以分析和挖掘学生的学习数据,全面知悉学生的学习习惯、弱点、偏好等信息,从而为教学方案制定提供有力的支持。教师也可以根据这些数据的分析结果,针对性地及时调整教学内容、方法和策略,提升教学的精准性和有效性。

　　综上所述,AI 大语言模型完全可以支持教学方案的制定,为教师提供更加便利化、智能化、个性化的教学服务支撑,全面提高教学的效能和学生学习的效果和满意度。

　　以下是 AI 大语言模型自动生成的教学方案案例,仍以中学生物学的主题"探究细胞的结构和功能"为例。

 **教学方案生成案例**

提　问:请生成一份教学方案,仍以中学生物学,主题:探究细胞的结构和功能

生　成(回答):以下是生成的教学方案,主题:探究细胞的结构和功能

　　针对"探究细胞的结构和功能"这一主题教学设计的总体目标,教学方案对具体子目标进行了细化:

知识目标:

　　能够描述细胞的基本组成部分,如细胞膜、细胞质、细胞核等。

　　能够说明细胞器的功能和相互关系,如线粒体、高尔基体、内质网等。

　　能够理解细胞的自我复制和遗传信息传递的机制,如 DNA 复制和蛋白质合成。

技能目标:

　　能够运用显微镜观察和识别细胞的形态和结构。

能够解读细胞结构的示意图和图表,理解细胞器的功能和位置。

能够运用适当的科学术语和语言表达细胞结构和功能的概念。

实践目标:

能够设计并执行简单的细胞实验,如观察细胞在不同环境下的反应或分裂过程。

能够运用实验结果和观察数据,推断细胞的特征和功能。

能够合作与分享,展示和解释细胞结构和功能的研究成果。

思维目标:

能够发展批判性思维,评估和解释科学资料和实验结果。

能够运用科学思维和逻辑,推理和解释细胞结构和功能之间的关系。

能够提出问题和构建论证,以探索细胞结构和功能的未知领域。

通过对这些具体目标的细化,教师可以更清晰地知晓学生应该达到的知识、技能和能力水平,从而更好地设计教学活动和评估方式,以帮助学生达到这些目标。

教学步骤和策略:

● 引入阶段:

使用精美的图片或视频来激发学生对细胞的兴趣,提出问题引导学生思考,如:你知道人体或植物体内有哪些微小的结构? 它们是如何工作的?

● 讲解与探究阶段:

通过讲授细胞的基本结构和细胞器的功能,介绍细胞膜、细胞核、线粒体、叶绿体等常见细胞器的作用和相互关系。

鼓励学生参与讨论,提问,引导他们思考细胞结构与功能之间的联系,以及细胞的自我复制和生物活动的机制。

● 实验与观察阶段:

组织实验或观察活动,如显微镜下观察细胞的形态和细胞器的特征,进行酵母发酵实验等,以帮助学生更直观地理解细胞的结构和功能。

学习活动和任务设计：

小组合作：组织学生分小组，探究不同类型的细胞和细胞器，进行研究和展示，分享所学知识。

模型制作：让学生运用材料制作细胞模型，标注细胞结构和细胞器，展示并解释模型的结构和功能。

评估和反馈：

设计书面测验或项目作业，考查学生对细胞结构和功能的理解和运用能力。

提供及时的反馈和建议，指导学生改进和深化对细胞的认识。

个性化教学支持：

根据学生的学习差异，提供个别辅导或额外资源，以满足不同学生的学习需求。

鼓励学生自主学习和研究，提供相关的拓展阅读或资源链接，满足学生的探索兴趣。

当然，教学方案的生成应该根据具体学科和学习内容进行个性化调整和补充。教师可以根据教学目标和学生的需求，选择合适的教学方法和策略，设计适宜的学习活动，并提供及时的反馈和指导。此外，教师还可以根据学生的兴趣和能力水平，加入适当的拓展活动和个性化教学支持，以提供更丰富和个性化的学习体验。

（3）多媒体课件

多媒体课件在教学中扮演着重要的角色，它能够增强教学效果、提高学生的学习兴趣和参与度，同时提供更直观和多样化的教学资源。多媒体课件的作用主要体现在：可视化呈现：图片、图表、视频和动画等多媒体元素，能够将抽象的概念和知识以直观的方式呈现给学生，帮助他们更好地理解和记忆。提供多样化的学习资源：多媒体课件可以集成多种媒体形式，如文字、图像、音频和视频等，丰富教学资源的形式和内容，满足学生不同的学习需求。激发学生的学习兴趣：通过生动的视觉效果和互动元素，能够吸引学生的注意力，激发他们的学习兴趣和主动参与，提高课堂氛围和学习效果。促进思维和探究：多媒体课件可以引导学生进行问题探究、小组合作和讨论，激发他们的思维和创造力，培养批判性思维和解决问题的能力。

多媒体课件的生成过程主要涵盖以下步骤：确定教学内容和目标：明确要呈现的教学内容和目标，以确保课件的准确性和针对性。课件结构设计：确定课件的结构和布局，包括引入、内容展示、互动环节和总结等部分，以便学生能够清晰地跟随和理解。素材收集：收集相关的图片、图表、视频、音频或动画等素材，以支持教学内容的展示和解释。幻灯片制作：使用幻灯片制作工具，如 Microsoft PowerPoint 或 Google Slides 等，创建幻灯片并添加文本、图像和其他媒体元素。优化视觉效果：确保幻灯片的视觉效果清晰、吸引人，并遵循一致的风格和主题，以提高学生的注意力和参与度。整合多媒体元素：将收集的素材嵌入幻灯片中，使用图片、图表、视频或音频等多媒体元素来增强教学效果。添加互动元素：根据教学目标和内容，添加互动元素，如问题、讨论或小组活动等，以促进学生的参与和思考。测试和调整：在完成课件后，进行测试和调整，确保课件的流畅性、准确性和易于理解。导出和分享：将课件导出为可分享的格式，如 PDF 或 PPT，并根据需要选择合适的分享方式，如在线教学平台、电子邮件或学校的教学管理系统。

在生成多媒体课件时，教师应根据学科特点和学生的需求，选择合适的多媒体元素和互动方式，以提高教学效果和学生的学习体验。同时，教师还应注意课件的结构和布局的清晰性，视觉效果的吸引力，以及互动元素的有效性和合理性，以确保课件的教学效果最大化。

以下是 AI 大语言模型自动生成的多媒体课件案例，由于目前多数的 AI 大语言模型都还暂不支持图像、图片和视频等的生成（当然，一定会很快能实现，有个别的大语言模型已经提供了相关插件，可以进行图像、图形等的生成），所以本案例生成只能以文字形式描述多媒体课件的结构组成，并给出了每张幻灯片（Slide）的具体内容描述。本案例提出的要求是：

AI 大语言模型驱动教学创新与变革

地理学科,主题任意(由 AI 大语言模型自动给出,地球板块运动)。

 **地理多媒体课件生成案例**

提　问:请生成一个多媒体课件的结构组成,地理学科,主题任意

生　成(回答):以下是多媒体课件的结构组成,主题:地球板块运动

Slide 1:标题页

标题:地球板块运动

学校、班级、姓名等信息

Slide 2:介绍地球板块运动的概念

引入:地球板块运动是什么?

内容:定义地球板块运动、描述地球板块运动的特点、阐述地球板块

运动的重要性

Slide 3:讲解板块运动的类型

引入:地球板块运动有哪些类型?

内容:按照边界类型分为转换型、剪切型和会聚型;

按照运动类型分为平移型、挤压型和沉降型;

用图示加深理解。

Slide 4:转换型边界

引入:什么是转换型边界?

内容:定义转换型边界;

说明沿转换型边界的板块运动和地质现象;

以中大西洋脊为例进行说明。

Slide 5:剪切型边界

引入:什么是剪切型边界?

内容:定义剪切型边界;

说明沿剪切形边界的板块运动和地质现象;

以三峡大坝附近的断层带为例进行说明。

Slide 6：会聚型边界

引入：什么是会聚型边界？

内容：定义会聚型边界；

说明沿会聚型边界的板块运动和地质现象；

以亚欧大陆碰撞为例进行说明。

Slide 7：平移型运动

引入：什么是平移型运动？

内容：定义平移型运动；

说明沿平移型边界的板块运动和地质现象；

用图示加深理解。

Slide 8：挤压型运动

引入：什么是挤压型运动？

内容：定义挤压型运动；

说明沿挤压型边界的板块运动和地质现象；

用图示加深理解。

Slide 9：沉降型运动

引入：什么是沉降型运动？

内容：定义沉降型运动；

说明沿沉降型边界的板块运动和地质现象；

用图示加深理解。

Slide 10：总结地球板块运动的意义

引入：地球板块运动的意义是什么？

内容：自然灾害预警；能源开发；环境保护；

给出案例加深理解。

此处可以增加一些互动环节的 Slides，以帮助学生更好地理解和掌握地球板块运动的知识，提高其学习兴趣和积极性。下面是一些互动环节的 Slides 的建议：

Slide 11：交互式地图

在地图上展示世界各地的板块运动情况，并允许学生进行拖拽、放大缩小操作，以加深印象和理解。可以加入一些特殊动画效果来吸引学生的注意力。

Slide 12：板块运动模拟

展示电脑模拟板块运动的动画，可以让学生自己尝试预测、观察运动的结果，并与实际地理现象进行对比。可以设置一些不同的模拟参数，让学生尝试不同情况下的运动结果，从而更加深入地理解地球板块运动的规律。

Slide 13：板块运动小测验

提问几个有关板块运动类型的问题，并在下一张 Slide 上给出答案

可以设计一些选择题、判断题或填空题等等

Slide 14：测试题目答案

给出上一张 Slide 问题或题目的答案，并进行相关的讲解。

Slide 15：结束语

引入：地球板块运动的学习对我们有什么启示？

内容：强调对地球板块运动的重视；

提出对环境保护、资源开发等方面具有重要意义；

结束语。

可以相信，随着 AI 大语言模型支持多模态功能的实现，如图像、图片、动画、音频、视频等素材，生成多媒体课件的任务将会变得极其容易，将为教师真正从繁重的素材搜集、制作、整合、修改之中解放出来，而且制作质量也将得到极大的提升。

（4）教学视频

教学视频在教学中扮演着独特的作用，它不仅能够增强教学效果、激发学生的学习兴趣和参与度，而且可以表现整个事件或故事的情节性和连贯性，尤其是思想政治或历史等课程的教学。此外，教学视频制作具有很

强的专业性和艺术性,一般教师很难独自完成制作,所以如果能够有款工具能够支持教学视频的制作,那么将为教师带来极大福音,而且教学的形态也将得到创新与变革。教学视频对教学的作用主要体现在:动态化的可视呈现:教学视频通过图像、动画和实地拍摄等多媒体元素,能够将抽象的概念和知识、事件或故事的过程,以生动直观的方式呈现给学生,帮助他们更好地理解和记忆。过程示范和演示:教学视频可以展示实际操作、实验演示、植物生长、解题方法等的完整过程,为学生的理解和记忆提供了很好的视觉和听觉的刺激。自主学习资源:教学视频可以提供给学生自主学习的资源,尤其是慕课(MOOC)或短视频类的教学资源,使学生可以根据自己的节奏和需求随时随地进行学习。强化学习效果:通过视觉和听觉的双重刺激,教学视频能够增强学习效果,提高学生的注意力和记忆力。

教学视频的生成过程主要包括以下步骤:规划和准备:确定教学主题和目标,明确要传达的核心内容。脚本或大纲编写,规划视频的结构和流程。收集相关的素材,如图像、图片、视频片段、音频文件等。视频录制:准备合适的拍摄设备,如摄像机、智能手机或录屏软件。选择适当的拍摄环境,确保光线和声音质量良好。按照脚本或大纲的指导,录制视频内容。注意清晰的语言表达和生动的演示。视频编辑:使用视频编辑软件,如 Adobe Premiere Pro、Final Cut Pro 或 iMovie 等,导入录制的视频文件。剪辑和整合视频素材,按照教学内容的逻辑顺序排列。添加适当的过渡效果、字幕、图表或其他视觉效果。调整音频和视频质量,以提高观看体验。导出和分享:将编辑完成的视频导出为常用的视频格式,如 MP4 或 MOV。选择适当的视频分享平台,如 YouTube、Vimeo 或在线学习平台,上传和分享您的教学视频。在生成教学视频时,教师应根据学科特点和学生的需求,选择合适的教学方法和教学策略,让教学视频真正展现出具有教学特征的影视片。

以下是 AI 大语言模型自动生成的教学视频案例。同样,由于目前多数的 AI 大语言模型都还暂不支持图像、图片、视频、音频等的生成,所以本案例生成只能以文字形式描述教学视频的脚本结构,并给出了每个画面的具体内容描述。本案例提出的要求是:生物或环境,主题任意(由 AI 大语言模型自动给出,探索生态系统中的食物链)。

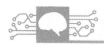 **教学视频脚本生成案例**

提 问:请生成一个教学视频脚本,如生物或环境,主题任意

生 成(回答):以下是生成的教学视频脚本,主题:探索生态系统中的食物链

[开场画面:美丽的自然风景,展示各种动植物]

音乐渐渐淡入

音频旁白:欢迎来到今天的生物学课程,我们将一起探索生态系统中的食物链。

[过渡画面:显示标题]

音频旁白:生态系统是由许多生物组成的,它们之间相互依存,通过食物链传递能量和物质。

[过渡画面:显示概念图]

音频旁白:让我们首先了解什么是食物链。食物链描述了生物之间通过食物相互关联的方式。

[过渡画面:显示食物链的定义]

音频旁白:食物链通常由几个层次组成,包括生产者、消费者和分解者。

[过渡画面:显示生产者的图像]

音频旁白:生产者是生态系统中的第一级,它们通过光合作用从阳光中获取能量,并将其转化为有机物质。

[过渡画面:显示消费者的图像]

音频旁白:消费者是生态系统中的第二级,它们通过食用其他生物来获取能量和养分。消费者可以分为食草动物、食肉动物和杂食动物。

［过渡画面：显示分解者的图像］

音频旁白：分解者是生态系统中的最后一级，它们负责将死亡的生物体或有机废物分解为无机物质，使养分能够循环再利用。

［过渡画面：显示食物链的示例］

音频旁白：让我们通过一个具体的例子来理解食物链。假设我们从植物开始，植物是生产者，它们通过光合作用从阳光中获取能量，并生产出有机物质。

［过渡画面：显示食草动物的图像］

音频旁白：接下来是食草动物，它们以植物为食物，获取能量和养分。

［过渡画面：显示食肉动物的图像］

音频旁白：然后是食肉动物，它们以其他动物为食物，进一步传递能量。

［过渡画面：显示分解者的图像］

音频旁白：最后，当这些动物死亡时，分解者会将它们的遗体分解为无机物质，使养分能够回归环境。

［过渡画面：显示食物链的循环往复］

音频旁白：食物链并不止于此，它们在生态系统中形成复杂的网络。许多食物链交织在一起，形成食物网。

［过渡画面：显示食物网的概念图］

音频旁白：食物网展示了各种生物之间的复杂相互关系和能量流动路径。它展示了生态系统中的物种之间的依存关系。

［过渡画面：显示食物网的图像］

音频旁白：食物网的稳定性和平衡对于生态系统的生态平衡非常重要。当一个物种数量发生变化时，会对其他物种产生连锁反应。

［过渡画面：显示保护生态系统的重要性］

音频旁白：因此，保护生态系统的平衡是我们的责任。通过理解食物链和食物网，我们可以更好地认识到我们与自然环境的紧密联系，更好地保护我们的地球。

［过渡画面：显示总结］

音频旁白：在本节课中，我们了解了食物链的概念和组成，以及食物网的重要性。通过这些知识，我们可以更好地理解生态系统中生物之间的相互关系。

［结束画面：感谢观看］

音频旁白：感谢您观看本节课程，希望您对生态系统中的食物链有了更深入的了解。如果有任何问题，请随时向您的教师提问。

［音乐淡出，视频结束］

请注意，这只是一个教学视频的脚本示例，您可以根据具体的教学内容和需求进行调整和定制。在制作教学视频时，请注意语言简洁明了、表达清晰、图像和动画与内容相匹配，以提高学生的理解和学习效果。同时，确保音频和视频质量良好，以提供良好的观看和听觉体验。此外，制作教学视频是一项复杂的任务，需要充分的准备和专业的技术知识。如果您没有相关的技术能力或设备，建议与专业的视频制作人员或教学技术支持团队合作，以确保视频的质量和教学效果。当然，AI 大语言模型的图像、视频、音频、动画等的生成功能融合很快会实现，所以通过 AI 大语言模型生成视频指日可待。

（5）作业和试题

作业和试题在教学中都起着非常重要的作用，它们是教师用来测试和评估学生学习成果和促进学习的手段。作业和试题的选择和确定也是消耗教师很大精力的工作，费时又费力，而且如何有针对性地选择题目往往也使得教师难以把握，从而也直接影响学生评估的客观性和正确性。AI 大语言模型的推出为解决这一问题带来了可能，而且具有便利、快速、精准的特点。在教学上，作业和试题的作用不尽相同，所以生成的过程也不同。作业的作用主要体现在，提供巩固和复习：作业可以帮助学生巩固和复习课堂上学习的内容，加深对知识的理解和记忆。培养自主学习能力：作业要求学生独立思考、自主学习，并培养他们解决问题的能力和自律性。提供反馈和指导：教师通过批改作业可以知晓学生知识掌握的情况，为学生提供及时的反馈和指导、纠正错误、改进学习方法等提供了依据。促进合作和讨论：某些作业可以设计为小组合作或讨论的形式，鼓励学生之间的合作、交流和思想碰撞。

试题的作用主要体现在，评估学习成果：试题可以用来测试和评估学生对教学内容的掌握程度、理解能力和应用能力，有助于教师了解学生整体的学习情况。激发思考和回顾：试题要求学生运用所学的知识进行分析、解决问题或回顾复习，促使他们进行深入思考和巩固学习成果。提供反馈和指导：通过试题的批改和解答，教师可以为学生提供及时的反馈和指导，帮助他们纠正错误、理解不足之处，进一步提升学习效果。激发参与和讨论：通过设计开放性或探究性的试题，教师可以鼓励学生进行讨论、合作和思考，促进互动和参与度。

作业和试题的生成过程通常要考虑以下几个要素：明确学习目标：确定作业或试题的学习目标是什么，明确要评估的知识、技能或思维能力。设计合适的任务：根据学习目标，设计合适的任务，如问题解答、案例分析、实验报告等，确保任务与学习目标匹配。考虑难度和复杂性：根据学生的年级和学科水平，设定作业或试题的难度和复杂性，使其具有适当的挑战性。提供明确的指导：为学生提供清晰的作业或试题指导，包括任务的要求、格式、提交截止日期等信息，确保学生理解任务并能按时完成。适应学生差异：在设计作业或试题时，考虑学生的多样性和差异化需求，提供多种难度级别或选择题型，以适应不同学生的学习需求。鼓励创意和思考：设计一些开放性的问题或活动，鼓励学生发挥创意、独立思考，并提供一定的自由度和灵活性。提供评分标准：对于涉及主观评价的作业或试题，明确评分标准，以保证评分的客观性和一致性。及时反馈和评估：在批改作业或试题时，及时给予学生反馈，指出正确之处和改进之处，以促进他们的学习进步。促进教师反思和改进：教师可以收集学生作业或试题的数据和反馈，进行教学反思，根据学生的表现和需求，调整和改进教学策略。当然，作业和试题的生成过程必须综合考虑学科特点、教学目标、学生特点和教学时间等因素,以确保作业和试题的有效性和适应性。

　　以下是 AI 大语言模型自动生成的作业和试题案例,本案例的课后作业是英语学科,旨在巩固英语词汇方面的知识,为此,主题为:英语词汇巩固。课后作业生成后,教师可以立刻要求生成一个对应课后作业的答案和解析,为批改作业提供便利和参考。而试题考卷案例选择的是数学学科,主题是三角形,并要求有不同题型。试题试卷生成后,教师同样可以立刻要求生成一个对应考卷的标准答案,为批改试卷提供便利和参考。

 英语课后作业生成案例

提　问:请生成一份课后作业,英语学科,主题:英语词汇巩固,10 道题

生　成(回答):以下是生成的一份英语课后作业,主题:英语词汇巩固

1. 在下列选项中选择与单词"abundant"同义的词汇。

　　a. scarce　　　　b. plentiful　　　c. limited　　　d. rare

2. 填写下列句子中空缺处的正确词汇。

　　I enjoy reading books to _____ my vocabulary.

　　a. enhance　　　b. diminish　　　c. deplete　　　d. reduce

3. 选择正确的反义词,填入下列句子中空缺处。

　　The weather was extremely hot, but today it is quite _____.

　　a. cold　　　　b. warm　　　　c. cool　　　　d. freezing

4. 根据给定的词性,选择适当的词汇填入下列句子中空缺处。

　　She is a _____ student and always gets top grades in her exams.（动词/形容词/副词/名词）

5. 选择正确的词汇形式填入下列句子中空缺处。

　　I have been studying English for two _____.（month/months）

6. 填写下列句子中空缺处的正确词汇。

　　The new employee showed great _____ and dedication to his work.

a. initiative   b. laziness

c. incompetence   d. indifference

7. 选择与下列单词"bravery"同义的词汇。

a. fear   b. cowardice   c. courage   d. weakness

8. 根据给定的词性,选择适当的词汇填入下列句子中空缺处。

The children were _____ in the park. (动词/形容词/副词/名词)

9. 选择正确的词汇形式填入下列句子中空缺处。

The students were asked to write a _____ essay. (describe/described/describing/description)

10. 填写下列句子中空缺处的正确词汇。

The doctor prescribed a _____ to help with the pain. (medicine/drug/remedy/prescription)

 **英语答案与解析生成案例**

提 问：请给出上述生成的课后作业的答案与解析

生 成(回答)：以下是10道英语作业题的答案解析：

1. 在下列选项中选择与单词"abundant"同义的词汇。

正确答案：b. plentiful

解析："abundant"的同义词是"plentiful",意味着丰富或充足。

2. 填写下列句子中空缺处的正确词汇。

正确答案：a. enhance

解析："enhance"意味着提高或增强。

3. 选择正确的反义词,填入下列句子中空缺处。

正确答案：c. cool

解析："cool"是"hot"的反义词,表示凉爽。

4. 根据给定的词性,选择适当的词汇填入下列句子中空缺处。

正确答案：diligent/形容词

解析："She is a diligent student"中"diligent"是形容词,描述她是勤勉刻苦的学生。

5. 选择正确的词汇形式填入下列句子中空缺处。

正确答案：months

解析：由于"two"表示复数,所以"months"是正确的形式。

6. 填写下列句子中空缺处的正确词汇。

正确答案：a. initiative

解析："initiative"意味着主动性和积极性,与句子中描述的行为相符。

7. 选择与下列单词"bravery"同义的词汇。

正确答案：c. courage

解析："bravery"和"courage"都表示勇敢和胆识。

8. 根据给定的词性,选择适当的词汇填入下列句子中空缺处。

正确答案：playing/动词

解析："The children were playing in the park"中"playing"是动词的现在分词形式。

9. 选择正确的词汇形式填入下列句子中空缺处。

正确答案：description

解析："a descriptive essay"中"descriptive"表示描述的,需要使用名词"description"。

10. 填写下列句子中空缺处的正确词汇。

正确答案：drug

解析："the doctor prescribed a drug"中"drug"表示药物或药品。

 **数学试题考卷生成案例**

提　问：请生成一份试题试卷,数学学科,主题：三角形,不同题型(题数任意)

生 成（回答）： 以下是生成的数学试卷,主题:三角形,不同题型,题数不限

题目一：填空题

1. 根据三角形内角和定理,三角形的内角和为_____度。

2. 一个等边三角形的每个内角都是_____度。

3. 一个直角三角形的两个锐角之和为_____度。

题目二：选择题

1. 以下哪个条件可以判断三角形 ABC 为等腰三角形?

（a）AB＝BC　　　　　　　　（b）AC＝BC

（c）AB＝AC　　　　　　　　（d）三个边长都相等

2. 以下哪个条件可以判断三角形 ABC 为直角三角形?

（a）AB＝BC　　　　　　　　（b）AC＝BC

（c）AB^2＋BC^2＝AC^2　　　（d）三个角都是锐角

题目三：解答题

1. 若三角形 ABC 的两条边长分别为 AB＝5 cm,C＝8 cm,且夹角 BAC＝30°,求三角形的第三条边 BC 的长度。

2. 已知三角形 ABC 的两个内角分别为∠B＝60°,∠C＝80°,边长 AB＝7 cm,请计算边长 AC 和 BC。

题目四：应用题

1. 在一个等边三角形 ABC 中,边长为 6 cm。如果从三角形的每个顶点分别向内部作垂线,求垂足连接成的三角形的面积。

2. 一个直角三角形的两直角边分别为 3 cm 和 4 cm,请计算斜边的长度。

题目五：证明题

证明在任意三角形 ABC 中,三边长度满足 a+b>c,b+c>a,c+a>b。

题目六：综合题

在一个等边三角形 ABC 中,边长为 8 cm。已知角 B 的大小为 60°,求:

1. 角 A 和角 C 的大小。

2. 三角形的周长和面积。

题目七：应用题

某座大桥的主塔高度为 100 m。两座主塔之间的距离为 400 m。一个工人站在桥上，他的眼睛与桥水平面之间的夹角为 30°。请计算工人的高度。

以上生成的试题考卷提供了关于数学三角形的不同类型考题，涵盖了填空题、选择题、解答题、证明题、综合题和应用题等。请根据学科要求和学生的学习水平进行适当的调整和组合，以满足教学需要。

 **数学标准答案生成案例**

提　问：请生成上面试卷的标准答案

题目一：填空题

1. 根据三角形内角和定理，三角形的内角和为 180 度。

2. 一个等边三角形的每个内角都是 60 度。

3. 一个直角三角形的两个锐角之和为 90 度。

题目二：选择题

1. 以下哪个条件可以判断三角形 ABC 为等腰三角形？

答案：（a）AB＝BC

2. 以下哪个条件可以判断三角形 ABC 为直角三角形？

答案：（c）AB^2+BC^2＝AC^2

题目三：解答题

1. 若三角形 ABC 的两条边长分别为 AB＝5 cm，AC＝8 cm，且夹角 BAC＝30°，求三角形的第三条边 BC 的长度。

答案：根据余弦定理，BC^2＝AB^2+AC^2−2 * AB * AC * cos（BAC），代入数值计算得到 BC≈7.9 cm。

2. 已知三角形 ABC 的两个内角分别为∠B = 60°,∠C = 80°,边长 AB = 7 cm,请计算边长 AC 和 BC。

答案:由三角形内角和定理可知∠A = 180° − ∠B − ∠C,计算得到∠A = 40°。根据正弦定理,可得 AC/sin∠A = AB/sin∠B,BC/sin∠C = AB/sin∠B,代入数值计算得到 AC≈5.5 cm,BC≈9.3 cm。

题目四:应用题

1. 在一个等边三角形 ABC 中,边长为 6 cm。如果从三角形的每个顶点分别向内部作垂线,求垂足连接成的三角形的面积。

答案:垂足连接成的三角形是三个等边三角形,每个等边三角形的边长为 2 cm,根据等边三角形的面积公式 $S = (\sqrt{3}/4) * a^2$,计算得到三个等边三角形的面积之和为 $(\sqrt{3}/4) * 2^2 + (\sqrt{3}/4) * 2^2 + (\sqrt{3}/4) * 2^2 = 3\sqrt{3}$ cm^2。

2. 一个直角三角形的两直角边分别为 3 cm 和 4 cm,请计算斜边的长度。

答案:根据勾股定理,斜边的长度可以通过勾股定理计算得到,即 $c = \sqrt{(a^2 + b^2)}$,代入数值计算得到斜边的长度 $c = \sqrt{(3^2 + 4^2)} = 5$

题目五:证明题

证明在任意三角形 ABC 中,三边长度满足 a+b>c,b+c>a,c+a>b。

答案:这是三角形的三边不等式定理,可以通过三角形的几何性质和不等式来证明。

假设三角形 ABC 的三边长度分别为 a、b、c。我们可以假设 a≤b≤c,而不失一般性。那么有两种情况:

情况一:a+b>c

由于 a≤b≤c,所以 a+b≤b+b = 2b≤c+c = 2c

因此,a+b≤2b≤2c,即 a+b>c。

情况二:a+b = c

假设 a+b = c 成立。考虑三角形的两个角∠A 和∠B,根据三角形内角和定理,有∠A+∠B+∠C = 180°。

代入 a + b = c，得到 ∠A + ∠B + ∠C = 180°，即 ∠C = 180° − ∠A − ∠B = 180° − (a+b) = 0°。

这意味着∠C是一个退化角，即三角形 ABC 退化成了一条直线而不是一个三角形。在这种情况下，不满足三边不等式。

综上所述，在任意三角形 ABC 中，三边长度满足 a+b>c，b+c>a，c+a>b 成立。

请注意，以上是证明题的一个示例，具体的证明过程可能因题目要求和方法不同而有所变化。在实际教学中，应根据学生的学科水平和教学目标，选择适当的证明方法和难度级别。

题目六：综合题

在一个等边三角形 ABC 中，边长为 8 cm。已知角 B 的大小为 60°，求：

1. 角 A 和角 C 的大小。

2. 三角形的周长和面积。

答案：

1. 由于等边三角形的三个内角相等，所以 ∠A = ∠C = (180° − ∠B)/2 = (180°−60°)/2 = 60°。

因此，角 A 和角 C 的大小都是 60°。

2. 三角形的周长等于三条边的长度之和。由于等边三角形的三条边长度相等，所以周长等于 3 * 8 cm = 24 cm。

三角形的面积可以通过以下公式计算：面积 = (边长^2 * √3)/4。代入边长的数值，计算得到面积 ≈ (8^2 * √3)/4 ≈ 27.71 cm^2。

请注意，以上是综合题的一个示例，具体的题目要求和计算过程可能因题目的难度和要求而有所变化。在实际教学中，应根据学生的学科水平和教学目标，选择适当的题目类型和难度级别。

题目七：应用题

某座大桥的主塔高度为 100 m。两座主塔之间的距离为 400 m。一个工人站在桥上，他的眼睛与桥水平面之间的夹角为 30°。请计算工人的高度。

答案:根据题意,我们可以构建一个直角三角形,其中桥水平面和工人的视线构成直角,工人的眼睛与桥水平面之间的夹角为30°。

设工人的高度为 h。

根据三角函数的定义,$\tan(\theta)=$ 对边/邻边。

在这个情况下,对边是工人的高度 h,邻边是两座主塔之间的距离,即 400 m。

因此,我们有 $\tan(30°)=$ h/400。

通过求解这个方程,可以计算出工人的高度 h。

$\tan(30°)\approx 0.577$,所以 $h\approx 0.577*400\approx 231.08$ m。

因此,工人的高度约为 231.08 m。

请注意,在实际情况中,需要考虑地面和视线之间的相对高度差,以及其他因素对测量的影响。这个问题只是一个简化的模型,用于说明三角函数的应用。

3.4.2　学习资源

学习资源是学生学习过程中必不可缺的资源。它们可以提供学习所需的知识和信息、强调可视化和互动性、个性化和适应性、促进自主学习、提供实践和应用的机会,以及促进互动和合作。通过合理选择和使用学习资源,学生可以不断提高学习效果、丰富学习体验,提高学习的深度和广度。AI 大语言模型在学习资源生成方面具有广泛的应用。常见的主要学习资源生成类型有:学习练习和试题、学习指导和策略、学科辅导和解答、学习笔记和总结、学术论文和研究报告类等。

学习练习和试题类主要是为帮助学生巩固知识和提高应用能力,包括选择题、填空题、解答题等。它也可以根据教学要求和知识点特点,自动生成具有一定难度和多样性的练习和试题。学习指导和策略类是为学生提供学习的指导和策略,根据学生的学习目标和需求,生成个性化的学习计划、学习技巧和方法等,帮助学生制定有效的学习策略,提高学习效果。学科辅导和解答类主要提供学科辅导和解答,回答学生关于特定学科的问题,解释概念、原理和例题等。当然,学生可以通过与 AI 模型的互动,获得针对性的学科辅导和解答,促进自主学习和问题解决能力的培养。学习笔记和总结类资源主要提供学习笔记和总结的模板,给予结构化的指导,帮助学生整理已经学习的内容和重点知识,加强对学习内容的理解和记忆。学术论文和研究报告类主要针对学术论文和研究报告的草稿,提供文献综述、方法论、实验结果和讨论等部分的撰写建议,帮助学生进行论文或研究报告的写作。

总之,AI 大语言模型在学习资源生成方面具有很大的潜力,可以按需自动生成各种形式的学习资源,重点支持可视化、个性化、适应性、针对性地自主学习,帮助学生更便利、更快捷、更有效地进行学习。

(1) 练习和试题

练习和试题类是学习资源的一种,主要是为帮助学生巩固知识和提高应用能力。制作和形成一个练习或试题的工作通常需要教师花费较大的精力和时间来完成,而且要达到涵盖学习的不同层次和难度,适应学生不同水平的练习或试题也是比较有难度的工作。AI 大语言模型为解决这一问题带来了极大便利和可能。它完全可以根据学科知识和学习目标,自动生成多样化、渐进式的练习和试题,尤其是提供适应个性化学习需要的练习和试题,来支持学生学习过程。总之,AI 大语言模型在生成练习和试题类方面的应用,可以为教师提供更加便利、高效、智能的练习和试题生成方式,不仅提高了教师的工作效率,同时也使得学生的学习效果得到更好的保障。

以下是要求 AI 大语言模型自动生成的几个不同学科部分练习和试题类案例(数学、外语、物理简单案例,每个案例只要求生成 3 道题目,并给出参考答案和解析)。

请注意:对于希望生成什么学科和类型的练习或试题,教师必须提出明确的要求,比如:学科(语文、数学、英语、物理等)、知识点、题型、题目数。练习题或试题生成后,教师继续提出要求让 AI 大语言模型给出参考答案和解析。

 **数学练习题生成案例**

提　问：请生成一份练习题,数学学科,方程式、选择题,3道题

生　成(回答)：以下是生成的数学方程式练习题,选择题,3题

题目1: 解方程 x^2−5x+6=0,求 x 的值。(　　　)

    A. 2 和 3　　　　B. −2 和 −3　　　C. 2 和 −3　　　D. −2 和 3

题目2: 解方程 2^x=8,求 x 的值。(　　　)

    A. 2　　　　　　B. 3　　　　　　C. 4　　　　　　D. 5

题目3: 解方程 log(x)=2,求 x 的值。(　　　)

    A. 10　　　　　B. 100　　　　　C. 1 000　　　　D. 10 000

 **数学练习题答案生成案例**

提　问：请给出上述3题的答案和解析

题目1: 解方程 x^2−5x+6=0,求 x 的值。

    答案: A. 2 和 3

    解析:这是一个二次方程,可以使用因式分解或配方法来解。将方程分解为(x−2)(x−3)=0,所以 x=2 或 x=3。因此,答案选项 A. 2 和 3 是正确的。

题目2: 解方程 2^x=8,求 x 的值。

    答案: B. 3

    解析:通过观察可以发现,8 可以写成 2 的幂,即 8=2^3。因此,我们可以将方程重写为 2^x=2^3。根据指数的性质,当底数相同时,指数相等,所以 x=3。因此,答案选项 B. 3 是正确的。

题目3: 解方程 log(x)=2,求 x 的值。

    答案: B. 100

    解析:对数方程 log(x)=2 可以转化为指数形式,即 10^2=x。所以 x=100。因此,答案选项 B. 100 是正确的。

这些解析提供了每个方程的解决步骤和答案。学生可以通过理解解题方法和运用相应的数学知识来解答这些方程。

 **英语练习题生成案例**

提　问：请生成练习题,英语学科,词汇、时态、语法,选择题,各1题

生　成(回答)：以下是生成的英语练习题,词汇、时态、语法,选择题,3题

题目1：词汇题

填入恰当的词汇完成句子：

I am _____ forward to the weekend. I need a break from work.

A. looking　　　　　　　　B. seeing

C. watching　　　　　　　 D. hearing

题目2：时态题

选择正确的时态填空：

By the time she arrives, we _____ dinner.

A. will finish　　　　　　 B. finish

C. finished　　　　　　　　D. have finished

题目3：语法题

选择正确的语法形式完成句子：

She plays the piano _____ any other student in the class.

A. better　　　 B. best　　　 C. good　　　 D. well

 **英语练习题答案生成案例**

提　问：请给出上述3题的答案和简单分析

题目1：词汇题

答案：A. looking

分析：句子表达了期待周末的心情,表示"期待"的动作,因此选项

A. looking(期待)是最适合的选项。

题目2：时态题

答案：**A. will finish**

分析：句子表达了将来某个时间点的动作，所以使用将来时态。选项 A. will finish(将要完成)表示将来完成动作的意思，与句子的语境相符。

题目3：语法题

答案：**A. better**

分析：在进行比较级的表达中，形容词"good"要变成"better"，表示"比其他学生弹得更好"。所以选项 A. better(更好)是最适合的选项。

 **物理练习题生成案例**

提　问：生成练习题，物理学科，电学、选择题，3 道题

生　成：物理电学，选择题，3 题

题目1：欧姆定律题

一根导线通过电流为 2 安培的电路。已知导线的电阻为 5 欧姆，求导线两端的电压 V 是多少？

A. 2 伏特　　　　　B. 5 伏特　　　　C. 7 伏特　　　　D. 10 伏特

题目2：串联电阻题

三个电阻分别为 R1 = 5 欧姆、R2 = 15 欧姆，R3 = 20 欧姆，串联连接在电路中，根据串联电阻的公式，求总电阻 R 的值是多少。

A. R = R1+R2+R3　　　　　　　B. R = R1 * R2 * R3

C. R = R1+R2−R3　　　　　　　D. R = R3−R2−R1

题目3：并联电容题

一个电路中，C1、C2 和 C3 为 3 个电容，当它们并联相接时，求总电容 C 的大小。

A. C = C1+C2+C3　　　　　　　B. 1/C = 1/C1+1/C2+1/C3

C. C = C1 * C2 * C3　　　　　　D. C = C1/C2/C3

提　问：请给出上述 3 题的答案和简单解析

题目 1：欧姆定律题

　　答案：D. 10 伏特

　　解析：根据欧姆定律 V＝I＊R，其中 V 为电压，I 为电流，R 为电阻。代入已知条件，可得 V＝2＊5＝10 伏特。因此，答案选项 D. 10 伏特是正确的。

题目 2：串联电阻题

　　答案：A. R＝R1+R2

　　解析：在串联电路中，所有电阻值相加即为总电阻的大小。因此，答案选项 A. R＝R1+R2 是正确的。

题目 3：并联电容题

　　答案：A. C＝C1+C2+C3

　　解析：在并联电容电路中，并联电容器的总电容等于各个电容器的电容值之和。因此，答案选项 A. C＝C1+C2+C3 是正确的。如果 n 个并联电容的值都相同，则总电容 C＝n＊C。

　　以上的案例可以看出，AI 大语言模型在学习练习和试题生成方面具有巨大的潜力。它既可以大大减轻教师的出题负担，又可以根据教师设定的学习目标和内容要求，生成各种类型的学习练习和试题。它还能够根据学科的特点和知识体系，提供有针对性的问题，涵盖不同难度和深度的内容，以及设定不同的题型，而且生成是在极短的时间内完成（基本上是以分秒计算）。教师可以根据需要选择生成的练习或试题，用于课堂练习、课后作业、个人学习、测试或考试等不同的学习场景。

　　（2）学习指导和策略

　　学习指导和策略对于学习的有效性和成功至关重要。一份好的学习指导和策略也是一种优质学习资源，它不仅能够帮助和指导学生提高学习效率、增强学习动力、增强学习理解和记忆，而且还能培养自我管理、自我学习、自我调整、自我优化的能力。AI 语言大模型可以按照学生的实际情况和具体需求，自动生成一份有针对性的学习指导和策略，提供了系统性和有组织的方法，帮助学生更好地规划、管理和执行学习过程。学习指导和策略涵盖了很多方面，其中比较核心的部分是：学习目标设定、学习计划制定，以及多样化学习方法指导。学习目标设定是将某个学生总的学习目标分解为几个具体目标，如学科知识、学习技能、社交和情绪等目标。这些目标下又分为一些更具体的子目标，如语数外知识、自然学科和社会学科，学习方法、研究与调研、合作与沟通、情绪管理等目标。而学习计划制定则可以按照设定的学习目标制定出一份具体的执行计划，如学科知识的目标范围、身心健康、艺术和创新，以及社区服务和道德品质等。学习计划并不是一成不变的，应该具有灵活性，允许你根据实际情况进行调整，以适应不同的挑战和需求。如果你发现某个目标过于困难或时间不够，可以重新评估并调整计划。坚持实施，制定计划容易，但要坚持执行就需要毅力和决心。建立起良好的学习习惯，遵守学习计划，并将其视为一项重要的承诺。找到适合自己的学习节奏和环境，保持动力和专注。

当然，学习目标设定与学习计划制定均要求明确是哪个学习阶段，比如：初中或高中，甚至可以细化到某个年级段，如初几或高几。

以下是要求 AI 大语言模型自动生成的学习指导和策略，以学习目标设定、学习计划制定、多样化学习方法三个方面为例，来阐述 AI 语言大模型是如何对学习目标设定、计划制定、多样化学习方法进行生成的。

请注意：对于希望生成哪个学习阶段（初中或高中）的学习指导和策略应该告知给 AI 大语言模型，这样生成的结果才更有针对性。如需更加细化，应该具体告知哪个年级段（初几或高几）。本案例的学习目标设定以初中阶段为例，学习计划制定以初一年级为例，而多样化学习方法以高中为例。

初中学习目标设定案例

提　问：请帮我设定一下初中阶段学习目标，希望具体一些

生　成（回答）：以下是为你设定的初中学习阶段的具体目标，供你参考：

1. 学科知识目标

数学：掌握基本的数学概念、初级代数（线性方程、一元二次方程、不等式、函数等）和几何（三角形、圆、平行线、角度等）的基础知识和运算解题技巧，能够应用数学知识解决实际问题。完成一本初中数学题集，并对错题进行记录和复习。参加至少一次数学竞赛，无论结果如何，主要目的是提升解题能力和经验。

语文：深化理解并掌握更多的汉字，词汇，句型，语法和阅读理解技巧。增强文学鉴赏能力，阅读至少 20 本经典中文文学书籍，如《红楼梦》《西游记》等，并写读书笔记。提高写作能力，每周至少写一篇文章，主题可以多样化：生活观察、书评、新闻评论等。并尝试将所学词汇、修辞手法应用在文章中。提高阅读理解能力和写作表达能力，加强词汇积累，学习基本的语法和修辞技巧。了解中国文化和经典古诗词作品，至少背诵出 50 首经典诗词，争取更多。

英语：扩大英语词汇量，掌握初中要求的词汇数量、语法和听说读写技能，能够进行简单的口语交流和阅读英语文章。提高阅读理解能力，能够写出简单的文章。通过参加英语角或者进行语言交流活动，提高口语能力。为进入高中学习打下坚实基础。

自然科学：学习科学基础知识，包括生物、物理、化学等。培养科学实验和观察的能力。物理重点对力、运动、能量、光、声、热等基本概念的理解。动手做一些简单实验，比如用透镜聚光、制作电路等。化学掌握原子、分子、化合物、化学反应等基础知识。通过一些安全的实验学习，比如观察酸碱反应。生物则聚焦理解细胞、生命过程（如光合作用、呼吸）等基础概念。通过显微镜观察不同类型的细胞。

社会科学：了解社会、地理、历史等方面的基本知识,理解社会发展、地理环境和历史事件对人类的影响。重点学习中国历史的重要时期和事件,尝试理解这些事件对现今社会的影响。地理方面主要学习中国和世界的主要地理特征,包括山脉、河流、气候等。理解这些特征如何影响人类的生活。政治则注重理解政府的基本结构和运作,以及基本的法律知识。关注分析一些当前的政治问题,发展自己的观点和批判性思维。

2. 学习技能目标

学习方法：培养良好的学习习惯和方法,包括有效的记笔记、整理学习材料、提问和思考、复习和总结等。重点学习和实践有效的记忆方法,如思维导图、思维可视化、联想记忆法、定位法、艾宾浩斯记忆曲线等。

时间管理：学会合理安排时间,平衡好学习和休息的时间,避免拖延和时间浪费。练习时间管理技巧,如番茄工作法,或者使用学习计划表,明确每天自己的学习任务,确保在规定的时间内完成。

独立学习：培养自主学习的能力,能够自我解决学习问题,利用各种学习资源和工具。充分利用互联网学习资源,如在线开放课程、教育视频、专业论坛等。利用这些资源可以帮助自己深入学习和理解某个主题。定期对自己的学习进行评估,了解自己在哪些地方做得好,哪些地方需要改进。知晓寻找合适的人(如老师、同学)给予你反馈和指导。保持对学习的热情,保持好奇心和探索精神,独立学习需要你有发现问题、解决问题的能力,也需要始终保持对知识的好奇心和探索精神,持续学习和不断改进。

研究和调研：学会进行简单的研究和调研,了解基本的信息检索方法,学会如何使用图书馆和互联网资源进行有效的信息查找,理解如何使用关键字进行搜索等。初步了解如何收集数据,包括进行简单的观察,设计小型调查问卷,或者进行简单的访谈。懂得简单的数据分析,如对收集到的调查问卷数据,就需要学会如何统计结果,而对观察到的数据,就需要知道如何描述和解释观察到的现象。能初步组织和报告结果,学习如何将研究结果整理成口头报告或书面报告,例如,了解如何编写报告的不同部分(如引言,方法,结果,结论),如何使用图表清楚地展示结果。基本的批判性思考技巧,了解如何评价自己和他人的研究结果,例如,数据是否可靠,结论是否合理,是否有其他可能的解释等。

3. 社交和情绪目标

合作与沟通:培养良好的团队合作能力,与同学积极合作、交流和分享学习经验。在合作目标上,学会在团队中扮演不同的角色,理解每个角色对团队的贡献。学会如何有效地分配和接受任务,为团队的目标共同努力。学会处理团队中的冲突,通过和解和妥协达成共识。学会欣赏和接受他人的观点和建议,理解团队合作中的多样性。在沟通方面,学会明确、准确地表达自己的想法和感受。学会倾听他人的观点,理解和尊重他人的感受。学会用恰当的语言和非语言方式进行交流,如语调、表情和肢体语言。学会通过有效的问题提问技巧,获取需要的信息和反馈。在合作与沟通目标的实现过程中,需要定期进行自我反思,以及接受来自教师、同学和家长的反馈和建议,以帮助自己在合作与沟通方面的能力得到不断提升。

自信与积极心态:培养自信心和积极的学习态度,面对挑战和困难时保持乐观和坚持不懈的精神。培养自信心上,首先要相信自己有能力克服困难和取得成功。关注自己的优点和成就,而不是过分关注自己的不足之处。在心态上,建立积极的自我形象,相信自己可以克服学习中的挑战;设定可实现的目标:确保你的学习目标是具体、可衡量、可实现的,通过设定小目标并逐步实现它们,增强自信心和积极心态。培养积极的思维方式,看到问题中的机会和挑战。将困难视为成长的机会,相信自己能够通过努力和坚持克服困难。善待自己:学会给自己一些积极的回报和奖励,以增强自我价值感。休息和娱乐也是重要的,保持平衡的生活方式,让自己感到身心愉悦;敢于接受失败和挫折:学会从失败和挫折中吸取教训,并将其视为成长和改进的机会。不要过分自责或灰心丧志,相信自己有能力克服困难并继续前进;寻求支持:与他人分享你的学习过程和困惑,寻求他人的帮助和鼓励。家人、朋友、老师、同学都可以提供支持和建议,帮助你保持积极的心态。

管理情绪:学会管理情绪,应对学习和生活中的压力、焦虑和挫折,保持积极的学习状态。管理情绪首先要有一定的自我意识,意识到自己的情绪状态,了解自己的情绪反应和触发因素。通过观察自己的情绪变化,可以更好地理解自己的情绪需求,并采取相应的措施。基本的措施与方法有,深呼吸和放松练习:深呼吸可以帮助缓解焦虑和紧张情绪。当你感到压力时,尝试深呼吸几次,并配合肌肉放松练习,有助于平静情绪和放松身心;运动和身体活动:运动可以释放压力和焦虑情绪,增加身体的健康感和幸福感。尝试进行适量的身体活动,如散步、慢跑、瑜伽等,让身体活动帮助你调节情绪;情绪表达和倾诉:寻找合适的人倾诉你的情绪和烦恼。与朋友、家人或信任的人分享你的感受,倾诉可以减轻内心的负担,并得到支持和理解。此外,可以适当地采用一些积极的情绪调节策略,如正面思考、寻找积极的事物、听音乐、写日记、进行艺术创作等。找到适合你的方式来转移注意力和提升情绪;合理安排学习时间:避免过度劳累和压力累积。为自己设定合理的休息时间,休息时做一些喜欢的事情,放松身心,有助于缓解压力。创造一个积极的学习环境,保持整洁、舒适的学习空间,减少干扰因素。通过良好的学习环境,可以帮助提升学习效果和情绪稳定性。寻求支持:如果情绪问题严重影响学习和生活,不要犹豫寻求专业支持,如心理咨询师或辅导员。他们可以提供专业的建议和技巧,帮助你有效管理情绪寻求支持和帮助。

总之,这些学习目标的设定可以帮助你在初中学习阶段全面发展,并取得可喜的进步。记得将这些目标转化为具体的行动计划(学习计划),并定期回顾和调整。同时,保持积极的学习态度和持续的努力,相信自己的能力,你一定会取得优异的学习成果!祝你成功!

 **初一学习计划制定案例**

提　问：请按照上面设定的学习目标,帮我制定初一年级的学习计划,包括学习技能、学科学习、德智体美等、大致时间分配等,具体一些

生　成：完全可以,以下是基于上述目标的初一学习计划,请根据实际情况进行调整:

学习技能：

　　自我管理：每周设定时间管理计划,并进行反思和调整。每天坚持使用学习日程表来安排和跟踪学习任务完成情况。

　　有效笔记：在每门课程中练习至少一种笔记方法(如笔记法,图形笔记法等),并在学期末进行反思和改进。

　　使用学习资源：每周利用 1—2 小时探索和尝试使用新的学习资源或工具,如在线学习平台、学习软件、阅读学习技巧书籍或参加学习技巧的讲座等。

　　学习技巧：每周安排 2 小时学习和练习相关学习技巧,如批判性思考,问题解决策略,记忆技巧等。还包括学术写作技巧,在英语和语文课程中,每周至少写一篇文章,包括论述文,叙事文等,通过写作练习来提高学术写作能力。

　　自我监控和反思：每两周 1 小时进行一次自我反思,包括评估学习进度,识别遇到的问题,制定改进策略等。

学科学习：

　　数学：每天预习和复习数学课程,每周至少完成 2—3 套数学题,每月进行 1—2 深度的数学问题解决实践,如参与数学竞赛或完成一个数学项目。

　　语文：每天阅读语文教科书和相关阅读材料,每周至少写 1—2 篇文章或阅读反思,每月读 1—2 本推荐的文学书籍并写书评。

　　英语：每天预习和复习英语课程,每天进行口语和听力练习,每周至少完成 1—2 套英语题,每月读 1—2 英文书籍并写读后感。

　　科学：每天预习和复习科学课程,每周进行 1—2 次科学实验或观察,每月至少完成 1—2 个科学小项目或报告。

身心健康：

　　体育活动：每周至少参加 3 次体育活动,每次至少 1—2 小时,可以选择跑步、游泳、足球、篮球等喜欢的运动方式。尝试参加一些团队运动,以提高团队协作能力。

健康饮食:每天都要保证营养均衡的饮食,避免过多的糖分和垃圾食品。尽量吃新鲜的蔬菜和水果,适量摄入蛋白质和健康的脂肪。

休息与睡眠:每天保证至少 8 小时的睡眠。保持良好的作息习惯,设定固定的作息时间,并遵循。可以尝试一些睡眠质量提升方法,如深度睡眠音乐、睡前阅读等。

情绪管理:每周至少进行一次放松活动,如冥想、瑜伽或简单的呼吸练习,以帮助管理压力和情绪。如果有需要,不要害怕寻求帮助,如向老师、父母或心理咨询师分享你的感受。

艺术与创新:

艺术探索:尝试参加不同的艺术活动,如绘画、雕塑、音乐、戏剧等。每周至少花2—3小时在艺术活动上,尝试找出你最感兴趣的艺术形式。尝试参加一些艺术比赛或展览,或者将你的艺术作品分享给他人。

创新思维与实践:在课堂学习和个人阅读中,尝试挖掘和分析问题,寻找新的解决方案。每月至少完成一个创新性的小项目或问题解决实践。尝试将你学习和生活中的创新想法进行实践,每学期完成一个创新性的项目或问题解决实践。这可能涉及到编程、科学实验、社区服务等各种形式。

艺术表达与欣赏:学习如何使用艺术表达自己的思想和情感。可以尝试创作自己的艺术作品,如画画、写歌、编剧等。学习如何欣赏他人的艺术作品,包括理解作品的背景、表达的意义、使用的技巧等。每月至少参观一次艺术展览或音乐会等艺术活动。

社区服务与道德品质:

社区服务:参与至少一个社区服务项目,如参与环保活动、为老年人服务、参加公益活动等。在这个过程中,可以学习到合作、责任感、尊重等重要价值观。参与社区服务项目时可以尝试领导和策划,为社区带来实质性贡献,同时加深自己的社区责任感。

道德品质:在日常生活和学习中,强调公平、诚实、尊重和爱心。当遇到道德难题时,与老师、家长或朋友讨论,学习如何做出合适的道德决策。通过阅读、讨论、反思等方式,对更复杂的道德问题进行思考,深化道德理解。

领导力:在小组活动中,争取担任一些领导角色,提升组织、沟通、决策的能力。在学习和社区服务中,尝试更多的领导角色,提升领导力。同时,也要学习如何成为一个好的团队成员,尊重他人,欣赏他人的长处。

以上是为你生成的初一年级的学习计划基本框架,具体的计划可能还需要根据你自身的需求进行调整。这个计划也是基于一个平衡的学习方式,不仅关注学术学习,也注重身心健康、艺术和创新,以及社区服务和道德品质等。记住,一个好的学习计划应该有足够的灵活性,能够适应你的学习进度和兴趣的变化。

 **高中多样化学习方法案例**

提　问:帮我生成一个高中阶段的多样化学习方法,针对性强些,结合案例具体一些

生　成(回答):高中阶段的学习方法应该考虑到高中课程的特点,如更深入的主题,更高的自我驱动性和更大的知识应用。以下是一些比较具体的方法和示例:

深度阅读:在高中阶段,学生会接触到更加深入和复杂的阅读材料,如学术文章和复杂的文学作品,这就需要采用深度阅读方法。深度阅读是一种理解和解析阅读材料的高级技巧,它要求学生不仅要理解文本的表面含义,还要对文本的深层含义和结构进行分析。下面以一篇关于环境保护的议论文为例,来看看如何进行深度阅读:文章标题:《为什么我们必须保护雨林》。首先,需要对文章进行一次快速阅读,以理解其主题和主要论点。在这篇文章中,作者主张保护雨林是至关重要的,并给出了三个理由:生物多样性、气候调节和人类福祉。

在深度阅读阶段,需要进行更深入的分析:(1)理解和评价论点:作者的主张是什么?他/她使用了哪些论据来支持这个主张?这些论据是否有效?例如,作者可能引用了一些科学研究来证明雨林对于气候调节的重要性。你需要理解这些研究的方法和结论,并评价其可信度。(2)分析文本结构:文章是如何组织的?每个段落的主题是什么?它们是如何支持主要论点的?例如,作者可能在前面的段落中阐述了雨林的重要性,然后在后面的段落中讨论了现在雨林面临的威胁。(3)连接到更大的背景:这篇文章是在什么背景下写的?它是如何反映这个背景的?例如,这篇文章可能是在全球变暖的问题引起广泛关注的背景下写的,它反映了人们对于环境保护的关注。(4)进行批判性思维:你对作者的观点有什么看法?你是否同意他/她的论点和论据?你是否有不同的观点或者证据?例如,你可能对作者提出的保护雨林的方法有不同的看法,或者你可能找到了一些新的研究来支持或反驳作者的观点。

以上就是进行深度阅读的一种方法。它不仅可以帮助你更好地理解和记忆阅读材料,还可以提升你的批判性思维和分析能力。

独立研究: 高中学生应具备开展独立研究的能力。这可能包括提出研究问题、收集和分析数据、撰写报告等。例如,学生可以在生物课程中进行实验,比如观察植物生长受不同条件影响,然后收集和分析数据,并最后撰写报告。让我们以一项关于环境科学的独立研究项目为例,看看如何进行独立研究:假设你在高中的环境科学课程中,接到了一个任务,需要研究本地湖泊水质的变化。这项任务可以分为以下步骤:

(1)提出研究问题:在这个任务中,你的研究问题可能是:"本地湖泊的水质在过去十年中有何变化?"和"这些变化可能的原因是什么?"
(2)收集数据:你需要收集关于湖泊水质的数据。这可能包括从当地政府部门或研究机构获取的历史数据,也可能需要你亲自到湖泊进行样品收集和测试。(3)分析数据:当收集到数据后,你需要分析这些数据以回答你的研究问题。这可能包括图表分析,比如制作线图来显示水质参数如溶解氧、pH值等随时间的变化;或者统计分析,比如计算平均值、变异系数等。（4）解释和评价结果：基于数据分析，你需要解释你的发现，即水质的变化和可能的原因。你还需要评价你的研究结果的有效性和局限性。例如，如果你发现湖泊的溶解氧水平在过去十年中有显著下降，你可能会推测这可能与湖泊中的生物活动有关，或者与附近的污染源有关。然而，你需要承认你的研究只能提供一种可能的解释，而不能确定因果关系。

（5）撰写报告：最后，你需要撰写一份研究报告，详细记录你的研究过程和结果，以及你的解释和评价。这份报告应该足够清晰，以至于其他人可以根据你的报告重复你的研究。

以上就是进行独立研究的一种方法。记住，研究是一个迭代的过程，你可能需要多次尝试和修改才能得到满意的结果。

互动学习：在高中阶段，高中生应更多地通过小组讨论和协作项目进行学习。例如，在历史课程中，学生可以以小组形式进行一个主题的研究，然后在课堂上进行报告和讨论。假设你的历史老师分配了一个关于"二战中各国的战略和战术"的项目，并要求你们分组完成。这个项目可以分为以下几个步骤：

（1）分配任务：首先，你们需要在小组内部分配任务。例如，每个人可能负责研究一个参战国的战略和战术。（2）独立研究：每个人需要独立进行研究，收集和整理关于自己负责的那个国家的信息。（3）小组讨论：当每个人都完成了独立研究后，你们需要进行小组讨论，共享你们的发现，并讨论和比较各国的战略和战术。（4）制作报告或展示：最后，你们需要将你们的发现整合成一个报告或展示，包括对于各国战略和战术的分析和比较，以及你们的结论。

在这个过程中，你不仅能通过自己的研究学到知识，还能通过小组讨论从其他人那里学习他们的研究成果，并通过不同的观点和想法来深化你的理解。同时，你也能学习到团队合作和沟通的技能，这些技能对你未来的学习和生活都会有极大帮助。

实践应用：高中学生应学习如何将学到的知识应用到实际生活中，培养学以致用的能力。例如，在理化生课程中，学生可以通过某个具体的实验项目来应用他们学到的知识。实践应用的学习方法关注如何将理论知识应用到实践中去。下面我们以高中化学课程中的一个实验项目为例，探讨实践应用的学习方法：假设你的化学老师要求你进行一个实验，目标是通过实验证明"物质的质量在化学反应中是守恒的"。该实验项目你可以从以下几个步骤进行：

（1）理论准备：首先，你需要通过阅读课本和其他资料，了解和理解"质量守恒定律"的理论知识。同时，你也需要学习关于实验安全和实验技巧的知识。（2）实验设计：基于你的理论知识，你需要设计一个实验来证明"质量守恒定律"。例如，你可能会选择一个简单的化学反应，如烧铜，然后通过测量铜和氧气反应前后的质量来验证这个定律。（3）实验操作：在你的老师或实验指导老师的指导下，你需要按照你的实验设计进行实验。在这个过程中，你需要仔细观察，准确记录实验数据，同时注意实验安全。（4）数据分析和结论得出：当完成实验并收集到数据后，你需要进行数据分析，并根据分析结果得出结论。在这个例子中，你需要计算物质反应前后的质量，看是否相等，从而验证"质量守恒定律"。（5）实验报告：最后，你需要撰写一个实验报告，详细记录你的实验设计、实验过程、实验数据和分析结果，以及你的结论。

通过这个过程，你不仅增强了关于"质量守恒定律"的理论知识，也得到了实践操作和数据分析的经验，更深入地理解和掌握了这个定律。

考试策略：高中学生需要应对更多的考试，包括学校的考试和标准化考试，尤其是毕业考和高考。学习如何有效复习，如何在考试中有效使用时间，以及如何处理考试焦虑，都是重要的技能。考试策略是帮助学生有效准备和应对考试的一种方法。下面是以准备参加高中化学课程期末考试为例，来具体解释可以使用的考试策略：

（1）提前准备：不要等到考试的最后一刻才开始复习或学习，临时抱佛脚。在例子中，你应该在化学期末考试前至少几周开始复习。这样你就有足够的时间去理解和记住所有的内容，而不是试图在考试的前几天将所有的信息塞进大脑。（2）制定复习计划：计划你的复习时间表，并设定每次复习的目标。例如,你可以每天安排一到两个小时复习化学,每次复习一个主题或一个章节。(3)主动复习:不要只是被动地阅读课本或笔记,而是要通过问题、讨论或解释概念来进行主动式的复习。例如,你可以尝试解决课本后的习题,或者试图用你自己的话解释一个化学概念。(4)利用资源:利用你的老师、同学、家长或者在线资源来帮助你复习。例如,如果你对某个化学概念不太理解,你可以向你的化学老师提问,或者查阅相关的在线视频教程。(5)重点复习:确定你需要重点复习的内容。你的老师可能会提供考试范围或重点,或者你可以根据自己的理解和记忆情况来确定重点。例如,如果你对化学键和化学反应比较熟悉,但对化学平衡感觉困惑,那么你就应该重点复习化学平衡。(6)练习真题:如果可能的话,尝试解决一些真题或模拟题。这样可以帮助你熟悉考试的形式和类型,提高你的答题技巧和时间管控能力。(7)考前休息:考试的前一天,确保你有足够的休息,不要熬夜学习。一个清醒的头脑比满脑子混乱的知识更能帮助你在考试中成功。以上几点是一些高中生准备考试的策略,仅供参考。记住,最重要的是理解和掌握知识,而不仅仅是为了考试。

以上虽然是一些针对高中阶段的多方面的学习方法,但它们仍然适用于其他的学习阶段,只是在高中阶段可能更加重要和必要。

切记,每个人的学习方式和需求都不同,你可以根据个人情况和喜好调整和定制学习指导和策略。关键是保持积极的学习态度,持续努力并享受学习的过程。愿 AI 大语言模型能为你的学习助力赋能!

(3)学科辅导和解答

学科辅导和解答是学生在学习过程中获取专业指导和问题解答的重要途径。针对性和精准性的学科辅导与解答也是一种优质学习资源(无论是教师或在线平台的辅导或解答),它不仅能够帮助学生对特定学科知识和概念进行深入解释、指导和支持,提供学习策略和技巧,而且可以及时解答学习的困惑和难题,以提高学习效果和效能、成绩和学科能力。AI 大语言模型强大的语言理解和生成能力,可以完全按照学生的实际情况和具体需求,实现有针对性的学科辅导和问题解答,并会给出相应的学习帮助和指导。当然,学生在寻求学科辅导和解答时,必须提前准备好问题和困惑,确保能够准确描述问题,以便获得正确的帮助和解答。与此同时,还应该积极主动参与讨论,提出自己的观点和问题,并与教师或其他同学进行互动和交流。此外还需合理安排时间,确保有足够的时间进行深入的讨论和解答。

下面通过 AI 大语言模型针对学生遇见的数学几何问题的具体案例,来阐述 AI 语言大模型是如何对问题进行学习辅导和解答的。

请注意:对于希望 AI 大语言模型生成辅导和解答,提问必须明确、简洁。如果希望对回答结果中哪个方面进一步了解,可继续提问。

数学多边形面积计算问题解答案例

提 问:请问如何计算一个不规则多边形的面积? 具体一些

生 成(回答):计算不规则多边形的面积可以使用以下方法:

将不规则多边形分割成多个正规的三角形,然后计算每个三角形的面积,最后将它们的面积相加。可以使用海伦公式或魏达定理等方法计算每个三角形的面积。具体的步骤如下:

1. 选取一个点作为基准点;

2. 将不规则多边形分割成多个三角形;

3. 对每个三角形,使用海伦公式或魏达定理计算其面积;

4. 将每个三角形的面积相加,得到不规则多边形的总面积。

(作者注:如果学生对"海伦公式"不是很熟悉,可以继续提问)

提 问:海伦公式?

生 成(回答):海伦公式(Heron's formula)是一种计算三角形面积的公式,适用于任意三角形,无论是正规的还是不规则的三角形。海伦公式如下:

假设三角形的三边长分别为 a、b、c,半周长(即三边长之和的一半)为 s,则三角形的面积 S 可以通过以下公式计算:

$$S = \sqrt{(s(s-a)(s-b)(s-c))}$$

其中,√表示开平方,s是半周长。

使用海伦公式计算三角形面积时,需要先确定三角形的三边长,然后计算半周长 s,最后代入公式求解面积。这个公式基于三角形的边长来计算面积,适用于各种类型的三角形,包括不规则的三角形。

需要注意的是,在使用海伦公式计算三角形面积时,确保输入的边长是正确的,并且符合构成三角形的条件(任意两边之和大于第三边)。这样才能得到准确的结果。

海伦公式是一种常用的计算三角形面积的方法,它在实际应用中广泛使用,包括数学、几何、工程等领域。

从案例可以看出,AI 大语言模型优势在于:可以快速、准确地回答学科问题,并提供清晰的解释和步骤。它可以为学生提供即时的学科辅导和解答,帮助他们更好地理解学科知识和解决问题。同时,学生还可以通过与 AI 模型的交互,进一步深入学习和提高自己的学科能力。

需要注意的是,虽然 AI 大语言模型可以提供有益的学科辅导和解答支持,但它并不是教师的替代品。在实际学习过程中,学生还应积极参与课堂教学、与教师和同学的互动,并结合其他的学习资源,实现全面的学习和发展。

(4) 学习笔记和总结

学习笔记和总结是学习过程中非常重要和有价值的方式,可以帮助学习者巩固所学的知识、梳理思路、回顾复习并提高学习效果。学习笔记和总结也是个人重要的学习资源。以下是关于学习笔记和总结的一些建议。

及时记录:在学习过程中,及时记录重要的概念、关键点和例子。这有助于防止遗忘,并为之后的复习和总结提供材料。组织结构:学习笔记应该有清晰的组织结构,使其易于阅读和复习。可以使用标题、子标题、列表、图表和彩色标记等方式来组织和突出重点内容。简洁明了:学习笔记应该简洁明了,避免冗长的句子和复杂的表达。使用简洁的语言记录关键信息,概括和提炼重要观点,以便于回顾和复习。关联知识:将新学的知识与已有的知识联系起来,建立知识之间的关联。这有助于加深理解和记忆,并帮助构建更全面的知识体系。使用图表和图像:在学习笔记中使用图表、图像和示意图等可视化工具,如:思维导图、文图转换,有助于更好地理解和记忆复杂的概念和关系,也可以帮助学习者更清晰地展示信息和关系。总结和归纳:定期进行总结和归纳,将学习的知识整理成概要或提纲。这有助于加深对知识的理解,并帮助记忆和回顾。总结可以是章节的小结,也可以是整个学习过程的总结。复习和回顾:定期复习学习笔记和总结,回顾已学的知识。这有助于巩固记忆,发现遗漏或理解不深的地方,并为进一步学习和应用知识做准备。个性化风格:学习笔记和总结应根据个人的学习风格和偏好进行定制。每个人都有不同的方式和习惯,选择适合自己的记录方式和格式,以达到最佳效果。

AI 大语言模型强大的语言理解和生成能力,可以完全按照学生的实际情况和具体需求,协助学生实现有针对性地做好学习笔记和总结。此外,AI 大语言模型还可以提供学习笔记和总结通用模板,提供结构化的指导,方便学生依据模板来做好学习笔记和总结。当然需要注意的是:尽管 AI 大语言模型可以对学习笔记和总结提供有益的支持,但它并不应被视为唯一的学习支持资源,应结合教材、教师指导和其他学习资源,以及自己的思考和理解,才能形成全面的学习笔记和总结。在使用 AI 大语言模型学习给出的学习笔记和总结时,要对其输出进行必要的审查和判断。

下面通过 AI 大语言模型生成学习笔记和总结通用模板和一堂基于模板的关于细胞生物学课程的学习笔记和总结的具体示例,来阐述 AI 大语言模型是如何实现对学习笔记和总结的支持。

学习笔记和总结模板案例

提　问:能生成一个"学习笔记和总结"的模板吗?

生　成(回答):当然!以下是一个学习笔记和总结的模板,你可以根据需

要进行填写和调整,学习笔记和总结模板如下:

主题/章节/课程名称: _____

日期: _____

重点概念/知识点:

关键内容/要点:

例子/应用:

问题/疑惑:

思考/个人观点:

复习建议:

附加资源/参考资料:

　　此模板可帮助你记录学习过程中的重要内容和关键要点,整理你的思维并提供一个结构化的学习总结。你可以根据自己的需要和学科的要求进行调整和扩展。在填写模板时,尽量简明扼要,将重点放在关键信息上,以方便日后的复习和回顾。

 基于模板的学习笔记和总结案例

提　问: 能生成一个使用模板的"学习笔记和总结"具体示例吗? 主题: 一堂关于细胞生物学的课程

生　成(回答): 当然可以! 以下是一个基于模板的一堂关于细胞生物学的学习笔记和总结示例:

主题/章节/课程名称: 细胞生物学

日期: 2023 年 8 月 10 日

重点概念/知识点:

　　细胞结构和功能。

　　线粒体和细胞核的作用。

　　细胞分裂和遗传物质的传递。

关键内容/要点:

　　细胞是生物体的基本结构和功能单位,由细胞膜、细胞质和细胞核

组成。

线粒体是细胞中的能量生产中心,通过细胞呼吸产生三磷酸腺苷（ATP）。

细胞核包含遗传物质 DNA,控制细胞的生命活动和遗传信息传递。

细胞分裂是细胞生命周期的重要过程,包括有丝分裂和减数分裂。

遗传物质通过细胞分裂传递给下一代细胞,继承了特定的遗传信息。

例子/应用:

举例说明细胞结构与功能的关系,如红血细胞的特殊结构使其适合携带氧气。

解释线粒体在肌肉细胞中的重要作用,以支持肌肉收缩的能量需求。

描述细胞核的功能,包括遗传物质 DNA 的存储和基因表达调控。

比较有丝分裂和减数分裂的区别,并解释它们在不同生物过程中的应用。

问题/疑惑:

为什么有些细胞没有细胞核?

细胞分裂的过程中有哪些关键步骤?

DNA 是如何在细胞分裂中被复制和传递的?

思考/个人观点:

我认为细胞是生命存在的基本单位,其结构和功能的复杂性令人惊叹。

细胞的分裂过程对于生物体的生长和繁殖至关重要,遗传物质的传递决定了后代的遗传特征。

复习建议:

复习时,重点关注细胞结构和功能之间的关系,以及细胞分裂和遗传物质的传递的具体步骤。制作图表、绘制示意图以加深对细胞结构和功能的理解。

复习过程中,尝试解答问题和应用例子,以加深对知识点的理解和应用能力。

参考相关教材和资料,阅读扩展材料以深入了解细胞生物学的相关概念和研究进展。

附加资源/参考资料：

细胞生物学教科书,章节 1—3

细胞生物学在线课程视频

细胞生物学研究论文：相关领域的最新研究进展

这个示例展示了使用学习笔记和总结模板的具体应用。通过填写模板,你可以记录学习过程中的关键要点、问题和个人观点,以及提供复习建议和附加资源。这种结构化的学习笔记和总结有助于整理学习内容、提高复习效率,并提供一个参考资料清单以深入学习主题。你可以根据需要和学科的要求进行调整和扩展,以适应不同的学习场景和目标。

希望这个模板应用示例能对你的学习笔记和总结有所帮助！如果需要进一步定制化的模板,也可以根据具体需求进行调整。

从上述示例可以看出 AI 大语言模型在支持学习笔记和总结生成的优势在于：及时性、结构性、简洁性、可视性、关联性等特点,可以快速和准确地帮助学生提炼学习笔记和总结归纳,为学生学习打下一个良好的习惯和善于提炼归纳的能力。同时,学生还可以通过与 AI 模型的交互,进一步深入探讨如何针对不同的学科、不同的目标、不同的内容来形成自己的学习笔记和总结,不断提升自己的学习能力和效果。

需要注意的是,虽然 AI 大语言模型可以快速和有效地支持学习笔记和总结的生成,但它并不是完全替代学生个人的自身的努力。在实际学习过程中,学生还应积极主动学会如何做笔记和归纳总结,养成一种学习习惯,形成自己做笔记和总结的风格,并愿意与教师和同学的交流互动,取长补短,形成爱学、能学、会学的能力。

（5）学术论文和研究报告

学术论文和研究报告通过分享最新的研究成果、促进学术交流和合作、展示研究方法与实践，为学生、研究人员和决策者提供了宝贵的知识资源和决策依据，所以学术论文和研究报告作为一类学习资源在学术界和教育领域的重要作用和意义是不言而喻。对于学者和研究人员来说，学术论文和研究报告是他们展示研究成果和专业能力的重要途径。通过发表论文和撰写研究报告，他们可以在学术界获得认可和声誉，建立自己的学术地位。同时，学术论文和研究报告也是学者之间交流和合作的桥梁，通过阅读和讨论他人的研究成果，学者可以从中获得新的思路和启发，推动自己的研究进展。对于学生和教师来说，学术论文和研究报告是他们扩展和深化知识的重要资源。通过阅读和学习学术论文和研究报告，他们可以了解最新的研究进展和学术观点，拓宽视野、提升专业素养。同时，学术论文和研究报告也为教师提供了宝贵的参考和借鉴，帮助他们在教学中始终能将最新的研究成果融合到实际教学内容之中，促进教学方法和策略的改进，提升教学质量和学生获得感。对教育决策者来说，学术论文和研究报告对教育决策制定和政策推动起着重要的作用。他们可以基于学术研究的数据和证据更准确地了解问题的本质和解决方案的可行性，为政策的制定和改进提供科学依据。高质量和可信度高的学术论文和研究报告对于决策的科学性和有效性至关重要。

AI 大语言模型基于其强大的自然语言处理和文本生成能力，在学术论文和研究报告方面具有多维度的支持，重点将体现在以下几个方面。文献梳理和综述：可以帮助研究人员进行文献梳理和综述，通过分析大量的学术文献，提取相关领域的关键概念、研究进展和重要发现，为研究人员提供全面的研究现状资料和背景分析。数据分析和实验结果解释：可以支持学术论文和研究报告中的数据分析和实验结果解释。它能够处理大规模的数据集，进行统计分析、可视化和模式识别，帮助研究人员从数据中发现规律、提取关键信息，并解释实验结果的意义和影响。写作和语言优化：可以辅助学术论文和研究报告的写作过程。它能够提供文本生成、语法纠错、句子重组等功能，帮助研究人员提高写作的效率和质量。此外，它还可以提供学术写作风格指导，确保论文的语言风格符合学术规范和要求。主题生成和论点支持：可以支持学术论文和研究报告的主题生成和论点支持。研究人员可以提供初始的论文主题或关键词，可以生成相关的主题段落或论点，并提供相关的文献和证据支持。格式调整和参考文献生成：可以帮助研究人员进行学术论文和研究报告的格式调整和参考文献生成。它能够自动识别和调整文本的结构、段落和引用格式，生成符合学术规范的参考文献列表，极大减轻研究人员的手动工作负担。总之，AI 大语言模型通过其强大的自然语言处理和文本生成能力，为学术论文和研究报告的撰写、分析和格式化提供了有力的支持，帮助研究人员提高效率、优化质量，并推动学术研究的进展。

为了说明问题，下面仅要求 AI 大语言模型生成学术论文和研究报告的结构框架作为具体示例，来阐述 AI 语言大模型是如何实现对学术论文和研究报告的支持。给出的学术论文题目是：人工智能赋能教学模式创新；研究报告题目是：生态系统中的食物链。令人惊讶的是，AI 大语言模型效率极高，几乎在不到 1 分钟的时间内就给出了结构框架，尽管结构框架似乎还有些不足之处，但总体上还是比较合理和符合逻辑的，生成的具体结果如下：

 **学术论文结构框架示例**

提　问：能帮助生成一个学术论文结构框架吗？题目：人工智能赋能教学模式创新

生　成(回答)：当然，我可以帮助您生成一个学术论文的结构框架，题目为：人工智能赋能教学模式创新。以下是一个基本的结构框架，供您参考：

1. 引言

- 研究背景和动机
- 研究目的和问题
- 论文结构概述

2. 文献综述

- 回顾过去关于教学模式和 AI 在教育领域的相关研究和应用
- 介绍 AI 技术在教学中的潜在应用和益处
- 探讨现有教学模式的局限性和需要改进之处

3. 研究方法

- 说明研究方法的选择和理由,例如案例研究、实证研究等
- 描述 AI 的应用和实施方式,如智能辅助教与学、个性化与自适应学习等
- 解释数据采集和分析的方法,例如问卷调查、实验设计、课堂观察等

4. 模式构建

- 介绍用于创新教学模式的构建方法和原理
- 阐述模式构建的设计原则和步骤
- 解释模式的结构和实施
- 描述 AI 技术在模式中的作用

5. 实践验证

- 介绍一个或多个实际的教学模式创新实践案例
- 描述 AI 在模式实践中的作用
- 给出实践的实施过程和数据采集
- 分析案例中的成功经验和值得借鉴之处

6. 研究贡献与创新

- 总结研究的贡献和创新之处
- 阐述研究结果对教育创新的意义与价值

7. 总结与展望

- 分析研究的局限性和可能存在的问题
- 提出进一步研究的方向和改进的建议
- 探讨未来 AI 赋能教学模式创新的潜在发展趋势

参考文献

- 列举研究过程中所引用的参考文献和相关研究资料

请注意：以上是一个完整的学术论文结构框架，您可以根据您的研究内容和需求进行适当的修改和补充。在撰写过程中，您还可以根据需要添加其他章节，如方法细节、实验设计、数据分析等，以充分展示您的研究成果和思考。同时，确保您在参考文献中正确引用所使用的文献和资料，遵循学术规范和引用格式。

研究报告结构框架示例

提　问：能帮助生成一个研究报告的结构框架吗？题目：生态系统中的食物链研究

生　成(回答)：当然，我可以帮助您生成一个关于生态系统中的食物链的研究报告结构框架。以下是一个基本的研究报告结构框架，您可以根据需要进行补充和修改：

1. 序言

- 介绍生态系统及其重要性
- 简要说明食物链在生态系统中的作用和意义
- 提出研究目的和问题

2. 文献综述

- 梳理过去关于生态系统和食物链的相关研究和理论
- 介绍食物链的定义、组成和结构
- 探讨不同类型的食物链和其在不同生态系统中的表现

3. 方法与数据

- 说明研究方法和数据采集的步骤
- 描述选择的生态系统和样本，如森林、湖泊或海洋等
- 介绍数据收集的方法和工具，如野外观察、取样和实验室分析等

4. 结果与讨论

- 展示研究结果，包括不同生物种群在食物链中的位置和相互关系
- 分析食物链的稳定性和能量传递的效率

- 探讨环境因素对食物链结构和功能的影响
- 讨论研究结果与前期研究的一致性和差异,并解释可能的原因

5. 结论

- 总结研究的主要发现和结果
- 强调食物链在生态系统中的重要性和作用
- 提出进一步研究的建议和未来展望

参考文献

- 列举研究过程中所引用的参考文献和相关研究

请注意,以上只是一个研究报告的基本框架,您可以根据您的具体研究内容和需求进行适当的修改和补充。另外,研究报告的写作也需要详细描述研究方法、结果分析和讨论部分,并进行充分的数据展示和解释。

3.4.3 实验资源

实验类资源是许多学科(尤其是自然学科)在教学活动中极其重要的组成部分,它主要是用于进行实验探究的教学资源。学生通过设计实验、开展实验、数据统计分析、检验假设,进而提出科学理论和创新。这一过程可以很好地帮助学生掌握课程知识和技能,培养学生实验设计和数据分析能力,并提高学生的独立思考和动手能力,提升实验探索和科学研究的素养。实验类资源范围很广,涉及的内容也很多,除了实验设备、实验装置、仪器设备、实验器材等,还包括进行实验的设计方案、实验步骤、实验数据、实验分析和实验报告等。AI大语言模型可以对实验资源类的生成给予极大支持,为教师和学生在学科实验方面的效能提升和科学地开展实验提供有力帮助。这里仅列举几个方面的案例来阐述 AI 大语言模型对实验资源的生成支持,重点包括:实验设计、实验步骤、数据处理,以及实验报告等。

实验设计生成是指 AI 大语言模型可以基于输入的实验目标、材料和条件等信息,生成具有可行性和科学性的实验设计方案。实验步骤生成是

在实验设计的基础上生成具有可操作性和严谨性的实验步骤。实验数据处理是根据实验数据或学生输入实验数据,用科学的统计和分析方法进行处理,自动生成统计分析和可视化图表。实验报告生成是根据输入的实验目的和数据处理结果等信息,自动生成实验报告的框架和文字描述。当然,AI 大语言模型也完全可以按照实验的要求对实验装置(如用于进行物理、化学、生物等实验的仪器设备、实验器材等)或实验材料(如用于进行实验的物理元器件、化学试剂、生物标本等)以虚拟的方式生成,还可以生成实验视频与模拟,用于演示、模拟和展示实验过程,帮助学生更直观地理解实验原理和方法的资源。

总之,AI 大语言模型在实验资源生成方面具有很大的潜力,可以按需自动生成各种形式的实验资源,重点体现科学性、可操作、智能化、标准化的实验学习支持,助力学生提高实验的质量和效率。

(1)实验设计

实验设计是一种实验资源,也是学生开展具体实验非常重要的环节,它可以帮助学生掌握科学方法、确定科学研究目的、步骤、指标和结果判断标准的一系列过程。实验设计不仅要明确实验题目和实验目的,还涉及具体描述实验对象、实验条件、实验操作、实验指标、实验假设等多个要素,所以通过实验设计的过程,可以培养学生从实验的角度去探究每个环节可能的影响和结果,培养探究精神,尤其是创新能力和适应能力。而且,实验设计所涉及的一些原理、概念和规律,通过实验操作去深入了解,这些实践行动能够帮助学生对科学现象产生新的认知并将其实际应用到自身的日常生活和学习中。由于实验设计对多数学生而言存在较大的难度,也不知道从何下手进行实验设计。AI 大语言模型为解决这一问题带来了极大可能,它完全可以根据学生提出的实验题目和实验目的,自动生成科学的、标准的、清晰的实验设计,让学生可以学习和掌握如何进行实验设计,如何开展科学实验,以及提升对实验的认知和兴趣,同时激发学生探究精神和丰富对科学实验重要性的理解。与此同时,也为实验教师提供了一种更加便利、高效、智能的实验设计生成方式,大大提高了工作效能。

以下是要求 AI 大语言模型自动生成的几个学科（物理、化学和生物）的实验设计的简单案例。

请注意：通常，对于希望生成哪个学科、实验题目、实验目的，学生必须明确提出，而实验对象、条件、操作、指标，以及实验假设将由 AI 大语言模型自动生成。但是，如果学生只是为了测试一下 AI 大语言模型自动生成能力，也可以只提出学科名称（如物理或化学），实验设计，AI 大语言模型就会在该学科自主确定一个实验题目，然后自动生成一个完整的实验设计方案。

 **物理实验设计生成案例**

提　问： 请生成物理学科实验设计：机械振动的特性；目的：机械振动的频率、振幅和谐波等特性，探究不同条件下的振动现象和规律

生　成（回答）： 生成的物理学科"机械振动的特性"的实验设计如下：

物理学科实验：机械振动的特性

实验题目： 机械振动的特性

实验目的： 机械振动的频率、振幅和谐波等特性，探究不同条件下的振动现象和规律

实验对象： 自制机械振动器

实验条件： 改变机械振动器的频率、振幅、质量等

实验操作： 测量并记录不同条件下的振动特性，并绘制频率-幅度曲线和频率-周期图谱等

实验指标： 振幅、频率、振动周期等

实验假设： 当改变机械振动器的各种条件时，振动特性将随之改变。

 **化学实验设计生成案例**

提　问： 请生成化学学科实验设计：反应物之间化学反应的速率；目的：化学反应速率的影响因素，探究反应物浓度、温度、催化剂等对反应速率的影响规律

生　成(回答)：生成的化学学科"反应物之间化学反应的速率"实验设计如下：

实验题目：反应物之间化学反应的速率

实验目的：研究化学反应速率的影响因素,探究反应物浓度、温度、催化剂等对反应速率的影响规律

实验对象：各类化学反应物和电化学电池

实验条件：改变反应物浓度、温度、催化剂等

实验操作：测量化学反应速率、反应物质量和反应温度等,并通过光度计等仪器记录实验数据

实验指标：反应速率、反应物质量、反应温度等

实验假设：当改变反应物浓度、温度和催化剂等条件时,化学反应速率将随之改变。

 **生物实验设计生成案例**

提　问：请生成生物学科实验设计：昆虫光性行为;目的：研究昆虫对不同光源、光强和频率等的光性行为反应,探究昆虫视觉和行为的关系

生　成(回答)：生成的生物学科"昆虫光性行为"实验设计如下：

实验题目：昆虫光性行为

实验目的：研究昆虫对不同光源、光强和频率等的光性行为反应,探究昆虫视觉和行为的关系

实验对象：不同昆虫种类

实验条件：改变光源、光强、频率和环境等条件

实验操作：观察昆虫对光源的反应和行为,测量光强和频率等参数,并记录实验数据

实验指标：光性行为反应、光感度、偏好性等

实验假设：当改变光源、光强和频率等条件时,昆虫的光性行为反应将随之改变。

（2）实验步骤

实验步骤是为了确保实验设计的有效实施。在完成实验设计之后，需要生成可操作性和严谨性的实验步骤，以指导实验操作者在实验室中进行实验。实验步骤在实验中非常重要，具体体现在以下几个方面。确保实验过程的可控性：实验步骤可以明确定义每一个操作步骤以及操作的顺序和条件，这样可以确保实验过程的可控性，避免实验结果出现不确定性的情况。确保实验重复性：在实验过程中，需要保证实验结果的可重复性。实验步骤可以在实验操作者之间传递相同的实验过程，从而确保实验结果的可重复性，并探寻影响实验结果的潜在因素，进一步优化实验设计，提示实验效果。确保安全性：实验步骤可以指导操作者正确地使用实验设备、试剂等危险物质，做好安全措施，避免实验过程中可能出现的伤害事故和病毒传播等问题，并同时通过规范流程来保持实验设备的完好性。确保数据准确性：实验步骤可以保证数据的准确性和精度。在设计实验步骤时，可以指定需要采集的数据、如何采集数据以及如何处理数据，这样可以确保实验结果准确、可靠。

综上所述，实验步骤在实验中的重要性体现在它可以确保实验过程的可控性、重复性、安全性和数据准确性。AI 大语言模型可以根据实验设计，辅助生成具有可操作性和严谨性的实验步骤。模型可以分析实验的目的、方法和指标，然后自动生成适当的操作步骤和条件，以确保实验的可重复性和可控性。实验设计和实验步骤是进行科学实验研究的重要步骤，它们所代表的方法、理念和原则是科学实验研究不可或缺的组成部分，保证实验的可靠性、有效性和科学性，以及降低实验失败的风险。

以下是要求 AI 大语言模型按上述三个实验设计案例自动生成的实验步骤简单案例。

请注意：通常，对于希望生成哪个学科的实验步骤，包括实验题目、实验目的，需要学生明确提出。如果之前已经完成了该实验的实验设计，只需直接告知实验题目就可以了，AI 大语言模型就会按照实验设计的内容自动生成实验步骤（注：AI 大语言模型具有很强的理解记忆能力，它会根据以前与学生的对话内容,知晓你当前提问与以前对话内容的关系,从而非常有针对性地回答当前的提问,哪怕对话是发生在数天之前,这也是 AI 大语言模型非常神奇之处)。以下案例就是按照上述三个实验设计案例而自动生成的实验步骤,学生只要给出实验题目就是了,简单快捷。

物理实验步骤生成案例

提　问:请生成实验步骤:机械振动的特性

生　成(回答):生成的物理学科"机械振动的特性"实验步骤如下:

实验题目:机械振动的特性

　　1. **准备实验器材:**自制机械振动器、万用表、频率计等。

　　2. **测量记录:**机械振动器的频率、振幅、质量等参数,并记录实验数据。

　　3. **影响因素分析:**逐步改变机械振动器的频率、振幅、质量等条件,再分别测量振动特性信息,记录实验数据。

　　4. **数据处理和分析:**将不同条件下的测量结果数据进行汇总,分析振动特性变化和变化规律。

　　5. **撰写实验报告:**按照实验报告格式,撰写实验报告,并阐述实验结果和数据分析结论等内容。

化学实验步骤生成案例

提　问:请生成实验步骤:反应物之间化学反应的速率

生　成(回答):生成的化学学科"反应物之间化学反应的速率"的实验步骤如下:

实验题目:反应物之间化学反应的速率

　　1. **准备实验器材和试剂:**各类化学试剂和电化学电池、光度计和计时器等。

　　2. **测量记录:**反应物浓度、温度、催化剂对反应的影响、反应时间等,并记录实验数据。

3. 影响因素分析：分别改变反应物浓度、温度或加入催化剂等条件，再分别测量化学反应速率、反应物质量和反应温度等参数，记录实验数据。

4. 数据处理和分析：将不同条件下的测量结果数据进行汇总，分析化学反应速率变化和变化规律。

5. 撰写实验报告：按照实验报告格式，撰写实验报告，并阐述实验结果和数据分析结论等内容。

 **生物实验步骤生成案例**

提　问：请生成实验步骤：昆虫光性行为

生　成（回答）：生成的生物学科"昆虫光性行为"实验步骤如下：

实验题目：昆虫光性行为

1. 准备实验器材：不同种类的昆虫、光源、光度计、摄像机等

2. 测量记录：光源的光强和频率等数据，并记录实验数

3. 影响因素分析：根据光源类型和光强、频率等条件，分别观察昆虫对光源的反应和行为，记录实验数

4. 数据处理和分析：将不同条件下的测量结果数据进行汇总，分析昆虫光性行为反应变化和变化规律

5. 撰写实验报告：按照实验报告格式，撰写实验报告，并阐述实验结果和数据分析结论等内容。

（3）数据处理

实验数据处理是根据实验数据或学生输入实验数据，用科学的统计和分析方法进行处理，自动生成统计分析和可视化图表。从学生的角度来看，学会和掌握用科学的统计和分析方法处理实验数据显得尤为重要，因为处理实验数据是得出准确的实验结果和结论的关键步骤。下面是几个方面的重要性。确保实验结果可重复：通过仔细地收集、处理和分析数

据,可以确保实验得出的结果是可重复的。同样的实验结果也可以在不同的条件下多次验证。发现实验现象的本质和规律：合理处理实验数据可以让学生更好地探究实验现象的本质,这对于发现实验现象的规律和变化趋势非常重要,并可以进一步分析和推理出更深层次的知识。评估实验设计和步骤的成功程度：通过对实验数据的处理和分析,可以看出实验设计和步骤是否成功,实验的目的是否达到。评估实验的结果和结论可以用来改进实验设计,在下一次实验时采用更优的实验设计和步骤。为课程的实验报告或撰写文章提供数据支持：处理实验数据是撰写实验报告或学术文章的一个重要条件。如果数据处理和分析不当,得出的实验结果和结论无疑是错误的。

综上所述,实验数据处理在实验中的重要性体现在：它是实验结果和结论正确与否的支撑和保障。AI 大语言模型可以根据实验设计和实验步骤,辅助生成具有科学性的正确性的实验数据处理方法。实验数据处理方法是进行科学实验研究的关键要素,它是支撑实验结果和结论的可靠性、科学性,以及正确性的前提。

以下是要求 AI 大语言模型按上述三个实验设计案例自动生成的实验数据处理方法的简单案例。请注意：如果之前已经完成了该实验的实验设计和实验步骤,只需直接告知实验题目就可以了,AI 大语言模型就会根据实验题目自动生成相关的实验数据处理方法,学生可以按照这些方法进行实验数据处理。

 **物理实验数据处理方法生成案例**

提　问：请生成实验数据处理：机械振动的特性

生　成（回答）：生成的物理学科"机械振动的特性"实验数据处理方法如下：

实验题目：机械振动的特性

- 将不同条件下的振动特性数据绘制成频率-幅度曲线和频率-周期

图谱等图像,观察实验数据的规律和趋势。

- 通过对实验数据进行统计分析,计算不同条件下的平均振幅、频率和周期等,从而比较不同条件对振动特性的影响。

- 利用相关的振动方程式进行分析、模拟和预测,从而深入理解机械振动的特性和机理。

- 可以利用信号处理技术对机械振动数据进行滤波、傅里叶变换等处理,得到更加详细的频谱分析结果。

 ### 化学实验数据处理方法生成案例

提 问:请生成实验数据处理:反应物之间化学反应的速率

生 成(回答):生成的化学学科"反应物之间化学反应的速率"实验数据处理方法如下:

实验题目:反应物之间化学反应的速率

- 通过实验所得的化学反应速率、反应物质量和反应温度等数据,可以进行统计分析和绘图,观察反应物浓度、温度和催化剂等条件对反应速率的影响。

- 可以利用相关的化学反应动力学模型,对实验数据进行拟合和分析,确定化学反应速率方程式和反应级数等参数。

- 通过比较实验数据,观察不同反应物之间化学反应速率的变化,研究影响反应速率的因素,建立化学反应速率与反应物质量、温度和催化剂等条件之间的关系。

- 利用其他化学分析技术,例如光度计等仪器,结合化学反应速率数据进行定量分析和研究。

 ### 生物实验数据处理方法生成案例

提 问:请生成实验数据处理:昆虫光性行为

生 成(回答):生成的生物学科"昆虫光性行为"实验数据处理方法如下:

实验题目：昆虫光性行为

- 可以通过观察昆虫的光性行为反应,测量光强、频率等参数,并利用实验数据进行统计分析和绘图,探究光源、光强和频率等条件对昆虫光性行为反应的影响规律。

- 利用相关的生物学行为模型,对实验数据进行拟合和分析,确定昆虫的光性行为反应方程式和相关的生物学参数等。

- 可以通过对不同昆虫物种的光性行为反应进行比较和研究,探究昆虫视觉与行为之间的关系,进一步加深对昆虫行为机制的理解。

- 可以结合其他的生物学技术,例如基因编辑技术等,研究昆虫光性行为反应和其他生物学特性之间的关系。

（4）实验报告

　　实验报告是学生对实验过程和结果的记录和总结,它在整个实验过程中的重要性不言而喻。从学生角度来看,实验报告是根据实验步骤和结果,撰写的科学论文,用来描述实验的目的、过程和结果。这一过程的重要性主要体现在以下几个方面。学术责任感的体现:实验报告要满足学术的规范要求,完整、准确地呈现实验的全过程,这凸显学生的学术责任感。在撰写过程中,要尽可能详细地描述实验操作步骤、数据分析以及结论推理过程,确保数据的正确性和可靠性。加深对实验内容的理解:根据实验结果撰写实验报告,可以帮助学生对实验内容进行全面总结,重新思考实验设计和步骤的正确性,实验操作和结果的科学性、可靠性、有效性,并加深对实验意义和目标的理解。交流和分享:实验报告可以帮助学生与教师或同学分享实验数据和实验结果,并与他人交流意见。这有助于学生深入探讨理论问题、实践价值,从而获得意见反馈和更多的探究启发。训练撰写和表达能力:实验报告撰写可以很好地帮助学生训练自己的写作技能和表达能力。学生需要清晰、简明地阐述实验目的、方法和结果。这有助于弥补一些学生在写作或演讲方面的不足,提升表达能力和沟通技巧。

　　总之,实验报告是学生进行实验研究的重要任务之一,对学生的技能提升和能力培养是多方面的。AI 大语言模型的核心特征是对自然语言的理解和生成，可以为学生撰写实验报告提供一定的支持，主要体现在以下几个方面。实验报告生成：根据学生提供的实验数据和结论，自动生成符合格式和规范要求的实验报告，节省学生的时间和精力。提供辅助写作工具：可以作为辅助写作工具，帮助学生查找、整理和归纳实验数据并生成实验报告，提高学生的写作效率和质量。提供语言文字表达建议：可以根据学生输入的实验报告内容，提供语言表达方面的建议和优化，帮助学生改善实验报告的表达和逻辑，提高实验报告的质量和正确性。提供实验报告范文：提供一些优秀的实验报告范文，供学生参考和学习，有助于学生更好地理解实验报告的规范和要求，提高实验报告撰写的水平和质量。

以下是要求 AI 大语言模型按上述三个实验设计案例自动生成的实验报告简单案例，这里主要是为了说明问题，所以只要求 AI 大语言模型从实验报告的结构框架，简要内容描述，供学生撰写参考。如果希望对每个部分给予详细描述，模型将会对每个部分展开描述，包括对结构框架的详细展开。当然，如果要求 AI 大语言模型生成实验报告的详细描述（完整版），那么学生就需要按照完整的实验报告结构框架提供更多的信息给模型，比如：实验目的、实验原理、实验器材与试剂、实验数据处理结果等。

请注意：如果之前已经完成了该实验的实验设计和实验步骤，只需直接告知实验题目就可以了，AI 大语言模型就会根据实验题目自动生成相关的实验报告（包括结构框架、简要版或完整版），学生可以按照结构框架进行实验报告的撰写。

 **物理实验报告生成案例**

提　问： 请生成实验报告结构框架：机械振动的特性，简要描述

生　成（回答）： 生成的物理学科"机械振动的特性"实验报告结构框架如下：

实验题目：机械振动的特性

标　题： 机械振动的特性实验报告结构框架

摘　要： 本实验通过对机械振动数据进行频率-幅度曲线和频率-周期图谱等图像的绘制和统计分析,以及信号处理技术的应用,探究不同条件对振动特性的影响规律和机制。

实验过程： 将一定条件下的机械振动数据进行实验测量,并通过相应的数据处理软件对数据进行处理和分析。对实验数据进行统计分析,比较不同条件下的振幅、频率和周期等指标的差异,并拟合相关的振动方程式进行分析和预测。

实验结果： 通过实验和数据处理分析得出不同振动条件对实验数据的影响规律和机制,获得了相应的频率-幅度曲线和频率-周期图谱等图像。数据拟合和模拟分析表明,机械振动的特性受到外部条件的影响,同时也与材料的弹性和刚度等自身特性有关。

结　论： 本实验对机械振动特性进行了较为深入的研究和分析,揭示了其内在的规律和机制,为相关领域的研究和应用提供了基础理论和实验数据支持。

 **化学实验报告生成案例**

提　问： 请生成实验报告结构框架：化学反应速率,简要描述

生　成(回答)： 生成的化学学科"化学反应速率"实验报告结构框架如下：

实验题目：化学反应速率

标　题： 化学反应速率实验报告结构框架

摘　要： 本实验基于化学反应数据,通过实验测量和统计分析等方法,探究不同条件对化学反应速率的影响规律和机制。

实验过程： 进行一系列不同条件下的化学反应测量,并根据实验数据绘制化学反应速率图像。通过统计分析、拟合数据以及使用其他化学分析技术,探究反应物量、反应温度和催化剂等条件对反应速率的影响。

实验结果： 得到了较为完整的化学反应速率图谱和统计分析数据,发现不同反应物浓度、温度和催化剂等条件会对反应速率产生较大影响。使用化

学反应动力学模型进行数据拟合和分析,可以得出化学反应速率方程式和反应级数等参数,进一步加深对化学反应机理的认识。

结 论: 本实验通过数据分析和模拟,深入分析了化学反应速率的影响因素和机制,为相关领域的研究和应用提供了基础理论和实验数据支持。

 **生物实验报告生成案例**

提 问: 请生成实验报告结构框架:昆虫光性行为反应,简要描述

生 成(回答): 生成的生物学科"昆虫光性行为反应"实验报告结构框架如下:

实验题目:昆虫光性行为反应

标 题: 昆虫光性行为反应实验报告

摘 要: 本实验基于昆虫光性行为反应数据,通过实验测量和统计分析等方法,探究不同条件对光性行为反应的影响规律和机制。

实验过程: 观察昆虫对光线的反应,测量光强、频率等参数,并利用相关的生物学行为模型对数据进行拟合和分析。通过对不同昆虫物种的光性行为反应进行比较和研究,探究昆虫视觉与行为之间的关系,并结合其他生物学技术进行相关研究。

实验结果: 通过实验测量和数据分析,得到不同光源、光强和频率等条件下的光性行为反应数据,拟合并得出相关的生物学参数和模型方程式,可以进一步研究和预测昆虫的光性行为反应。

结 论: 本实验通过数据分析和模拟,深入分析了昆虫光性行为反应的机制和影响因素,为相关领域的研究和应用提供了基础理论和实验数据支持。同时,本实验也为昆虫生物学研究提供了新思路和方向。

AI 大语言模型驱动教学创新与变革

总体而言,实验类资源对于自然科学类课程的教学和实验来说非常关键,可以帮助学生更好地理解理论知识,培养学生的实验能力和科学素质,提高学生的综合能力。由于 AI 大语言模型具有较强的生成和处理各种文

本数据能力,因此对于实验类资源的支持也具有较大的应用场景。

AI 大语言模型支持实验类资源的优势比较明显,尤其在实验设计、实验步骤、数据处理、实验报告等方面的支持,不仅可以提高实验数据的分析效率,并通过高效的分析处理算法,将数据迅速地转换为可读性高的结果,从而大大节省师生时间和精力成本,而且还可以对实验数据进行深度学习和模型训练,充分挖掘数据中的隐藏信息,从而提高实验数据的应用领域和价值。此外,它还支持实验类资源通过先进的数据挖掘技术和算法模型,从海量数据中提取出精准的数据关系,提高实验数据分析结果的可靠性和准确性。所以,AI 大语言模型对实验类资源的支持作用会越来越广,价值也会越来越大。当然,AI 大语言模型对实验类资源的支持应用才刚刚起步,也面临一些问题,如:对数据处理能力的依赖,需要对算法及其模型进行深入研究,才能较好地处理实验数据,因此对技术人员要求很高;精细数据分析结果难以保证,因为实验类资源涉及范围广、因素多,包括实验固有的不确定性和机器装置错误,使得一些精细和细微的数据结果可能无法得到有效保证;一些学科领域效果不如人工处理:在一些比较复杂领域的实验过程中,人工处理的效果可能会更好,因为 AI 支持实验类资源只是机器程序或工具,并不能具备完全理解实验条件和环境,与人类的智慧相比一定存在不少差距。

3.4.4　评估资源

教与学评估是指对教学和学习过程进行系统、全面、客观、科学的评价和分析的过程。它对教育教学的重要性毋庸置疑。通过评估,可以推动教育改革的开展,加强教与学质量管理,提高学校的教学水平和声誉,促进教育不断发展;可以发现教师的教学强项和弱项,为教师提供改进的方向和方法,提高教师的教学质量,促进教师专业成长;可以准确地反映教学过程和教学效果,不断改进教学设计,促进教学的科学化、规范化和个性化;可以全面了解学生的学习情况和存在的问题,及时调整教学策略和方法,有针对性地促进学生的学习,实现个性化、自主化、均衡化的教学;可以为学生提供客观、公正的评价依据,为学生的未来学习和全面发展奠定基础。

AI 大语言模型可以为教学评估资源生成提供多方面的支持,主要包括:评估规则制定、语料库建立、试题生成、自动化评分、评估数据分析等。评估规则制定是根据评估对象、主题、数据或参数等自动制定学习评估的规则和标准,为评估提供更加客观、准确和可靠的参考。语料库是指收集和整理某种语言、领域或主题的真实语料,并用于语言研究、语言教育、机器翻译和自然语言处理等领域。通常包括一定数量的文本、音频、视频资料,以及为这些资料提供结构化和语义标注、分析和注释的相关信息。试题生成借助大数据和自然语言处理技术,生成符合评估需求的试题库,支持大规模、多样化的评估任务。自动化评分则是根据学生提交的习题、试卷或作业、作文等自动进行评分,并提供详尽的反馈和建议,大大减轻教师批改和评分负担,提高客观性、准确性,以及效能。评估数据分析则是对评估数据进行深入分析,提取有用信息,揭示评估中的问题和趋势,为评估改进和优化提供切实的参考。

总之,AI 大语言模型在评估资源生成方面具有很大的潜能,可以按需自动生成各种形式的相关评估资源,重点体现在对评估工作的科学性、智能性、标准性的支持,助力提升教育教学评估的质量和效率。

(1)评估规则制定

教学评估对教育教学的重要性毋庸置疑,客观和准确的评估必须要有严格的评估规则,制定好的教学评估规则也是一种资源,可以让更多评估者(学校管理者或老师)共享。教学评估规则的制定通常需要考虑以下几点。明确评估对象:明确评估对象的目的是要知道被评的是什么,主题是什么,以便在制定评估规则时更加有针对性。建立评估维度和指标:建立合理的评估维度和指标,包括对于评估对象的特征、性质和表现进行全面的、客观的描述和分析。量化评估指标和标准:将评估指标和标准量化,以便能够用具体的数据和标准作为评估依据,确保评估结果的客观性。确定评估方式:根据评估指标和标准,确定评估的方式,包括定性、定量等多种方式。建立评估流程:建立评估的流程和标准化流程,明确评估所需材料的准备,评估对象的选择标准和流程,评估人员的任务和要求等,以及评估的时间、地点、方法等。确定评估结果的应用和管理：明确评估结果的应用和管理方式，确保评估结果能够为决策者提供翔实、清晰、完整的信息和建议，以便支持决策的制定和调整等。当然，对不同的评估主题，规则的制定也是不尽相同的。

AI大语言模型在评估规则制定方面具有较强的生成能力，效率也极高。以下是要求AI大语言模型按语文学科和数学学科自动生成的评估规则简单案例，采用简单案例主要是为了说明AI大语言模型是如何生成评估规则。语文学科以要求学生一篇作文为例，题目为：大语言模型与教学的融合，要求生成对该作文写作的评估规则。而数学学科，则以一道数学题"求多项式的零点"为例来要求生成对该题的评估规则。虽然一个题目简单明了，但已经能够说明AI大语言模型是如何生成评估规则的，对我们也有较好的启发作用。当然，如果要求生成整个学科，多个不同题型和题目的评估规则，AI大语言模型会以同样的方式，以极快的速度完成生成，且效率高、标准统一、形式一致，非常容易被评估者或教师理解和接受，极大地减轻教师制定评估规则的负担。

请注意：如果确定了具体的评估对象和学科（如：初中或高中，语文或数学），只需直接告知学科、对象，具体题目就可以了。AI大语言模型就会根据这些信息自动生成相关的评估规则。

 ## 语文作文写作评估规则案例

提　问：请为语文学科的作文写作制定评估规则，作文题目：大语言模型与教学的融合

生　成（回答）：如果给学生出了题为《大语言模型与教学的融合》写一篇作文，可以从以下几个方面给出一个评估规则：

1. **主题是否明确**：并且能够清晰表达题目所要求的大语言模型和教学融合的主要内容及意义。

2. **结构是否合理，分析透彻**：作文是否按照常规的论述模式，如提出

问题、分析问题、解决问题的思路展开阐述,论述是否紧密、逻辑严密,思路是否清晰,分析是否深入,结论是否尺度恰当等方面来进行评价。

3. 文学运用是否得当: 包括语言是否准确、生动、美丽、恰当等方面,经验是否愉快,能否吸引人、引起读者共鸣等方面,以及是否遵循语言规范、逻辑通顺、格式整齐等方面。

4. 立论是否具有可据的论据: 内容是否给出了很好的支持和依据,并且是否可以为目标读者提供有用的建议和思考。

5. 思想、内容、观点: 是否具有一定的新颖性、创造性和独特性,并且是否具有广泛的参照价值,并且是否能够引起读者的关注,提高他们的认识和思考。

6. 语言是否通顺流畅: 例如是否出现了语病、拼写错误等问题。

7. 作文的字数: 是否达到或超过要求。

通过以上几点综合判断,就可以得出一个比较全面、细致、客观、公正的评价。

 数学代数评估规则案例

提　问: 请为数学学科代数制定一个评估规则,多项式:求多项式的零点

生　成(回答): 假设需要对一道数学题目进行评估,题目是求出一个多项式的零点。可以制定如下的评估规则:

1. 求出多项式的次数和系数: 是基本的步骤,如果做错了这一步,将无法得出正确答案。其中,求系数的方法有可以使用因式分解、综合除法等方法。

2. 求出的根需要经过验证: 即将根带入原多项式中,验证多项式的值是否为0,以判断是否为正确的零点。

3. 精确度要求: 保留合适的进位位数,以保证答案的准确性。

4. 解答简洁明了度: 解答必须结构清楚,注意语法错误、书写规范以

及标点符号使用的正确性。

通过制定这些评估规则，评估者就可以根据数学题目解答的步骤、想法、正确性等目标要求进行评估，实现对学生的客观、全面、准确地评估。

（2）语料创建

语料是指收集和整理某种语言、领域或主题的真实语料，并用于语言研究、语言教育、机器翻译和自然语言处理等领域。通常包括一定数量的文本、音频、视频资料，以及为这些资料提供结构化和语义标注、分析和注释的相关信息。当然，语料创建是一项比较复杂的任务，需要充分理解和处理文本数据的特点和挑战。同时，语料的质量和多样性对于语言评估研究和教学分析提供有价值的资源支持。AI 大语言模型可以通过以下步骤来创建语料库：首先，需要收集大量的文本数据作为语料库的基础。这些数据可以来自各种来源，包括网页、书籍、文章、新闻、博客、论坛、社交媒体等。数据的多样性和广泛性对于构建一个全面的语料库非常重要。其次，要对数据清洗和预处理，包括去除无用的标记、HTML 标签、特殊字符等，还可以进行词干提取、拼写纠正、标点符号处理等操作，以提高数据的质量和一致性。然后，将清洗和预处理后的数据组织和存储到适当的格式中，以便后续的处理和训练。常见的数据格式包括纯文本文件（如.txt 文件）、JSON 格式、数据库等。最后，AI 大语言模型将使用已准备好的语料库数据用机器学习算法或深度学习模型进行训练。训练过程中可能涉及将数据分成训练集、验证集和测试集，选择适当的模型架构、超参数调整等步骤。之后，语料库将持续进行更新和维护，因为语言是不断演化和变化的。定期更新语料库，并使用新数据重新训练模型，以使其保持最新和准确。

创建具体的语料库时，通常会进行类型划分，以下是一些常见的类型：学术论文语料库，可以包括各种学术期刊、会议论文等。这个语料库可以用于评估学术写作、领域专业术语的使用，以及研究学科特定的语言风格和表达方式。新闻语料库,包括国内外新闻网站、报纸等的新闻报道。这个语料库可以用于研究新闻写作风格、新闻报道的主题和趋势,以及新闻语言中的修辞手法和说服技巧。社交媒体语料库,主要收集来自社交媒体平台的文本数据。这个语料库可以用于研究社交媒体上的语言使用习惯、社交趋势、网络流行语等。教育材料语料库,包含语言类学科教材、教学资源的语料库,如教科书、课程教材、练习题等。这个语料库可以用于评估教材的有效性、学科术语的使用,以及教学中的语言规范和清晰度。翻译语料库,收集英语与其他语言之间的翻译文本库,可以是书籍、电影字幕、官方文件等。这个语料库可以用于研究语言之间的转换、跨文化表达的差异,以及机器翻译的准确性和流畅度等。由此可见,各种类型语料库的创建可以为语言学科的评估和教学研究提供有价值的资源支持。教师或研究者可以根据具体的语言教学或研究目标和需求,选择不同类型的语料库。

AI 大语言模型在语料库方面具有较强的生成能力,并能以极高的效率对所需的语料进行清洗、预处理和组织,以及分析,以便于评估与研究分析使用。以下是要求 AI 大语言模型按英语学科和语文学科自动生成的语料简单案例,案例主要是为了说明 AI 大语言模型是如何对某个语料具体生成的过程。一般来说,要生成或创建某个入库语料,AI 大语言模型会对语料进行清洗、预处理、组织、分析几个主要步骤:清洗过程就是去除文本中的标点符号和特殊字符,只保留字母、数字和空格,也包括去除对话中的引号和连字符,处理缩写词等,以保持句子的一致性。预处理是将文本分割成句子,可以根据句号、问号和感叹号进行分割,并将句子转换为小写,以统一大小写形式。对词汇进行词干提取或词形还原,以减少词形的变化。组织则是将处理后的句子存储在一个文本文件或数据库中,每个句子占据一行。可以为每个句子添加标签或元数据,例如对话者的角色、句子的编号等,以便后续分析和引用。分析过程是使用自然语言处理技术,如分词、词频统计、句法分析等,对语料进行深入分析。当然也可以利用机器学习或深度学习模型,对语料进行情感分析、主题提取等更高级的分析,并可以对语料库中的对话模式、词汇使用和语法结构等进行统计和定量分析等。总之，通过清洗、预处理和组织，可以使语料库内容更加规范、一致，以便于后续的语言学习和教学分析。这样的处理可以提高数据的质量和一致性，并为进一步的评估研究和应用提供可靠的基础。

以下是要求 AI 大语言模型按英语学科和语文学科自动生成创建的语料简单案例，英语学科是以一篇"A private conversation"短文为例，语文学科以一篇"华山的险（小学课文）"为例，来阐述语料的清洗、预处理和组织，以及如何分析的过程。尽管所选两篇文章较短，但已经能够说明 AI 大语言模型是如何生成创建语料的，对我们也有很好的启发作用。当然，如果要求生成创建一个完整的语料库（如：学术论文语料库或教育材料语料库等），无论有多少个不同类型的文章、小说、文稿等，AI 大语言模型会以同样的方式，以极快的速度完成整体的生成，且效率高、标准统一、形式一致，清晰明了，非常容易被研究者或教师理解和接受，极大地提升语言分析研究的效能。

请注意：如果确定了具体的学科（如：语文或英语），只需直接告知文章名（明确具体出处）或直接输入整篇文章，要求生成或创建语料就可以了。AI 大语言模型就会根据这些信息进行清洗、预处理、组织该文章，之后如果你希望继续分析该文章，只要告知分析什么就可以了。

 **英语语料创建案例**

提　问：英语学科，生成语料（清洗、预处理、组织），文章题目和全文如下：

A private conversation

Mr. James Scott has a garage in Silbury and yesterday afternoon his wife called him on the phone. "There's a car in the garage," she said, "but it isn't ours. It's a red car, a small sports car, and it's number is CFC 919." "Is there a man in it?" Mr. Scott asked. "No, there isn't," his wife answered. "There's a woman in it. She's young and she's got fair hair." "What did she say?" Mr. Scott asked. "Well, she was very nice," his wife said. "She said, 'I'm sorry. Is this Silbury Garage?' and I said, 'Yes, it is.' And then she said, 'I'm very sorry, but I've had an accident. Can you come quickly?'"

生　成（回答）： 以下是对该文本进行清洗、预处理、组织的示例：

清　洗： 去除文本中的标点符号和特殊字符，只保留字母、数字和空格。去除对话中的引号和连字符，以保持句子的一致性。

清洗后的文本：

A private conversation

Mr James Scott has a garage in Silbury and yesterday afternoon his wife called him on the phone Theres a car in the garage she said but it isnt ours Its a red car a small sports car and its number is CFC 919 Is there a man in it Mr Scott asked No there isnt his wife answered Theres a woman in it Shes young and shes got fair hair What did she say Mr Scott asked Well she was very nice his wife said She said Im sorry Is this Silbury Garage and I said Yes it is And then she said Im very sorry but Ive had an accident Can you come quickly

预处理： 将文本分割为句子，以句号为分隔符。将句子中大写字母转换为小写形式。

预处理后的句子：

a private conversation

mr james scott has a garage in silbury and yesterday afternoon his wife called him on the phone

theres a car in the garage she said but it isnt ours its a red car a small sports car and its number is cfc 919

is there a man in it mr scott asked

no there isnt his wife answered

theres a woman in it shes young and shes got fair hair

what did she say mr scott asked

well she was very nice his wife said she said im sorry is this silbury garage and i said yes it is

and then she said im very sorry but ive had an accident can you come quickly

组 织：将处理后的句子存储在一个文本文件或数据库中,每个句子占据一行。

组织后的文本：

a private conversation

mr james scott has a garage in silbury and yesterday afternoon his wife called him on the phone

theres a car in the garage she said but it isnt ours its a red car a small sports car and its number is cfc 919

is there a man in it mr scott asked

no there isnt his wife answered

theres a woman in it shes young and shes got fair hair

what did she say mr scott asked

well she was very nice his wife said she said im sorry is this silbury garage and i said yes it is

and then she said im very sorry but ive had an accident can you come quickly

通过清洗、预处理和组织,原始文本被转换为规范化、一致的句子,并以适合进一步分析的形式进行存储和组织。每个句子占据一行,方便后续对该语料进行语言学习、教学或其他分析。

提 问：请对以上语料进行分析

生 成(回答)：对上述语料,以下是一些可能采用的分析方法：

词频统计：对每个单词在语料中出现的频率进行统计,可以了解哪些词汇在对话中使用得更频繁,从而帮助学习者重点学习常用词汇。

词性标注:对句子中的每个单词进行词性标注,可以分析句子的语法结构和单词的用法,帮助学习者理解句子的组成和语法规则。

句法分析:对句子进行句法分析,了解句子中各个成分(主语、谓语、宾语等)之间的关系,帮助学习者理解句子的结构和语法规则。

情感分析:分析对话中的情感倾向,判断说话者的情绪态度,有助于学习者理解语言背后的情感含义和语境。

主题提取:通过分析对话内容,提取出对话的主题或关键词,帮助学习者聚焦在对话中的重点内容。

对话模式分析:分析对话中的问句、陈述句、疑问句等句型,了解对话的模式和常见表达方式,帮助学习者掌握日常对话的基本模式。

语用分析:分析对话中的语用现象,例如礼貌用语、道歉、请求等,帮助学习者理解语言在社交交际中的使用和目的。

这些分析方法可以使用自然语言处理(NLP)技术、机器学习模型或基于规则的方法来实现。通过分析这个语料案例,可以深入了解对话的语言特点、句法结构和语用含义,有助于英语学习者掌握实际对话中的语言用法和表达方式。

提　问:对语料的第一句进行句法分析,然后全文的情感分析,以及主题提取

生　成(回答):对第一句的句法分析、全文情感分析,以及主题提取如下:

mr james scott has a garage in silbury and yesterday afternoon his wife called him on the phone

句法分析:

- ROOT
- nsubj: scott
  - compound: mr
  - compound: james

- ccomp：called
    - nsubj：wife
    - nsubj：him
    - nsubj：phone
        - case：on
    - nmod：garage
        - det：a
        - case：in
        - compound：silbury
    - nmod：afternoon
        - amod：yesterday

句法分析结果显示了句子的结构和关系。根据分析结果,可以得出以下解释:

ROOT：表示句子的根节点,也就是整个句子的主要动词或核心。

nsubj：表示名词性主语,指出谁执行了动作或是句子的主语。

compound：表示名词的复合结构,指出名词由两个或更多部分组成。

ccomp：表示从句的补充成分,作为主句动词的补充或补充说明。

case：表示介词或介词短语的标记。

nmod：表示名词性修饰语,修饰名词并提供附加信息。

det：表示限定词,指示名词的数量或特定性。

根据上述解释,可以推断出句法分析结果表明该句的主语是"Mr. James Scott",谓语动词是"has",他拥有一间位于 Silbury 的车库。昨天下午,他的妻子通过电话给他打了电话。句子中还包含了关于时间和地点的附加信息。

情感分析:可以基于对话中的上下文和语言表达方式来推测说话者的情感倾向。以下是对每个句子进行简单情感分析的结果:

a private conversation：**中性**(没有明显的情感倾向)

mr james scott has a garage in silbury and yesterday afternoon his

wife called him on the phone：中性

theres a car in the garage she said but it isnt ours its a red car a small sports car and its number is cfc 919：中性

is there a man in it mr scott asked：中性

no there isnt his wife answered：中性

theres a woman in it shes young and shes got fair hair：中性

what did she say mr scott asked：中性

well she was very nice his wife said she said im sorry is this silbury garage and i said yes it is and then she said im very sorry but ive had an accident can you come quickly：中性/积极（根据"she was very nice"和"im sorry"表达的礼貌和关切）

主题提取：通过对对话内容的分析，可以提取出以下主题或关键词：

- 车库、车辆
- 妻子打电话通知丈夫
- 陌生车辆
- 颜色和车牌号
- 男人或女人在车内
- 对话者的问句、回答和道歉
- 车祸和请求快速赶来的情况

这些主题和关键词不仅可以帮助学习者更好地理解对话的主要内容和背景情境，还根据主题展开相关的语言学习，而且也是评估学生对文章核心主题理解的依据。

语文语料创建案例

提　问：语文学科，生成语料（清洗、预处理、组织），文章题目：华山的险，全文如下：

华山的险,吸引了许多游人。

为了一览华山的奇峰异彩,领略它的天下之险,我在山上待了两天两夜。从早到晚,上上下下,跑了近百里山路。走"五里关",过"莎萝坪",路还算平坦,暂时感觉不出险。只是匆匆赶路时,偶一抬头,往高处望去,只见峭壁林立,横空出世,山路夹在缝间。天空在这峰林争雄的世界里,似乎也龟缩成了一条线,瘦瘦的,直直的,失去了那浩大的气派。上到"毛女洞",山路便开始了大幅度的变形,左拐右弯,蜿蜒蛇行。疑已无路,打个弯儿却又小径通幽,别有天地。

"华山天下险"。这"险"是够味的,这"天下"二字也是当之无愧的。瞧,在深深的山坳里崛起的一条狭而长的山脊,远看似一条绳子从天上斜斜地横放下来,那就是"苍龙岭"。它左右两旁的沟壑深不见底,山风夹攻上来,全无遮掩,呼呼大作,似有千军万马在厮杀。这历来是游人谈"险"色变之处。不过,现在的苍龙岭经过一番整修,路面加宽,两旁都护以铁索,只要脚踏实地,步步小心,爬过去还是十分安全的。我倒觉得"老君梨沟"可怕得很,路狭窄仅容一人,斜斜地从几百米高处滑下来,两边空空荡荡,眼睛根本不敢往下看。游人是一个紧挨着一个,小心翼翼,全神贯注,敛气屏息。稍不注意,一个出事,那顺着的一溜儿都会跟着倒霉。有的人只是爬上了一小段,便觉得太冒险了,赶快退下来。从沟下往上望去,人们的动作或蹲、或跪、或手脚并用,犹如一个个虔诚的朝拜者。

征服华山,是个了不起的壮举。当你横下心,壮起胆,登上平台,放眼回顾,华山的一峰一峦、一石一木,都变得更加峻拔、亲近起来。山风尽情地吹拂着人的心怀,此时,一切疲倦、惧怕都在这瞬间消失了。

生　成(回答): 对于该文本的清洗、预处理和组织,可以采取以下步骤:

清洗: 移除文本中的特殊字符、标点符号和多余的空格。检查并纠正可能的拼写错误。

预处理: 将文本转换为小写字母,以统一大小写。分句处理,将文本划分为句子的列表。

组织: 将句子整理成段落的形式,使文本更易读。可根据需要添加标题、子标题,使文本结构更清晰。

以下是经过清洗、预处理和组织后的示例:

标题:华山的险

段落1:简介

华山以其险峻而闻名,吸引了众多游人。这条山脉的险要景观吸引着人们的好奇心和冒险精神。

段落2:体验华山的壮丽

为了一览华山的奇峰异彩,领略它的天下之险,我在山上待了两天两夜。从早到晚,上上下下,跑了近百里山路。这趟旅程让我亲身体验到华山的险峻与挑战。

段落3:攀登的过程

我途经了"五里关"和"莎萝坪",一开始的路还算平坦。然而,当我向高处望去时,才看到峭壁林立,山路夹在缝间。随着攀登的深入,路况变得越发险峻,需要小心翼翼地前行。

段落4:苍龙岭的惊险

其中,苍龙岭是最令人惊险的地方。尽管现在有铁索和更宽的路面,但站在山脊上,仍能感受到它的险峻和无遮拦的风。

段落5:征服华山的意义

攀登华山是一项了不起的壮举。当我登上平台,回望华山的壮丽景色时,我感受到了征服的喜悦和成就感。这次经历使我更加敬畏大自然,也坚定了我勇往直前的信念。

通过对文本的清洗、预处理和组织,可以使文章更具可读性和条理性,提升读者对内容的理解和欣赏。注意,这只是一个示例,实际处理过程可能因具体需求而有所不同。

提 问:请对语料的前三句进行句法分析,然后全文的情感分析,以及主题提取

生 成(回答): 对前三句的句法分析、全文情感分析, 以及主题提取如下:

华山的险, 吸引了许多游人。

为了一览华山的奇峰异彩, 领略它的天下之险, 我在山上待了两天两夜。从早到晚, 上上下下, 跑了近百里山路。

句法分析:

前三句的句法分析的结果:

1. 华山的险, 吸引了许多游人。

- ROOT
  - nsubj: 险
    - nmod: 华山的
      - case: 的
      - nmod: 华山
  - punct:
  - ccomp: 吸引
    - dobj: 游人
      - nmod: 许多

2. 为了一览华山的奇峰异彩, 领略它的天下之险, 我在山上待了两天两夜。

- ROOT
  - mark: 为了
  - csubj: 呆
    - nmod: 山上
      - case: 在
    - dobj: 天两夜
      - nummod: 两
      - case: 天
      - case: 两
  - punct:

- ccomp：领略
  - dobj：险
    - nmod：天下之
      - case：的
      - compound：天下
    - nmod：华山的
      - case：的
      - nmod：华山

3. 从早到晚，上上下下，跑了近百里山路。

- ROOT
  - nmod：跑
    - nmod：山路
      - case：了
      - nummod：近百里

请注意，这只是一个简单的句法分析，可能会存在一些局限性。在实际分析中，还需要考虑更多上下文和语义信息。

对于全文的情感分析，需要综合考虑文中的语义和情感色彩。以下是对全文的情感分析和主题提取：

情感分析： 全文描绘了攀登华山的经历和感受，同时也包含了对华山的描述和感悟。情感分析可以总体归纳为以下情感倾向：

积极情感： 文中表达了对征服华山的壮举的赞赏和敬佩，以及攀登过程中的挑战和克服困难的激励。

惊险感： 描写了华山险峻的地形和登山路线的危险，让人产生惊险的感觉。

敬畏之情： 通过对华山的描绘，强调了山势峻拔、自然壮丽之处，引起对大自然的敬畏之情。

主题提取：通过分析全文内容，可以提取出以下主题或关键词：

征服华山：表达了攀登华山的壮举和挑战自我的精神。

危险与挑战：强调了华山险峻的地形和攀登过程中的困难与挑战。

自然美景：描绘了华山的美丽景色和壮观的自然风光。

心灵的成长与觉醒：攀登过程中的心理变化，以及对大自然的敬畏与感悟。

勇气与毅力：强调攀登华山所需要的勇气、毅力和决心。

这些主题和关键词体现了攀登华山的体验、自然风光的魅力，以及对自身的成长和挑战的应对。它们共同构成了整个文本的主题和情感体验。

通过以上两个小案例，已经让我们看到 AI 大语言模型在生成语料库方面的强大，而且也看到语料库创建的难度性和繁重性。与此同时，也体现出语料库在语言研究、教学、学习、评估等应用上的重要性。语料库作为语言研究和教学的资源，为研究人员和教育工作者提供了丰富的语言特征、语言变体、语言演化等，同时也可以用于语言教学和语言学习的教材和练习。语料库中的文本样本可以用于文本分析、情感分析情绪识别、主题提取等任务。通过分析大规模的语料库，可以发现文本中的模式、趋势和情感倾向，帮助理解社会舆论、市场趋势和用户反馈等信息。当然，语料库也是机器翻译和自然语言处理应用的基础。大规模的双语或多语种语料库可以用于训练机器翻译模型，帮助实现自动化的文本翻译。此外，语料库还可以用于命名实体识别、文本分类、问答系统等自然语言处理任务的训练和评估，为语言研究、应用和教育领域提供了宝贵的资源支撑。

目前，我国在语文领域中比较成熟和权威的语料库有："现代汉语儿童语料库"和"现代汉语语料库"。现代汉语儿童语料库是一个专门针对儿童语言和儿童语言习得研究的语料库，旨在为语言学和教育学研究提供大量的语言材料和支持。该语料库包含了数千万条标准汉语儿童语言数据，涵盖了儿童听、说、读、写等各个方面的语言能力，是研究儿童语言习得和语言教育的重要资源。现代汉语语料库是一个基于电子文本的大规模语言材料库，包含数亿条标准汉语语料。这个语料库包括了各个领域的文本，如新闻、小说、科技、法律等，涵盖了不同的语境和领域。我们可以通过现代汉语语料库来研究古诗词中的修辞手法的运用，并能从现代文本中收集到很多与古代文本相关的语言现象，以及词语和短语的变化趋势，为我们更好地理解和研究古代文学提供了支持。此外，现代汉语语料库还可以用于学生文言文阅读中的辅助工具。通过大规模语言材料库的搜索和挖掘，可以帮助学生更好地掌握文言文中一些常见用法和词汇，以及一些容易混淆的词语和表达方式。另外，现代汉语语料库还可以通过分析各种类型的文本，提供汉语语言习惯的大规模数据，为一些自然语言处理和机器翻译等领域提供支持和参考。这使得现代汉语语料库成为了一个人人可用，世界共享的重要资源，为汉语言研究、教育教学、汉语言发展、传承中华文明等提供了重要支撑。

（3）试题生成

试题库与语料库是两个不同概念、不同用途的资源，它们之间的区别在于性质、用途和组成。语料库是大规模语言文本的集合，主要用于研究语言学和自然语言处理，也包括用于对语言类文本的分析和评估。试题库则主要是问题和答案的集合，用于测试和评估知识和能力。语料库的组成可以包含各种文本形式，如书籍、新闻文章、博客、社交媒体帖子等。它通常是大规模的、多样的，以便提供代表性的语言样本。试题库是由一系列问题和答案组成。问题可以是选择题、填空题、简答题等形式，而答案则提供了问题的正确或可选的回答。AI大语言模型对试题库生成具有极大的价值，它可以提供更丰富、多样且质量较高的试题，有效地帮助教师解决出题费时、费力、费神之难处。帮助教育工作者和学习者获得更好的教学和学习体验。

AI大语言模型可以自动生成各种类型的试题库，包括但不限于以下几种。选择题：单选题或多选题，包括问题和相关的选项。选项可以是正确答案和干扰项，以考查学生对于特定问题的理解和分析能力。填空题：要求填写空白部分的题目，学生需要根据问题或上下文选择适当的词语或短语进行填空。简答题：需要回答开放性问题的简答题，学生需要用自己的语言进行阐述和回答。解答题：要求学生进行详细解答的问题，学生需要提供全面的解题步骤、推理过程或分析。判断题：需要学生根据给定的陈述判断其真实性。应用题：需要学生运用所学知识解决实际问题的应用题，考查学生的综合运用能力。此外，AI 大语言模型还可以根据需要生成不同领域或学科的试题，如数学题、科学题、语文题等，涵盖不同知识点和难度级别。在试题库生成的同时，AI 大语言模型可以根据教师需要自动生成可能的答案或参考答案、问题的重述或解析、详细的解释、推理或解题步骤、问题的改进、选项的调整或错误的修正等，全面帮助教师和学生获得更好的教学和学习体验。然而，必须注意的是：在使用 AI 大语言模型生成试题库时，仍需专业教师的人工审查和调整，以确保试题的科学性、准确性、合理性和适应性。

为了体现 AI 大语言模型的试题生成能力，以下是要求自动生成的几个不同学段、不同学科的试题的简单示例（语文、数学、外语、化学），每个案例只要求生成 6 道题目，并给出参考答案和解析。

请注意：对于希望生成什么学段、学科和试题类型，教师必须提出明确的要求，比如：学段（初中、高中或大学）、学科（语文、数学、英语、物理等）、知识点、题型、题目数。试题生成后，教师继续提问要求让 AI 大语言模型给出参考答案和解析。

下面是以初中语文、高中数学、高中英语的试题示例，包含了不同类型的题目，每个示例 6 道题目，并要求给出参考答案与解析。

 **初中语文试题案例**

提　问：生成试题，初中语文学科，选择题、填空题各 2 题，判断题、解答题各 1 题

生　成(回答)：初中语文试题，选择、填空各 2 题，判断、解答各 1 题，试题如下：

题目一：选择题

阅读下面的句子，选择最恰当的词语填空。

"天空湛蓝，白云悠然飘过，给人一种宁静和_____的感觉。"

A. 安详   B. 疏离   C. 忧虑   D. 狂乱

题目二：选择题

下面哪个词语的意义与其他三个不同？

A. 喜悦   B. 高兴   C. 欣喜   D. 忧伤

题目三：填空题

下面是一首古诗的开头部分，请填写下一句的字词。

"春眠不觉晓，_____"

（提示：五字，表达喜爱春天和怜惜春光的情感）

题目四：填空题

下面是一句成语，请填写空缺的部分。

"一言既出，_____。"

（提示：表示说出的话语具有不可收回的重要性）

题目五：判断题

下面的陈述是否正确？

"《红楼梦》是中国古代四大名著之一。"

题目六：解答题

简要解释"人山人海"这个成语的意义和使用场景。

这是一个初中语文简单六道试题，包含了选择题、填空题、判断题等不同类型的题目。你可以根据需要进行调整和扩展，以满足具体的要求和难度级别。

 初中语文试题答案与解析生成案例

提　问： 请给出上述 6 道试题的答案与解析

生　成(回答)：以下是6题的答案解析：

题目一：选择题

　　答案：A. 安详

　　解析：根据句子中描述的天空湛蓝、白云悠然飘过，给人一种宁静和
_____的感觉，选项 A. 安详最符合语境，表示宁静和平静的感觉。

题目二：选择题

　　答案：D. 忧伤

　　解析：选项 A. 喜悦、选项 B. 高兴和选项 C. 欣喜的意义都表示快乐
和愉悦的情绪，而选项 D. 忧伤的意义与其他三个选项不同。

题目三：填空题

　　答案：处处闻啼鸟

　　解析：根据古诗的开头部分"春眠不觉晓，_____"，根据提示，
五字成语下一句应该"处处闻啼鸟"表达诗人喜爱春天和怜惜春光的
情感。

题目四：填空题

　　答案：驷马难追

　　解析：根据句子中的"一言既出，_____"，根据提示，成语"驷马难
追"表示说出的话语具有不可收回的重要性。

题目五：判断题

　　答案：正确

　　解析：《红楼梦》是中国古代四大名著之一，因此选择正确。

题目六：解答题

　　**答案："人山人海"这个成语的意义是指人多拥挤的场面，常用于形容
人群拥挤的情景，如节假日的旅游景点、演唱会等场合。**

　　请注意，给出的答案和解析可能因题目设定和语境有所不同，以上提
供的是一种可能的解答与解析，供参考。

提　问：生成试题，高中数学学科，不同题型，6题

生　成（回答）：高中数学试题，不同题型，6题，试题如下：

题目一：选择题

已知函数 $f(x)=3x^2-2x+1$，求 $f(4)$ 的值。

A. 33　　　　　　B. 37　　　　　　C. 41　　　　　　D. 45

题目二：填空题

解方程：$2\cos(x)+1=0$，其中 x 属于 $[0,2\pi]$，求 x 值。

题目三：判断题

对于任意实数 x，有 $|x-3|=3-x$。

（选项：正确/错误）

题目四：解答题

已知三角形 ABC，角 A 的度数为 45°，边 AC 的长度为 5 cm，边 BC 的长度为 7 cm。求边 AB 的长度。

题目五：选择题

已知向量 a=(3,-2) 和向量 b=(5,1)，则 a·b 等于：

A. 7　　　　　　B. 13　　　　　C. 17　　　　　D. 23

题目六：应用题

某地区的人口数量每年增长 3%，现有人口为 1 000 万人，求经过 n 年后，该地区的人口数量（保留整数部分）。

这些题目较适合于高中阶段的数学学科，涵盖了选择题、填空题、判断题、解答题和应用题等不同类型的题目。

提　问：请给出上述 6 道试题的答案与解析

生 成(回答)：以下是生成的 6 道试题的答案与解析：

题目一：选择题

答案：C. 41

解析：将 x＝4 代入函数 f（x）＝3x^2－2x＋1 中，得到 f（4）＝
3（4）^2－2（4）＋1＝41。

题目二：填空题

答案：x＝2π/3 或 x＝4π/3

解析：将 2cos（x）＋1＝0 移项得到 cos（x）＝－1/2，解该方程可得
x＝2π/3 或 x＝4π/3，而在给定的范围［0，2π］内，符合要求的解为 x＝2π/3
或 x＝4π/3。

题目三：判断题

答案：错误

解析：对于任意实数 x，|x－3|＝3－x 成立的条件是 x≤3。因此，原陈
述错误。

题目四：解答题

答案：AB 的长度为 7√2 cm

解析：根据已知，角 A 的度数为 45°，边 AC 的长度为 5 cm，边 BC 的
长度为 7 cm。根据余弦定理，有如下关系：

AB^2＝AC^2＋BC^2－2＊AC＊BC＊cos（A）

代入已知的数值：AB^2＝5^2＋7^2－2＊5＊7＊cos（45°）

进行计算：

AB^2＝25＋49－2＊5＊7＊（√2/2）＝74－70＊0.707≈74－49.50

≈24.50

取平方根，得到：AB≈√24.50≈4.95 cm

所以，边 AB 的长度约为 4.95 cm。

题目五：选择题

答案：B. 13

解析：向量 a＝（3，－2）和向量 b＝（5，1）的点积（数量积）为 a・b＝

$a_1b_1+a_2b_2=(3)(5)+(-2)(1)=15-2=13$。

题目六：应用题

答案：人口数量增长 n 年后为 1 000 万×(1+0.03) ^n 人

解析：根据题目中所给的人口增长率 3%，每年增长的倍数为 1+0.03＝1.03。经过 n 年的增长后，人口数量为初始人口数量 1 000 万乘以增长倍数的 n 次方，即 1 000 万×(1+0.03) ^n 人。

请注意，答案和解析可能因题目设置和条件有所不同，以上提供的是一种可能的解答和解析方式，仅供参考。

 **高中英语试题案例**

提 问：请生成试题，高中英语学科，6题，不同题型各2题。

生 成（回答）：以下是生成的高中英语试题，6题，不同题型各2题，试题如下：

题目一：阅读理解（选择题）

阅读下面的短文，然后根据短文内容选择正确答案。

Sports are an important part of a healthy lifestyle. They offer numerous benefits, including physical fitness, improved coordination, and teamwork skills. Engaging in sports activities also helps to reduce stress and improve mental well-being. Many people find joy and fulfillment through sports, whether it's playing for fun or participating in competitive events.

问题：

1. What are the benefits of engaging in sports activities? (   )

A. Improved academic performance.

B. Increased creativity.

C. Physical fitness and improved coordination.

D. Social media popularity.

2. Why do people find joy and fulfillment through sports? (　　)

　　A. It helps them earn money.

　　B. It allows them to meet new people.

　　C. It provides physical challenges.

　　D. It guarantees success.

题目二：语法（填空题）

请在空白处填入适当的词语，使句子完整、通顺。

1. He is _____ good at playing the guitar.

2. The students _____ studying for the upcoming exam.

题目三：词汇（判断题）

下面的陈述是否正确？在填写"正确"或"错误"。

1. The word "incredible" means "ordinary" or "common". (　　)

2. The word "enthusiastic" means "eager" or "passionate".(　　)

以上试题仅供参考，您可以根据实际需要进行修改和调整。

高中英语试题答案与解析生成案例

提　问：请给出上述 6 道试题的答案与解析

生　成（回答）：以下是 6 题的答案与解析：

题目一：阅读理解（选择题）

　　1. 答案：C. Physical fitness and improved coordination.

　　解析：根据短文内容，参与体育活动有助于身体健康和协调能力的提高。

　　2. 答案：C. It provides physical challenges.

　　解析：根据短文内容，人们通过体育运动获得快乐和满足感的原因之一是因为体育运动带来了身体上的挑战。

题目二：语法（填空题）

1. 答案：very

解析：使用"very"来修饰形容词"good"，表示程度上的高度。

2. 答案：are

解析：根据句子主语"Thestudents"，使用动词"are"表示复数形式的第三人称的现在进行时。

题目三：词汇（判断题）

1. 答案：错误

解析："incredible"的意思是"难以置信的"或"非凡的"，与"ordinary"或"common"相反。

2. 答案：正确

解析："enthusiastic"的意思是"热情的"或"热衷的"，与"eager"或"passionate"同义。

希望以上的答案和解析对您有帮助，仅供您参考。如果您还有其他问题，请随时提问。

总体而言，AI大语言模型对试题库生成支持的价值毋庸置疑，它不仅能够按需要生成各个学科的试题库，包括选择、填空、判断、单选多选、主观客观等题型，生成的效率高和速度快，极大减轻教师和教育工作者的出题选题的负担，而且由于AI大语言模型的创造力和语言生成能力，完全可以生成新颖、独特且富有创意的试题，极大地激发学生的思维和想象力。与此同时，它可以根据特定需求和要求生成定制化和个性化的试题库，并可以对生成试题的质量进行控制，可以检查和纠正语法错误、逻辑不一致以及题目的难易程度等，确保试题的科学性、准确性和合理性。而且，AI大语言模型具有预训练特征，可以通过不断学习和反馈改进试题生成的能力，提高生成试题的质量和准确性，逐步适应不同的教育需求和学习目标。

（4）自动化评分

自动化评分是指利用 AI 大语言模型对学生的作业、试卷、问题解答等进行评分和反馈的过程,评分结果也是教育教学领域具有重要价值的评估资源。AI 大语言模型在自动化评分方面具有很强的功能和作用,以语文学科为例在功能上具体表现在:评估语法和拼写:可以快速地分析学生写作中的语法结构和拼写错误,例如捕捉到写作中的主谓一致、动词时态等,以及拼写错误等,并针对性地提供相关的建议和改进,帮助纠正和指导学生的语言使用。词汇和表达:可以评估学生写作中的词汇选择和表达能力。检查写作中的词汇使用的准确性和多样性,鼓励学生使用更丰富的词汇和表达方式,提高写作的质量和水平。分析逻辑和连贯性:可以评估学生写作的逻辑性和连贯性。检查文章中的段落结构、过渡词的使用、论证的合理性等,为学生提供改进意见,帮助他们更好地组织思路和提升表达能力。内容理解和思考深度:可以分析学生对问题的理解和思考深度。评估学生对文章主题的把握程度、思考问题的深度和广度,鼓励学生进行更深入的分析和论证,提高思维能力和学术素养。提供实时反馈:自动化评分可以提供实时的反馈和建议,使学生能够及时了解自己写作的优点和不足之处。学生可以根据反馈及时进行修改和改进,不断提升自己的写作能力。

在作用上,自动化评分无疑体现得尤为充分,例如:可以提高效率:相比传统的人工评阅,它可以在短时间内对大量的试题答案或写作作品进行评分和反馈,极大减轻教师的工作负担,使评阅过程更高效。客观公正:模型根据事先设定的评分标准进行评估,不受个人主观因素的影响,确保评分的公正性和一致性。提升教学质量:自动化评分可以帮助教师更好地了解学生的学习能力和问题所在,从而调整和优化教学策略。教师还可以根据评分结果对学生进行个别辅导和指导,提供有针对性的教学反馈,从而提高教学质量和效果。个性化辅导:可以为学生提供个性化的辅导和指导。基于分析学生的答题或文章作品,模型可以根据分析结果给学生提供针对性的建议和改进措施,帮助和指导学生针对自身的问题进行有效地学习和提高。个性化辅导也有力地促进学生的自主学习,通过查看评分结果和反馈,自主进行对照和分析,找到自己的不足之处,并主动寻找相关的学习资源进行学习和提升。量化评估和跟踪进展:自动化评分可以将学生的各科学习能力进行量化评估,并跟踪学生的进展。通过评分结果和历史记录,教师可以了解学生的成长轨迹和进步情况,为后续教学提供参考和调整方向。

总而言之,自动化评分是重要的评估资源之一,通过利用 AI 大语言模型的能力,提供了高效、客观、个性化的评分和反馈。它可以提高评阅效率、促进学生自主学习、提高教学质量,并为教师提供量化评估和跟踪学生进展的工具。然而,需要注意的是,AI 大语言模型的自动化评分仍然需要与教师的人工评阅紧密相结合,以获得更全面和准确的评估结果,而且 AI 大语言模型也会通过不断学习(训练)来更精准地进行自动化评分。

为了简单说明 AI 大语言模型的自动化评分能力,以下仅选择 2 个具体的简单案例来阐述评分的结果与过程:一篇短文(英语)和一道数学题。

请注意:对于希望生成自动评分结果,必须告知(输入)具体内容,比如,对某篇文章进行评分,必须输入实际的整篇文章;又如,对某道数学题进行评分,必须输入该数学题目,以及解答的过程与结果。对于评分标准,在实际的情况下,评分标准应该是由教师给出,包括权重、分值等。当然,也可以由 AI 大语言模型给出评分标准,以下 2 个案例就是由模型按照它的标准进行评分的。

 **英语写作自动评分案例**

提　问: 对下列文章进行评分,题目:Keeping Healthy,全文如下:

In order to have a healthy body and mind, we need to pay attention to our daily life and develop good habits. Without good health, life would not be as enjoyable or productive. So it is essential to keep a healthy lifestyle.

To keep healthy, we need to get plenty of exercise, rest, and sleep.

Exercise helps us to stay fit and strong. It can also help reduce stress and anxiety. Rest and sleep allow our body to recharge and recover from daily activities. We also need to maintain a balanced diet. This means we should include plenty of fruits, vegetables, and whole grains in our daily meals, as well as lean protein, dairy, and healthy fats. We should also limit our intake of sugary and fatty foods.

Keeping healthy is not difficult if we have the right attitude and determination. We can start by making small changes in our daily life, such as taking stairs instead of elevators, going for a walk during lunch break, or having a bowl of fruit salad for breakfast. With these small changes, we can gradually develop healthy habits that will benefit us for a lifetime.

生 成(回答)：对于给出的文章"Keeping Healthy"，我将进行一般性的评估和简单的自动化评分：

总体评估：文章关于保持健康的重要性以及如何保持健康的内容进行了阐述。它强调了锻炼、休息、睡眠和均衡饮食的重要性，并提到通过小的改变逐渐养成健康习惯。

自动化评分：根据自动化评分的标准和指标，对文章进行评分的结果可能会包括以下几个方面：

内容理解和观点表达：文章清晰地传达了保持健康的重要性和相关的健康习惯。观点表达清晰明了，内容充实。评分：4/5

语法和拼写：文章中没有明显的语法错误和拼写错误。评分：5/5

逻辑和连贯性：文章的结构合理，段落之间有适当的过渡，论述具有一定的连贯性。评分：4/5

词汇和表达：文章中使用了恰当的词汇，描述生动。使用了一些健康领域的专业词汇。评分：4/5

综合评分：文章在大致符合作文要求的情况下，得分在 4/5 到 4.5/5 之间。具体得分取决于评分标准的权重分配和具体的评分体系。

需要注意的是，自动化评分只能提供大致的评估结果，并不能完全代替人工评阅。文章的具体评分可能受到不同评分标准和指标的影响,最终的评分结果需要由教师或专业人士根据综合考虑做出。

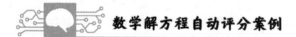 **数学解方程自动评分案例**

提 问:请对下列数学解方程结果进行评分

解方程:$2\cos(x)+1=0$,其中 x 属于 $[0,2\pi]$,求 x 值。

答案:$x=2\pi/3$ 或 $x=4\pi/3$

解析过程:将 $2\cos(x)+1=0$ 移项得到 $\cos(x)=-1/2$,解该方程可得 $x=2\pi/3$ 或 $x=4\pi/3$,而在给定的范围 $[0,2\pi]$ 内,符合要求的解为 $x=2\pi/3$ 或 $x=4\pi/3$。

生 成(回答):对于给出的解方程例子,可以进行以下评分和解析:

评分:

解答的准确性:学生给出了正确的解答 $x=2\pi/3$ 或 $x=4\pi/3$。评分:5/5

解题过程的正确性:学生通过移项和解 $\cos(x)=-1/2$ 的方式正确地得到了解答。评分:5/5

解析:学生首先将方程 $2\cos(x)+1=0$ 移项得到 $\cos(x)=-1/2$。然后,学生利用对应角的性质,找到 $\cos(x)=-1/2$ 对应的角度解。在给定的范围 $[0,2\pi]$ 内,$\cos(x)=-1/2$ 对应的角度为 $2\pi/3$ 和 $4\pi/3$。因此,学生给出的解答 $x=2\pi/3$ 或 $x=4\pi/3$ 是正确的。

总体来说,学生在解答这个方程时给出了准确的解答并正确地展示了解题过程。评分结果显示学生完全理解了解方程的方法和步骤,并且能够在给定范围内找到满足要求的解答。

从以上两个简单案例可以显示出 AI 大语言模型在自动化评分方面具有很强的能力,两个案例的评分过程速度极快(均在数秒钟以内),而且给出的评分标准和结果清晰准确。对于自动化评分,AI 大语言模型也给出了评分的基本原则和流程,例如:对写作的评分,重点会对语法、逻辑、词汇、内容理解等方面进行评分。首先,检查文章中的语法结构和拼写错误,扫描文章中的句子和单词,标记出可能存在的错误。其次,评估文章的逻辑和连贯性,分析段落之间的过渡、论证的合理性和观点的连贯性,还包括论证是否清晰、逻辑关系是否紧密等。然后,检查文章中的词汇使用,重点评估文章的词汇选择的准确性和多样性,包括是否有重复使用的词汇,是否存在词汇的不当使用或模糊表达等。它可以为学生提供替换词、同义词或扩展词汇的建议,以丰富作文的词汇表达。最后,评估对文章的内容理解和思考深度,分析学生对问题的理解和对相关知识的运用,尤其是能否全面和深刻理解问题等。对数学问题的自动评分,模型首先会检查学生的计算过程和答案的准确性。其次,分析解答过程的逻辑性和连贯性,评估解题思路和步骤的正确性。然后,检查数学符号和记号的使用,确保学生的表示清晰和准确。最后,系统给出问题的得分和针对不同方面的具体反馈,如计算准确性、解题思路、符号使用等。

总之,AI 大语言模型中的自动化评分可以在不同学科和领域进行应用,不仅可以大大减轻教师的批阅评分的负担,而且提供了高效、客观、个性化的评分和反馈,是一个能够提高教学质量、促进学生个性化和自主学习,并为教师提供量化评估和跟踪学生进展的工具。当然,AI 大语言模型的自动化评分功能还在不断训练与学习的过程中,算法和模型也需要不断改进和优化,所以目前来说,自动化评分仍然需要与教师的人工评阅相结合,才能获得更全面和准确的评估结果。

（5）评估数据分析

评估数据分析在不同领域和场景中都具有重要的作用和意义,教育教学领域也不例外。评估数据分析在评估绩效、问题发现、机会识别、进展监测、资源优化,以及决策制定等方面发挥着重要的作用。通过数据分析,可以更好地了解和把握现实情况,提高决策的准确性和效果,推动组织和项目的发展和改进。对教育领域而言,AI 大语言模型在教育评估数据分析中的作用与意义在于提供强大的数据处理和分析能力,帮助学校和教育机构更好地了解学生的学习情况、发现问题、提供个性化的支持,并促进教学改进和决策制定。它为教育领域提供了有力的工具和资源，推动教育的发展和提升学生的学习效果，具体的作用主要体现在：数据处理和清洗：可以支持对大规模的教育评估数据进行数据处理和清洗，自动识别和处理数据中的缺失值、异常值和重复值，提高数据的质量和准确性。特征工程和提取：可以从教育评估数据中提取相关特征，进行特征工程和特征选择，自动识别和转换不同类型的特征，并生成新的有意义的特征，为后续的分析提供更有效的依据。数据分析和建模：基于强大的分析和建模能力，可以应用在教育评估数据上进行各种分析任务。它能够利用机器学习和统计算法，进行数据挖掘、预测建模、分类和聚类等分析，帮助学校和教育机构洞察数据中的规律和趋势。学生评估和个性化支持：可以根据学生的评估数据，进行学生评估和个性化支持。它可以对学生的学业表现进行评估，识别学习难点和潜在问题，并提供个性化的学习建议和支持，帮助学生取得更好的学习成果。教学改进和决策支持：通过对教育评估数据的分析，可以帮助学校和教育机构进行教学改进和决策支持。它可以揭示教学中的优势和不足，发现教学策略和方法的有效性，并为教育决策提供数据支持，从而提升学校办学的水平与效能。

总之，教育评估数据分析是重要的评估资源之一，评估数据分析是充分利用 AI 大语言模型强大的数据处理和分析能力，提供了全面、高效、客观、准确的评估数据分析，为学校和教育机构全面提升教学质量和决策制定提供有力的支撑。然而，需要注意的是，影响教育评估数据分析的因素较多，分析的具体方法和步骤可能因对象和数据的不同而有所调整。在实际应用中，需要根据具体的教育对象需求和数据特点，结合 AI 大语言模型的能力，进行相应的评估数据分析，以获得更全面、更准确和有用的分析结果。当然，随着 AI 大语言模型在教育评估数据分析过程中得以不断学习（训练）和提升，一定会实现更精准、更有效地支持教育评估数据分析。

为了简单说明 AI 大语言模型的教育评估数据分析能力，以下仅选择 2 个简单案例来阐述分析的过程：学生学业成绩分析和学业特征工程分析。

请注意：对于希望生成评估数据分析结果，必须告知（输入）分析主题与相关完整的数据内容，比如，主题是对某校学生学业成绩进行分析，相关完整的实际数据，如：不同学科的期中、期末考试成绩、考试科目、学生个人信息等。如果无法输入完整的实际数据，也可以要求给出分析的过程。以下2个案例就是没有提供完整的实际数据，所以只能要求给出分析过程。

 **学校学业成绩评估数据分析案例**

提　问：请对某校学生学业成绩进行评估数据分析，没有具体的数据，请给出分析过程

生　成（回答）：由于没有提供完整的实际数据，仅能给出分析的一般过程，具体如下：

数据清洗和整理：对收集到的完整数据进行清洗和整理，包括去除缺失值、处理异常值、标准化得分等操作，以确保数据的准确性和一致性。

学科成绩分析：对学生的学科成绩进行分析，包括计算每个学科的平均分、最高分和最低分，生成成绩分布图表，帮助了解学生在不同学科中的表现。

学期评分分析：对学生的学期评分进行分析，比较不同学期的评分，观察评分的趋势和变化。如果评分下降或波动较大，可以进一步探索原因和提出相应的改进措施。

学生成绩趋势分析：绘制学生成绩的趋势图，比较不同学期或不同学科的成绩变化。这可以帮助识别学生的进步或退步情况，并为教师提供个别化的学习建议。

学生群体分析：可以对学生群体进行分析，比如按班级、年级或性别进行分组。这可以帮助识别群体之间的差异，了解不同群体的学习情况，并为教师提供有针对性的支持和指导。

预测和建议：可以根据学生历史数据和学习情况，预测未来的学业成绩。

基于这些预测结果,可以提供个性化的学习建议和改进措施,帮助学生规划和管理自己的学习。

基于上述分析过程,可以较清晰地知晓 AI 大语言模型是如何对学生的学业成绩数据进行评估和分析的,分析过程逻辑清晰、内容全面,可以很好地帮助学校更好地了解全体学生的学习情况,发现潜在问题和提供针对性的策略。当然,如果学校希望 AI 大语言模型进行真实完整的评估数据分析,必须事先做好数据准备工作,包括收集学生的全部的考试成绩数据,含不同学科的分数和学期评分,还包括学生的个人信息、考试科目、分数等。

 **学校学业特征工程分析案例**

提　问: 对某校学生学业特征工程进行分析,没有具体的数据,请给出分析的过程

生　成(回答): 由于没有提供完整的学业数据,仅能给出分析的一般过程,具体如下:

成绩特征提取: 对学生的学科成绩进行特征提取,通过计算每个学科的平均分、最高分和最低分,生成学科成绩的统计特征。同时,可以计算不同学科之间的相关性,以及学科成绩的趋势特征。

作业特征工程: 对学生的作业完成情况进行特征工程。计算学生完成作业的平均时间、作业难易程度等特征。同时,可对作业完成情况进行编码,将其转换为数值特征表示。

参与度特征提取: 对学生的课堂表现进行特征提取,可以分析学生的参与度、回答问题的准确性等特征。同时,可以计算学生在课堂上的活跃程度和参与度的统计特征。

学生群体特征工程: 对学生群体进行特征工程。将学生根据性别、年级、学科等属性进行分组,并提取不同群体之间的特征差异。这可以帮助学校

了解不同群体的学习情况和需求，并针对性地提供支持和指导。

学生行为特征提取：对学生的学习行为进行特征提取。分析学生的学习时长、学习频率、学习资源使用情况等特征。这可以帮助学校了解学生的学习习惯和行为模式，并根据这些特征提供个性化的学习建议和支持。

学业预测模型构建：基于特征工程的结果，利用 AI 大语言模型构建学生学业预测模型。该模型可以利用学生的特征输入，预测其未来的学业表现和发展趋势。这可以帮助学校识别学生的潜在问题和需求，并提供个性化的学习支持和指导。学业预测模型可以基于学生的特征，如学科成绩、作业完成情况、参与度等，通过机器学习算法进行训练和预测。

通过以上的特征工程分析过程，可以看到 AI 大语言模型可以支持教育特征工程的多个方面。它能够自动提取和转换学生学业数据中的相关特征，并生成学生个性化的学业特征。这有助于学校更好地了解学生的学业情况、发现学习中的问题和优势，并为教师和学生提供有针对性的支持和指导。当然，如果学校希望 AI 大语言模型进行实际完整的特征工程分析，必须事先做好数据准备工作，包括学生的个人信息、学业成绩、行为记录等多个维度的数据。通过特征工程，可以从这些数据中提取出有价值的特征，以更好地知晓学生的学习情况、行为习惯和学术表现，为教学和学生支持提供数据驱动的决策依据。

总之，通过以上 2 个简单分析过程案例可以看出，AI 大语言模型在教育评估数据分析方面的功能强大，它不仅仅在学业成绩分析和特征工程分析上体现出独特的功能，而且还可以进行数据处理和清洗：可以帮助处理和清洗结构化和非结构化的评估数据，进行数据转换、筛选、去除异常值等操作，以便后续的分析和建模。数据探索和可视化：可以根据给定的数据集进行统计分析、图表绘制和可视化展示，揭示数据的趋势、分布、关联性等特征，以便更好地理解数据。数据分析和建模：可以进行数据分析和建模，提供对数据的深入理解和洞察力，可以应用统计方法、机器学习技术等进行数据建模和预测分析，帮助发现数据中的模式、趋势和关联性，并进行预测和决策支持。自然语言处理：可以处理和分析文本数据。它可以进行文本分类、情感分析、主题提取等任务，从文本数据中获取有价值的信息和见解。优化资源利用：评估数据分析可以帮助优化资源的利用和分配。通过对数据进行分析，可以了解学校资源的使用情况、效率和效果，识别资源浪费或不足的情况，并提出相应的改进建议。这有助于实现资源的最佳利用，提高效率和效果。自动化报告生成：可以自动化生成评估数据分析报告和摘要，减少人工手动编写和整理的工作量。它可以根据分析结果和模型输出，自动生成结构化的报告、摘要、图表和可视化内容，提供对评估数据的综合总结和解释。通过以上这些功能可以清楚地体现 AI 大语言模型能够支持评估数据分析的各个阶段和不同任务，提供全方位、更高效、更准确和智能化的评估数据分析支持。它也必将成为教育领域中不可多得的评估利器，也会不断促进教育评估方法与手段的创新与变革。

第四章

AI 大语言模型支持不同学科实践案例

在当今数字时代，人工智能技术正以惊人的速度改变着各个领域，教育领域也不例外。其中，AI 大语言模型作为人工智能技术的重要应用之一，为学科教与学提供了前所未有的支持与帮助。AI 大语言模型不仅具备强大的语言理解和生成能力，还可以分析、处理和应用大规模的语料库数据，为学生和教师提供丰富的学习资源、个性化的学习支持以及即时的反馈和评估。AI 大语言模型在各个学科教与学中的应用案例不胜枚举，本章将重点选择教育领域中几个主要学科的教与学典型案例来探讨 AI 大语言模型对学科教学的支持。

在语文学科，AI 大语言模型可以帮助学生提高阅读理解和写作能力。通过生成丰富多样的优质文本材料，如文章、故事、诗歌等，供学生进行阅读理解训练，帮助他们提升语言理解和表达能力。学生可以通过与模型的互动，回答模型提出的问题或进行文本理解的交流，通过文本分析、对比和归纳，可以更好地理解文章的结构和组织方式。模型还可以帮助学生识别文章的段落结构、主题句和支持细节，提升学生对文章整体结构的把握和理解，全面提高阅读理解能力和语言分析能力，并提升批判性思维和逻辑思维能力。通过 AI 大语言模型的支持，学生可以获得个性化的阅读理解方法、技巧和策略，帮助学生解决阅读中的困惑和难点，拓展阅读广度和深度，提高阅读理解的能力和水平，从而全面提升语文素养。

在数学学科,AI 大语言模型可以生成数学问题的解题思路和步骤解析,帮助学生理解数学概念和解题方法。学生可以通过模型的引导和解析,掌握数学知识和解题技巧,提高数学思维和问题解决能力。同时,大模型还可以提供大量的数学练习题和自动评分功能,帮助教师有效监测学生的学习进展并提供个性化的学习指导。

在英语学科,AI 大语言模型在英语教与学中也发挥着重要作用。通过语音识别和生成,模型可以帮助学生提升听力和口语能力。学生可以通过与模型的对话互动,进行口语练习和发音纠正,提高语言交流的流利度和准确性。同时,模型还可以为学生提供写作指导和反馈,帮助他们改进写作技巧和文法运用。

在自然科学学科,AI 大语言模型在物理、化学、生物等学科教与学中同样可以发挥很重要的作用。通过知识解释、研究发展综述、实验设计、模拟和建模等方面的引导和支持,学生可以进行虚拟实验、探索科学原理和发现科学规律。AI 大语言模型可以为学生提供实验设计和操作步骤,帮助他们深入理解实验原理和掌握实验技巧。同时,模型还可以生成科学知识的解释和概念解析,帮助学生理解和应用自然学科知识。

在人文社会学科,AI 大语言模型在学科教学也可以提供强有力的支持。模型可以为学生生成人文社会领域的研究问题和案例分析,帮助他们深入思考社会现象和历史事件的背后原因和影响。学生可以通过与模型的互动,进行讨论和分析,培养批判性思维和问题解决能力。同时,模型还可以提供人文社会学科的理论解释和实证研究,帮助学生深入了解社会现实和发展趋势。

总之,AI 大语言模型在学科教与学中的应用具有极其重要的作用和广泛的意义。它可以为学生提供个性化的学习支持、丰富的学习资源和即时的反馈,帮助他们提高学科知识和技能。同时,模型也能够为教师提供教学辅助工具和个性化的教学支持,帮助他们设计和实施高质量的教学活动。随着人工智能技术进一步的发展和 AI 大语言模型的引入,教育界已开始逐渐认识到其在学科教学中的巨大潜力和实用性。作为一个强大的智能语言处理工具,AI 大语言模型具备很强的自我学习和自主生成能力,能够理解和生成人类语言,能够模拟人类的语言表达,能够对问题进行判断和解答,能够对书籍文章进行提炼和归纳、能够生成高质量的文本,甚至能够作诗、绘画、音乐创作等,这些能力无疑能够使它成为教育领域最强大的工具之一。毫无疑问,AI 大语言模型将会是教育领域中一颗璀璨明珠,一旦实现了与学科教学的深度融合,必将彻底改变人们的教学、学习、认知、思维、问题求解、互动交流等方式,全面推动教育领域的创新与变革。

本章中我们将重点探讨 AI 大语言模型支持不同学科教与学的实践案例,包括语文、数学、英语、自然科学等。当然,这些案例都是以作者研究团队与 AI 大语言模型真实会话的形式呈现,目的是期望通过这些案例,让人们比较直观地知晓 AI 大语言模型应该如何应用到实际的教与学中,如何与大模型开展对话,如何进行教学方式的创新,以及如何有效提升学生的学习效能。

4.1 语文学科

语文,作为一门基础学科,对于学生的全面发展具有深远影响。它不仅是学生掌握母语,理解并表达思想的工具,而且还是培养学生文化素养,提升思维能力,塑造个性的重要途径。然而,传统的语文教学方式,往往受到诸多限制,如资源有限、教学方式单一等。随着 AI 大语言模型的出现给语文教学带来了全新的可能。AI 大语言模型以其强大的理解和生成人类语言的能力,以及卓越的学习和适应性,正在逐渐应用到语文教学的各个环节。无论是帮助学生理解复杂的文学作品,还是提供个性化的阅读推荐,甚至参与到作文指导中,AI大语言模型都显示出了巨大的潜力。它能为每一个学生提供量身定制的学习路径,帮助他们克服学习中的难题,激发他们对语文学习的热情。

AI大语言模型在支持语文学科教学中的实践应用可以涉及很多方面,下面将重点围绕不同年级段语文课文的阅读理解、古诗词解析、作文指导的案例来举例阐述。通过这些案例,我们可以看到,AI大语言模型如何帮助学生更好地理解文学作品,如何提供更深入、更丰富的阅读体验,以及如何支持学生提高写作能力。同时,我们也将看到,教师也完全可以利用AI大语言模型协助备课、理解课文、深度解读,变革教学模式,提升教学效果与效率。

(1) 阅读理解

阅读理解是指通过阅读文本,理解和推断其中的含义、信息和意图的能力。阅读理解是学生综合语言能力的重要组成部分,对于学术学习和日常生活都具有重要作用。通过培养学生的阅读理解能力,可以提高他们的学习能力、思维能力和创造力,使他们能够更好地理解和应用所学知识。

AI大语言模型可以帮助学生理解复杂的文本,解释不清楚的词汇或短语,以及解答阅读中的问题。例如,学生在阅读古代诗词或现代小说时,可能对某些词汇或表达方式感到困惑。在这种情况下,AI大语言模型可以提供即时的解释和帮助,帮助学生理解和欣赏文本。阅读理解也是一个关键的学习技能,涉及理解和解释一段文字的能力。好的阅读理解能力可以帮助学生更好地理解教材、文章、文献等,能更好地从阅读材料中获取信息,理解意思、提取内涵、增强记忆,并且在更广泛的背景下,也有助于理解各类新闻、报纸、杂志,以及其他各个学科的内容。

下面是AI大语言模型在支持学生阅读理解和解析方面实践应用的具体案例,以小学(珍珠鸟)、初中(春)、高中(再别康桥)语文教材中的一篇课文,以及学生正在阅读科技文章和《红楼梦》时向AI大语言模型提问为例。在与大模型进行对话过程中,提问一定要清楚准确、简洁明了。

 **小学语文《珍珠鸟》阅读理解案例**

提　问(学生输入):阅读理解散文《珍珠鸟》,冯骥才

生　成(回答):《珍珠鸟》散文是中国著名作家和文化评论家冯骥才先生的代表作之一,深受学生的喜爱和欢迎。《珍珠鸟》是一篇富有诗意和哲理的散文,通过生动细腻的笔触描绘了珍珠鸟的身姿、羽毛和歌声、美丽和神秘,展示了它独特的魅力和与众不同的存在。并以此探讨了生命的意义和人类与自然的关系。

散文中,冯骥才先生通过对珍珠鸟的描写,引发了对生命的思考。他探讨了生命的短暂和宝贵,以及人们在繁忙的生活中是否能够真正欣赏和珍惜自己的存在。他通过珍珠鸟的飞翔行为,探讨了人生的意义和价值。他认为人们应该像珍珠鸟一样,勇敢地飞向远方,追求内心真正渴望的东西。他将珍珠鸟比作"飞翔的花"和"雪中蹦跳的小兔",把珍珠鸟的美丽与自然景色相融合,给人以美好的联想。他用珍珠鸟飞向山间的画面,寓意人们应该敢于挑战困难和追求理想,不被束缚于表面的现实。此外,散文还反映了冯骥才对自然的敬畏和对人与自然关系的思考。他通过珍珠鸟的形象,表达了人类与自然的紧密联系,强调了人类对自然界的责任和保护。

这篇散文以独特视角和深刻思考,展示冯骥才先生对自然、生命和人性的敏锐洞察力。它给人们带来了对美的感知和对人生意义的思考,对自己和世界有了更深刻的体验和理解。愿我们能从珍珠鸟身上汲取力量,拥抱生命,追求美好,成为大自然的守护者,为世界带来更多的和谐与温暖。

通过阅读和欣赏这篇散文,人们不仅可以提升阅读理解能力,还能从中汲取智慧和力量,懂得珍惜生命、追求美好、拥抱自然,用欣赏和赞美的眼光看待世间一切。

初中语文《春》阅读理解案例

提　问(学生输入)：阅读理解散文《春》，朱自清

生　成(回答)：朱自清的散文《春》是一篇优美动人的作品，描绘了春天的美好与生机。《春》一文以独特的笔触和细腻的情感描绘了春天的自然景色和人们对春天的期待与迎接，把人们带入了一个充满希望和温暖的春天世界。

文章开头，朱自清以亲身经历描写了自己在春天的黄山旅行，通过对山水景色的描绘，他展示了春天的鲜艳和生机。接着，他以细腻的笔触描述了春天的植物和花草，以及春天带来的愉悦和喜悦。

朱自清在文中表达了对春天的热爱和向往，他认为春天是一个带给人们无尽希望和力量的季节。他用温暖的语言描绘了春天的鸟鸣、蝴蝶和蜜蜂的忙碌，以及人们在春天中的欢快心情。

除了描绘春天的美景，朱自清在《春》中还融入了对人生和人性的思考。他通过对春天的观察，表达了对生活的热爱和对人生意义的思考。他认为，春天的美丽和生机反映了人生的希望和活力，而人们应该像春天一样，积极面对生活中的挑战和困难。

《春》这篇散文具有朱自清独特的文学风格和情感表达。他以细腻的笔触和深入的思考，描绘了春天的美丽和生机，同时传递出对生活和人生的热爱。这篇散文通过对春天的描写和思考，呼唤人们要积极面对生活，珍惜美好时光。

《春》这篇散文以其优美的语言和深入的思考，给读者带来了对自然和生活的感悟和思考。它让人们重新审视春天的美丽和生命的意义，引发人们对美、希望和幸福的思索。这篇散文饱含着人文关怀和智慧，值得人们细细品味和思考。

高中语文《再别康桥》阅读理解案例

提　问(学生输入)：阅读理解诗歌《再别康桥》，徐志摩

生　成（回答）：徐志摩的《再别康桥》是一首脍炙人口的诗歌作品，是徐志摩在离开英国康桥时写下的一首诗，表达了他离别故土的心情和对康桥的眷恋。这首诗以细腻的语言和深情的笔触，描绘了离别的痛苦和对故乡的思念。

诗中，徐志摩先生以康桥为背景，借用诗人归国的场景，表达了自己离开康桥、回国的内心感受。他以其深情而细腻的笔触描绘了康桥的美丽景色和回忆，抒发了对康桥的深情和离别的痛楚。抒发了对故土的眷恋之情。

诗中的"别康桥"一词，既是对康桥的告别，也是对往事的告别。徐志摩借康桥之别，抒发了对过去时光的回忆和对未来的期许。他表达了在远离康桥的同时，也将带着对康桥美好回忆的感激和珍藏。

《再别康桥》的诗句优美而动人，表达了徐志摩内心深处的情感和对离别的痛苦。诗中的细腻描写和感人词句使人们能够共鸣，感受到离别的苦痛和对故乡的眷恋。

《再别康桥》这首诗以其深情而细腻的笔触，抒发了诗人对康桥的深情和离别的痛楚。它通过对康桥的描写和诗人的情感表达，展现了徐志摩敏锐而细腻的触觉，让人们在阅读中感受到诗人内心深处的思绪和情感。

这首诗成为了徐志摩最著名的作品之一，被广泛传诵和赞颂。它不仅是一首表达个人情感的诗歌，也是对离别、回忆和对故乡的思念的共同体验的象征。它通过诗人的情感抒发和对康桥的描绘，让人们对生命的变迁和离别的苦楚产生深思和共鸣。

科技文章《AI 开启新时代》阅读理解案例

提　问（学生输入）：我正在阅读《AI 开启新时代》文章，请问"量子计算、基因编辑"是什么意思？

生　成（回答）："量子计算、基因编辑"的意思如下：

"量子计算" 是一种基于量子力学原理的计算方法，利用量子位

（Qubit）代替传统计算中的比特（Bit），以实现更高效的计算和处理速度。相较于传统计算机，量子计算机利用量子叠加和量子纠缠的特性，可以在某些特定情况下处理更大规模和更复杂的计算问题，如大规模的数据搜索、优化问题和模拟量子系统等。量子计算技术目前仍处于发展初期，但被视为未来计算领域的重要方向，具有巨大的潜力。

"基因编辑"是一种通过对生物体基因组进行精确修改的技术。它基于 CRISPR－Cas9 系统等工具，可以准确地定位和修改生物体的基因序列。通过基因编辑，我们可以添加、删除或修改特定基因，从而影响生物体的遗传性状和功能。这项技术在医学和农业领域具有巨大的应用前景，例如治疗遗传性疾病、改良农作物品质、提高养殖动物的抗病能力等。

 名著《红楼梦》阅读理解案例

提　问（学生输入）：我正在阅读曹雪芹的《红楼梦》，请问贾宝玉是怎样的一个人物？

生　成（回答）：关于红楼梦中"贾宝玉"的人物描述如下：

"贾宝玉"是《红楼梦》的主人公，他的性格和命运是小说的主要线索。他出生于富贵人家，从小就带着一块神秘的通灵宝玉。

他对世俗礼教有自己独特的理解，对女性尊重并富有深情，同时他也对家族的衰落有深刻的预感。

他的人生充满了戏剧性的转折，从富贵少爷到最后的悲剧结局。

他的形象集多重性格于一身，既反映了作者的理想人格，又揭示了封建社会的种种矛盾。

当然，我也可以用另外一种方式回答你的提问：

贾宝玉

家庭背景：富贵人家，主人公。

特殊标记：从小就带着一块通灵宝玉。

性格特点：对世俗礼教有自己的理解、对女性尊重并富有深情、对家族的

衰落有深刻的预感。

人生经历：从富贵少爷到最后的悲剧结局。

通过以上这些简单的案例，我们可以清楚地看到，AI大语言模型是如何实现助力学生更好地理解文学作品，如何提供更深入、更丰富的阅读体验，如何针对学生提问进行深入的解答，帮助他们理解和欣赏文献作品。

（2）古诗词解析

古诗词是指古代中国文学中的一类诗歌形式，通过精练的语言、优美的韵律和丰富的意象表达情感、抒发思想和描绘景物。古诗词源远流长，有着丰富的艺术价值和文化内涵，被视为中国文学的瑰宝之一。唐代的李白、白居易、杜甫等，宋代的欧阳修、苏轼、陆游等，清代的纳兰性德、袁枚、谭嗣同等著名诗人的诗作在中华大地的文学史上留下了重要足迹，并对后世的文学发展产生了深远的影响。学习古诗词对学生来说是一个文化修养和思想修炼的过程，可以培养学生的审美情趣、语言表达能力、情感与思维的修养，同时也有助于传承和弘扬中华民族的传统文化，提高学生的人文素养和综合素质。学习古诗词的作用和意义重点体现在以下几个方面。传承文化遗产：古诗词是中华民族传统文化的重要组成部分，通过学习，学生可以接触和了解中国传统文化的精髓和智慧，传承和弘扬中华文化的优秀传统。培养审美情趣：古诗词具有高度的艺术性和美学价值，通过欣赏和理解古诗词的美，学生可以培养对美的感知和欣赏能力，提高审美情趣。丰富语言表达能力：古诗词运用了丰富的修辞手法和形象的描写，通过学习，学生可以丰富自己的词汇量，提高语言表达能力，培养准确、生动的表达能力。培养情感和思维的修养：古诗词中蕴含着诗人对人生、情感、社会和自然的深刻思考，通过学习，学生可以培养情感的丰富性和思维的深度，加深对人生和世界的体悟和思考。提高文学素养：学习古诗词可以拓宽学生的文学视野，了解不同时期、不同风格、不同类型的诗人和作品，提高对文学的理解和欣赏能力，培养良好的文学素养。

当然，由于时代的变迁与发展，学习古诗词对当代学生来说无疑会遇到一些困难,通常会体现在以下几个方面。文字理解和阅读难度:古诗词采用了古代的词汇和表达方式,与现代汉语有一定的差异,这使得学生在阅读和理解古诗词时可能会遇到生字、难字和句式结构的困惑。文化背景和历史知识:古诗词常常涉及历史典故、文化背景和社会环境,学生如果缺乏相关的背景知识,可能难以理解其中的隐含意义和象征符号。修辞手法和意象理解:古诗词运用了丰富的修辞手法和意象描写,这些技巧对学生来说可能较为陌生,需要一定的指导和解读才能理解其中的美感和意义。情感和主题的把握:古诗词往往表达了诗人的情感、思想和人生哲理,学生需要通过深入理解诗人的情感和主题,把握其中的内涵和情感表达。表达和创作的困难:学习古诗词不仅仅是阅读和理解,还需要学生进行表达和创作,对于一些学生来说,表达古诗词的美感和意境可能是一种挑战。克服这些困难不仅需要学生付出一定的努力和时间,更需要他人或教师的指导和启发。通过逐步增加诗词阅读的难度,提供相关背景知识和解读,引导学生进行深入思考和感悟,以及进行反复练习和创作,从而帮助学生逐渐克服困难,提高对古诗词的理解和欣赏能力。

AI 大语言模型的出现将为古诗词的学习提供了多个维度的有力支持与帮助,具体表现在以下几个方面。解读和解释支持:可以快速与准确地对古诗词进行解读和解释,帮助学生理解古诗词的意义、主题、修辞手法和文化背景。学生可以提出问题或查询相关信息,获得对古诗词的深入解析。背诵和朗读支持:可以提供古诗词的原始文本,帮助学生进行背诵和朗读。学生可以通过模型生成的文本进行反复练习,提高对古诗词的记忆和口语表达能力。诗词创作和写作辅助:AI 大语言模型可以提供与古诗词写作相关的辅助功能,例如给出诗句的韵脚、提供与主题相关的关键词等。这对于学生进行古诗词创作时,可以提供一些启发和引导,促进创造力和表达能力的发展。学习资源和参考资料:AI 大语言模型可以提供大量的古诗词文本和相关学习资源,学生可以通过阅读这些文本来和资源来扩展诗词知识和丰富阅读经验。模型还可以推荐相关的学习资料和作品,帮助学生进一步深入学习和探索古诗词。互动学习和辅导:学生可以直接与 AI 大语言模型进行互动,获得疑惑和问题的解答、学习建议和策略,一起探讨古诗词的含义和背后的思想,从中获得启发和灵感。综上所述,AI 大语言模型完全可以为学生学习古诗词提供全面和丰富的支持和帮助,从解读和解释、背诵和朗读、创作辅助到学习资源和参考资料,以及互动学习和辅导等方面,都能为学生提供便捷、准确和个性化的学习体验。这样的支持有助于学生更好地理解和欣赏古诗词,提高对中华文化传统的认知和理解能力。

下面是 AI 大语言模型在古诗词解析方面实践应用的具体案例,我们选取了几首不同风格的古诗词解析,如:李白的《静夜思》、杜甫的《春望》、苏轼的《水调歌头》、纳兰性德的《木兰花令》,另外,还选取了王之涣的《登鹳雀楼》和杨慎的《临江仙·滚滚长江东逝水》两首古诗词中部分词句的解析,读者可以通过对这些古诗词的解析来初步认识 AI 大语言模型是如何支持学生理解和欣赏古诗词。

 **李白《静夜思》解析案例**

提　问(学生输入):请对李白《静夜思》诗给予解析

生　成(回答):李白的《静夜思》是一首广为人知的唐代古诗,具有简洁明快的语言和深邃的情感,下面是对这首诗的解析:

这首诗以夜晚的景象为背景,表达了诗人对故乡的思念之情。

首句"床前明月光"描绘了在夜晚,明亮的月光透过窗户洒在床前,给人一种清幽宁静的感觉。诗人用"明月光"来形容床前的光亮,使诗句简洁而形象生动。接着一句"疑是地上霜",通过"疑"字表达了诗人对月光洒在地上的景象产生疑惑,将月光与霜相比,既突出了月光的明亮,又给人一种清冷的感觉。

"举头望明月",诗人抬头仰望着明亮的月亮,表达了对自然界的向往和敬仰之情。这里的"明月"不仅仅是一个自然景物,还象征着高尚的情感和理想。诗人通过抬头仰望明月,展示了他对美的追求和向上的心境。

"低头思故乡"，表达了诗人在异乡漂泊时对故乡的思念之情。诗人低头沉思时，心里充满了对远方故乡的思念和渴望。这句诗通过简单而深刻的词句，直观地表达了诗人对故乡的思念之情，让读者感受到离乡背井的孤独和渴望归家的情感。

整首诗以简练的语言表达了诗人在夜晚对故乡的思念之情。通过对自然景象的描绘和内心情感的抒发，诗人唤起了读者对家乡的思念和对归家的向往之情。这首诗通过简洁的形象和深沉的情感，展示了李白独特的写作风格和对人情世故的感悟，成为了中国古代诗歌中的经典之作。

 杜甫《春望》解析案例

提　问（学生输入）：请对杜甫《春望》诗给予解析

生　成（回答）：杜甫的《春望》是一首反映了作者对乱世时局的思考和对国家命运的关切的诗歌作品。下面是对这首诗的解析：

诗的开头两句"国破山河在，城春草木深。"以简洁有力的语言，表达了作者对国家局势的担忧和对战乱带来的破坏的描绘。山河被战乱摧毁，而春天的草木却依然茂盛，形成了鲜明的对比。

接下来的句子"感时花溅泪，恨别鸟惊心。"通过描写作者的内心情感，抒发了对时局动荡的忧虑和对国家命运的愤慨。作者将自己的感受与花朵溅落的泪水和惊飞的鸟儿相比拟，强调了自己与国家命运的紧密联系。

后续的句子"烽火连三月，家书抵万金。"描绘了连绵不断的战火和家书传递的珍贵性，表达了作者对战争带来的破坏和对家人的思念之情。

最后的两句"白头搔更短，浑欲不胜簪。"通过对自己白发的描写，表达了作者对战乱年代的感慨和对时光的流逝的感叹。白头和短发象征了岁月的无情和个人的疲惫，浑欲不胜簪则表达了作者心力交瘁的状态。

《春望》以深沉的思考和悲愤的情感，描绘了作者对乱世时局的忧虑和对国家命运的关切。通过对自然景象和个人经历的描写，表达了对战乱年代的痛惜和对人生苦难的思考。它以朴素的语言和深刻的意象，展现了杜甫对社会现实的痛苦观察和对人性命运的深入思考,成为中国古代诗歌中的经典之作。

 **苏轼《水调歌头》解析案例**

提　问(学生输入):请对苏轼的《水调歌头》诗给予解析

生　成(回答):苏轼的《水调歌头》是一首脍炙人口的宋词,表达了诗人对光阴流逝和人生离合的思考和感慨。下面是对这首词的解析:

首句"明月几时有,把酒问青天。"开篇诗人以直接的问句形式表达了对月亮的思念和对时间的疑问。举杯问青天,暗示了诗人对天地间万物的追问和对人生的思考。既然是"把酒问青天"接下来的笔锋自然一转来到了天上:"不知天上宫阙、今夕是何年。"表达了诗人对宇宙间的宫阙、神仙的世界的好奇和对时间流逝的困惑。诗人不知道现在是什么年份,也不知道天上的宫阙是什么样子,这种无法捉摸和理解的感觉给人一种超脱尘世的意境。

接着的句子"我欲乘风归去,又恐琼楼玉宇,高处不胜寒。"表达了诗人内心对追求自由和逍遥的向往,同时也表现出对俗世喧嚣的厌倦和对高处寒冷的畏惧。诗人希望能够乘风而去,回到纯净的天空,但又担心高处的寒冷和孤寂。入世固然艰难,可是想要出世却更难吧?无法毅然决然地抽身而退,和万丈红尘潇洒地说再见。那么,还是安心回到人间来吧。"起舞弄清影,何似在人间。"

如果说,词的上篇是借中秋夜月引发天上人间的联想与出世入世的矛盾,那么下篇则转入了对弟弟苏辙的绵绵思念:"转朱阁,低绮户,照无眠。"描绘了月亮从高空渐渐西移,转过朱红色的高阁,又低低地斜挂在雕花的窗棂上,静静地照耀着那个一夜无眠的人——苏轼。有离别就会有离恨,"不应有恨,何事长向别时圆。"为什么每次月圆之时我们都不能团聚,都只能分隔两地,遥寄相思呢?词人先是怀疑月亮无情:人间还充满着离别的苦痛,它却自顾自地团圆完满。可是再一转念,他又否定了这一份质疑:"人有悲欢离合,月有阴晴圆缺,此事古难全。"月亮其实也是有情有义的,对人间每天上演的悲欢离合也是怀着深切同情的,月亮的阴晴圆缺不正是象征着人间的悲欢离合吗?既然连月亮都不能常常圆满,那么亲人之间的离别也就不要太过伤感了吧?"此事古难全"再一次体现出苏东坡式的豁达心胸。从现实的困境中超脱出来,在历史的时空流转中洞察人生哲理,历史有兴衰轮回,月亮有阴晴圆缺,人生当然也不可能事事如意。不沉溺于暂时的困境,而用乐观的心态来化解悲伤才是真正的超脱。

既然自古以来就没有完美无缺的事物,那么"但愿人长久,千里共婵娟",只要他和苏辙兄弟能够永远健康平安,能够永远生活在一轮明月之下,永远彼此给对方以最大的安慰和最大的精神支持,这就已经是最好的结果了。一首饱含苏轼对弟弟思念、牵挂之情的《水调歌头》,就在这个特别的中秋月夜横空出世。

整首词以清新、豪放的笔触描绘了诗人内心的追求和思考。通过与自然景物的对话和借景抒发抒情,诗人表达了对光阴流逝和人生离合的感慨和思考。诗中运用了丰富的意象和比喻,以及对天地间的追问和对美好生活的向往,它不仅展示了苏轼丰富的情感和深刻的思考,也成为了中国古诗词中的经典之作。

 ## 纳兰性德《木兰花令》解析案例

提 问(学生输入):请对纳兰性德的《木兰花令》诗给予解析

生 成(回答):纳兰性德的《木兰花令》是一首以爱情为主题的古诗词,也是纳兰性德所有词作中知名度最高的一首。该诗通过对初次相见时的感受和对爱情的思考,表达了诗人对爱情的纯真和对人生的感慨。以下是具体诗意解析:

诗词的第一句"人生若只如初见,何事秋风悲画扇。"直接表达了诗人对最开始热恋时的向往与回忆,以及对于爱情及人生苦短的感慨。"人生若只如初见"表达的是如果所有的感情都像一开始那样浓烈纯洁该多好呢啊！表面上看，初次见面只是已经过去了的一个时间点，但实质上它想要表达的是一种希望时间延续的强烈愿望，希望"初见"的那种感觉会一直延续到永远。人常常在经历过失望、痛苦等情感的创伤之后，不可避免地会失去初恋时的纯真、热烈和单纯，才有了"何事秋风悲画扇"的伤感表达，把命运视为秋天的扇子一般被"丢弃和遗忘"。

接下来第二句："等闲变却故人心，却道故人心易变。"则表达了诗人对人际关系和爱情的复杂性和变幻无常的思考。曾经山盟海誓，曾经形影不离，但说变就变的感情真是让人猝不及防。"故人"在这里就是情人的意思。你这位"故人"这么容易就变了心，却还说情人之间的心本来就是善变易变的。暗示着人们也常常会变得"世故"和"圆滑"，心灵也会受到各种纷繁复杂的社会因素的影响而变得不再坦率。

诗词的上半部分纯粹是感慨，下半部分似乎是为了证明这种感慨不是空穴来风，纳兰以一个著名的历史典故作为证据——唐玄宗和杨贵妃的故事。"骊山语罢清宵半。泪雨零铃终不怨。何如薄幸锦衣郎，比翼连枝当日愿。"根据白居易的《长恨歌》，传说有一年的七夕，唐玄宗和杨贵妃在骊山华清宫立下山盟海誓，约定"在天愿作比翼鸟，在地愿为连理枝"。可是山盟海誓言犹在耳，安史之乱爆发，唐玄宗携杨贵妃逃跑途中在马嵬坡遭遇兵变，唐玄宗为了平息兵变，只能忍痛割爱将朝夕相伴的爱妃赐死，杨贵妃成了政治斗争的牺牲品。"泪雨零铃终不怨"，安史之乱平定以后，唐玄宗从避难的四川回长安的栈道上，听到雨中传来凄凉哀婉的铃声，勾起了他对杨贵妃的思念，于是创作了乐曲《雨霖铃》来寄托悲伤的心情。当年的山盟海誓又能怎样？唐明皇还不是成了"薄幸锦衣郎"？为求自保赐杨贵妃自缢，当日誓言终成虚幻。堂堂一国之君，连一个心爱的女人都保不住。

整首词以纳兰性德独特的语言和深情的情感，表达了对爱情的渴望和对人生变迁的感慨。通过对初恋的回忆和对人心的思考，抒发了诗人对人际关系和爱情的复杂性和变幻无常的思考，尤其是抒发对故人变心的痛心疾首。

提　问（学生输入）：请问王之涣的《登鹳雀楼》中"欲穷千里目，更上一层楼"是什么意思？

生　成（回答）："欲穷千里目，更上一层楼。"是唐代诗人王之涣《登鹳雀楼》诗中的关键句子，也是这首诗最为脍炙人口的名句。以下是对这句诗意的解析：

这句诗表达了诗人追求卓越和超越的豪情壮志。诗人意味深长地表达了人们的视野是有限的，我们可以远眺千里，但总有更高更远的目标等待我们去追求。通过登上更高的楼层，诗人希望能够开阔自己的视野，超越眼前的局限，进一步追求更高的成就和更大的目标。

这句诗以简洁明了的语言表达了诗人追求卓越和超越的意愿，体现了他对壮丽景色和远大目标的追逐。同时，它也具有深远的哲理意味，引导人们超越眼前的困境和局限，不断向前追求更高的目标和更大的成就。

这句诗被广泛引用和传诵，成为了表达个人追求卓越和追逐梦想的经典语句。它激励着人们勇往直前，超越自我，不断攀登更高的高度，追求更大的成就和更美好的人生。

提　问（学生输入）：请问杨慎《临江仙·滚滚长江东逝水》中"滚滚长江东逝水，浪花淘尽英雄。是非成败转头空。"是什么意思？

生　成（回答）："滚滚长江东逝水，浪花淘尽英雄。是非成败转头空。"是明代诗人杨慎《临江仙·滚滚长江东逝水》的开头部分词句。以下是对这词句诗意的解析：

"滚滚长江东逝水"形象地描绘了长江奔流不息的景象，寓意着时间的流逝和世事的变迁。长江象征着时间的长河，东逝水意味着时间的不可逆转，它无情地将一切带走。这句诗以简洁而有力的语言表达了生命的无

常和人生的变幻。

"浪花淘尽英雄"表达了人生的悲壮和英雄的无奈。浪花象征着人生中的挑战和困难,它不断冲刷着英雄们的壮举和奋斗,无情地淘尽了他们的光芒。这句诗反映了人生的无常和不可预测性,即使是英雄也难以抵挡时间和命运的摧残。

"是非成败转头空"表达了人生中的得失和转变。无论是成功还是失败,一切都是转瞬即逝的,最终都会归于虚空。这句诗揭示了人生的空虚和无常,教导人们要超脱得失和外界评价,追求内心的平静和淡定。

这词句以简练而深刻的语言,将长江的壮丽和人生的无常相结合,抓住了人生的无常和变幻,也揭示了人生的短暂和脆弱。它给人们以警示,提醒我们要珍惜时间,超越外界的评价和成败,追求内心的真正价值和意义。这词句不仅被后世广为传颂,也成为了人们对生命和人生的深刻思考的象征。

通过以上这些案例可以清楚地看到,AI 大语言模型是如何实现助力学生更好地理解古诗词,为学生学习理解古诗词提供了多个维度的有力支持与帮助。通过快速与准确地对古诗词进行解析和解读,清楚地让学生理解古诗词的意义、主题、修辞手法和文化背景等。学生也可以直接针对某些诗词词句的疑惑和问题向 AI 大语言模型提问,可以迅速和准确地得到回答,让学生感觉犹如一个古诗词高人就在身边。注意:这些回答(生成)都是 AI 大语言模型根据提问直接快速给出,并没有经过作者的任何修饰和修改。

(3) 写作辅导

作文写作在培养学生的语言表达能力、思维能力、批判性思维、个性培养和文化传承方面具有重要的作用和意义。它不仅是一种学习能力的培养,也是一种综合素质的体现。通过写作,学生可以学会用适当的语言和表达方式清晰地传达自己的思想和观点。这有助于提升他们的口头和书面表达能力,提高沟通能力。作文写作要求学生理清思路、展开逻辑推理,培养他们的思维能力。写作过程中,学生需要有系统性地思考、整合信息和形成观点,培养了批判性思维、创造性思维和问题解决能力。作文也是学生展示个人思想、情感和个性的媒介。通过写作,学生可以自由表达自己的想法、体验和观点,培养独立思考和自我表达的能力,塑造个性特点。此外,作文写作鼓励学生对问题进行思考和分析,培养他们的批判思维能力。通过撰写论证性的作文,学生需要评估不同观点的优缺点,提出自己的观点并支持其论证。这培养了学生的逻辑思维和判断能力。另外,作文也是文化传承的一种方式。通过学习和写作各种文体的作文,学生可以接触和理解传统文化,了解历史和社会,培养文化素养和文学鉴赏能力。同时,作文写作有助于学生深入学习各个学科。通过写作,学生可以将学到的知识运用到实际情境中,加深对学科的理解和应用能力。所以,作文写作能力培养的重要性不言而喻。

然而,作文写作对多数学生而言都会存在一些困难,具体会表现在以下几个方面,观点表达:在表达自己的观点时遇到困难。学生可能由于缺乏清晰的思路,无法组织自己的想法,或者难以用恰当的语言表达自己的观点。结构组织:在组织作文结构方面遇到困难。学生可能无法合理安排段落和句子,缺乏逻辑性和连贯性,导致作文结构松散或难以理解。缺乏细节和支持:在提供足够的细节和支持材料方面遇到困难。学生可能缺乏观察力或者无法找到合适的例子、引用或实例来支持他们的观点。学生多数可能会犯一些常见的语法错误,如主谓一致、时态混乱或句子结构不清晰。拼写错误也可能影响作文的质量。时间管理:在时间管理方面遇到困难。学生往往可能会花费过多的时间在思考和规划上,导致写作时间不足,或者无法在规定的时间内完成作文。缺乏自信:因缺乏自信而感到写作困难。较多学生可能对自己的写作能力没有足够的信心,担心自己的作文不够好或不被他人接受。当然,克服这些困难无疑需要学生自身的不断实践和努力,但是如果能够提供充分的支持和帮助,不仅在思路表达、结构组织、细节和资料、语法与拼写等方面的充分支持,而且在写作技巧、自信心和时间管理方面给予有效帮助,有力地帮助学生克服这些困难,全

AI 大语言模型驱动教学创新与变革

面提升作文写作水平和能力就能够得以实现。

AI 大语言模型具备的特有功能为有效提升作文写作能力带来了极大可能，它可以直接提供的支持和帮助主要体现在：思路和结构组织建议：可以根据输入的作文主题或关键词提供写作思路和结构建议和指导。它可以给出作文的整体思路、结构框架、段落分配、逻辑衔接建议等，帮助写作者理清思路、组织结构、逻辑衔接等方面的支持。主题扩展和创意激发：可以根据输入的作文主题或段落，生成相关的例子、引用、比喻等内容，帮助写作者扩展和丰富文章内容，激发创意和想象力。风格和语气调整：可以根据写作者的需求和要求，调整作文的风格和语气，表达得流畅。例如，可以根据要求生成正式、学术或幽默风格的语言，帮助写作者根据不同的写作目标和受众需求进行调整。提供素材和参考：可以为作文提供丰富的素材和参考资料。通过输入相关主题或关键词，模型可以生成相关的背景知识、科学理论、事实数据、引用文献等，帮助写作者积累素材和扩展思路，支持作文的论证和观点阐述，以及增强作文的可信度和权威性。引用文献和名人名言：可以提供著名文学作品、学术论文、名人名言等的引用，帮助写作者增强作文的说服力和文化内涵。这些引用可以为作文增添文学气息，提供权威观点和见解，并与作文主题形成对比或对话。生成例子和案例：可以根据作文主题生成相关的例子和案例，用于支持观点和论证。这些例子可以是真实的事例、历史事件、个人经历等，使作文更具体、形象和生动，增强读者对论点的理解和认同。推荐相关阅读材料：可以根据作文主题推荐相关的阅读材料，包括书籍、文章、论文等。这些推荐可以帮助写作者进一步深入主题，扩展思路和观点，提供更多的参考资源和学术支持。校对和修正：可以在作文写作过程中提供语法纠错、拼写检查和句子重组等功能，帮助写作者及时发现和修正错误，提高写作质量和表达准确性。综上所述，AI 大语言模型完全可以为学生作文写作提供全方位的支持和帮助，从理清思路、结构组织、扩展和创意、风格和语气、素材和资料、例子和案例、拼写和纠错等方面都能为学生提供清晰、合理、准确和个性的写作支持与帮助，全面助力和提升学生的写作水平和能力。

下面是 AI 大语言模型在作文写作方面支持的具体案例,我们选取了作文写作的"类型、结构""说明文写作""选题、结构、内容等""感言"等几个不同写作类型案例来说明 AI 大语言模型是如何支持学生的作文写作。

 作文写作类型、结构案例

提　问(学生输入):请问作文写作的几种主要类型?并给出一般结构与要求描述

生　成(回答):作文写作可以分为多种类型,下面是几种常见的主要类型:议论文、记叙文、说明文、应用文:

1. **议论文(Argumentative Essay)** 是一种常见的写作类型,其主要目的是通过陈述和支持一个观点或主张,来影响读者并说服他们接受你的观点。在写议论文时,你需要明确表达自己的立场,并提供有力的论据和证据来支持你的观点。以下是议论文写作的一般结构和要点:

• **引言部分:** 引入话题,概述要论述的问题,并提出自己的观点。引起读者的兴趣,并提供背景信息。

• **主体段落:** 每个主体段落都应提供一个明确的论点,并陈述支持该论点的主要论据和证据。每个段落应专注于一个特定的观点,并通过事实、统计数据、引用或例子来支持。

• **反驳段落:** 在某些情况下,你需要回应对立观点或可能的反驳。这些段落应针对对立观点提出反驳或提供解答,以加强自己的论证。

• **结论部分:** 总结主要观点和论据,重申自己的立场,并提供一个有力的结论。

注意: 在写议论文时,重要的是保持逻辑和条理性,确保论点之间的连贯性和逻辑性。同时,也要注意使用恰当的语言和表达方式,以使你的观点更具说服力。

议论文的写作有助于培养批判性思维、逻辑推理、论证能力和写作技巧,是学生在学术和实际生活中都需要掌握的重要写作形式。

2. **记叙文（Narrative Essay）**是一种通过叙述故事或经历的方式来传达信息、表达情感或分享观点的写作形式。在写记叙文时,你可以选择一个具体的事件、经历或故事,以第一人称的视角来讲述,让读者沉浸其中,感受故事的情节和情感。以下是写记叙文的一般结构和要点:

- **引入部分：**引起读者的兴趣,提供背景信息,并明确主题或目的。你可以使用引人注目的开头,如引用、对话、描述或引发悬念。

- **叙述部分：**以连贯的方式叙述故事的情节和事件。使用生动的语言和详细的描写来使读者能够想象和体验故事中的情景、人物和情感。

- **高潮部分：**故事中的高潮是最吸引人的部分,其中冲突达到顶峰,情节发展到关键点。在这一部分中,你可以表达主要的观点、情感或转折点。

- **结论部分：**对故事进行总结,强调故事的意义或给出一个启示。你可以回顾故事中的经历,提供教训或展示个人成长和体验。

注意：记叙文强调情感、情节和人物塑造,通过生动的叙述和细节描写来吸引读者的兴趣。这种写作形式不仅可以娱乐读者,还可以帮助他们理解和体验故事中的情感和主题。同时,记叙文也培养了学生的叙事能力、想象力和写作技巧。

3. **说明文（Expository Essay）**是一种旨在解释、阐述或传达信息的写作形式。它的目的是向读者提供关于特定主题、概念、问题或现象的客观信息,帮助读者理解和获得知识。以下是写说明文的一般结构和要点:

- **引入部分：**引起读者的兴趣,提供背景信息,并明确主题或目的。可以使用引用、统计数据、故事情节等方式引入话题,并提出问题或观点。

- **主体部分：**在主体段落中,逐步阐述和解释你的主题。使用逻辑的组织结构和清晰的段落来分析、阐述或比较不同方面的信息。可以使用定义、分类、因果关系、举例、对比等方式来说明主题。

- **支持材料：**支持你的观点或论证的材料,包括事实、统计数据、引用、案例研究等。这些材料应该来自可靠的来源,并与主题紧密相关。

· **结论部分**：对主题进行总结,并强调重点观点或给出结论。可以提出建议、展望未来发展或强调主题的重要性。

注意：说明文的写作风格应该清晰、简洁,并遵循逻辑结构。它侧重于提供客观的信息和解释,帮助读者理解和获取知识。写说明文可以帮助学生培养逻辑思维、研究能力和写作技巧。

4. **应用文(Application Essay)** 是人们在生活、学习、工作中为处理实际事务而写作,有着实用性特点,并形成惯用格式的文章。它的一般结构和要点可以根据具体的应用场景和文体类型有所变化,但通常包括以下几个关键要素：

· **引言部分**：引言部分用于引起读者的兴趣并引入主题。可以使用引人注目的开场语句或背景介绍来吸引读者的注意力。

· **内容主体**：内容主体是应用文的核心部分,用于详细阐述你的观点、建议、陈述或申请。这一部分可以根据具体的写作目的和文体类型来展开,包括提供相关信息、列举事实、阐述理由、提供论据等。

· **结论部分**：结论部分用于总结你的主要观点、建议或请求,并强调其重要性或有效性。在该部分可以呼吁读者采取行动、提供进一步的解决方案或留下一个深刻的印象。

· **格式要求**：应用文通常需要符合特定的格式要求,如字数限制、段落结构、字体和间距要求等。确保按照要求进行排版和格式设置,使文档整洁、易读。

另外,除了上述基本结构,还可以根据具体的应用场景和要求加入一些附加要点,例如：提供个人或组织的背景信息,以建立信任和可信度;引用相关的研究或数据,以支持你的观点或论据;采用清晰、简明的语言表达,避免使用复杂的术语或冗长的句子;针对特定读者或目标群体进行适当的调整,以确保信息传达的准确性和相关性;仔细校对文档,确保语法、拼写和标点符号的准确性。总之,应用文的结构和要点可以根据具体情境和文体类型有所变化,但关注引言、内容主体、结论以及符合格式要求是应用文写作时的基本原则。

注意：每种类型的写作都有其独特的目的和写作风格。学生在写作时需要根据不同类型的要求和指导准则来组织思路、选择合适的论据和材料，并运用恰当的语言和表达方式。不同类型的写作有助于学生培养批判性思维、逻辑推理、清晰表达和文学素养等技能。

 作文写作说明文写作案例

提　问（学生输入）：请以说明文形式写一篇短文，题目：AI 大语言模型对写作的支持

生　成（回答）：可以，"AI 大语言模型对写作的支持"的短文如下：

AI 大语言模型是一种先进的技术，它在许多领域展示了出色的能力，其中之一就是对写作的支持。在当今信息爆炸的时代，写作对于人们来说变得更加重要和普遍。AI 大语言模型通过提供创意激发、语法纠正、写作建议等功能，为写作者们提供了有价值的支持和帮助。

首先，AI 大语言模型能够为写作者提供丰富的素材和创意激发。通过访问庞大的语料库和知识库，AI 大语言模型可以生成与主题相关的词汇、短语和句子，帮助写作者丰富内容和提升文章的表达能力。这对于那些遇到写作瓶颈或需要灵感的人来说尤为有用。

其次，AI 大语言模型可以帮助改善写作的语法和结构。它能够检测和纠正拼写错误、语法错误和标点符号的错误，提供语法纠正和写作建议。这有助于提高文章的准确性和可读性，并使写作者能够更专注于内容的创作，而不必过多担心语法错误。此外，AI 大语言模型还能提供针对写作风格和表达方式的建议。它可以根据写作者的指导或样本文本，提供替换词汇、调整语气和语调的建议，帮助写作者塑造独特的写作风格。这对于那些希望提升自己的写作能力和个人风格的人来说是一个宝贵的工具。

然而，尽管 AI 大语言模型对写作提供了很多支持，但仍然需要谨慎使

用。它应被视为一个辅助工具,而不是完全替代人类写作的能力。写作者仍然需要运用自己的判断和批判思维,对 AI 生成的建议进行评估和调整,以确保最终的写作作品能够真正反映自己的思想和风格。

综上所述,AI 大语言模型在写作方面的支持是显而易见的。它为写作者提供了丰富的素材、语法纠正和写作建议,帮助他们更好地表达自己的想法和观点。然而,写作者仍然需要保持批判性思维,将 AI 技术作为辅助工具,并运用自己的判断和才能进行写作。在使用 AI 大语言模型时,需要注意保持原创性和个性化,避免完全依赖模型生成的内容。写作者应该充分发挥自己的创造力和独特性,将 AI 技术与自己的写作能力相结合,创作出独具个性的文章。

此外,使用 AI 大语言模型支持写作还需要关注隐私和版权问题。在使用在线平台或工具时,确保个人信息的安全和保密,同时尊重他人的知识产权和版权。

总之,AI 大语言模型在写作方面的支持为写作者们提供了更多的创作可能性和优化机会。它为写作过程带来了便利和效率,帮助写作者克服一些常见的难点和挑战。然而,写作者仍然需要发挥自己的思维和创意,保持独立性和原创性,以确保最终的写作作品能够真正展现自己的才能和独特性。

 **作文写作选题、结构、内容等案例**

提　问(学生输入): 我正在写一篇"关于环保"的文章,但不知从何下手,包括选题、开始、内容、结语等,能帮助我吗?

生　成(回答): 完全可以,题目建议是:走向绿色未来:我们的环保责任。你可以从提出问题开始,比如:"全球环境的主要问题,环保的重要性,如:环保不仅关乎人类的生存,也关乎地球的未来。"在主体内容部分,你可以列出一些具体的环保措施,并分析它们的影响。最后,你可以呼吁大家行动起来,为保护地球做出贡献。文章的基本结构内容如下:

题目：走向绿色未来：我们的环保责任

序或引言（提出问题）：

如今，全球环境问题日益凸显，气候变化、空气污染、水资源短缺等威胁正不断加剧。环保已经成为人们关注的焦点，我们每个人都应该意识到环保的重要性，并承担起保护地球的责任。在这个不断发展的时代，如何走向绿色未来，实现可持续发展，成为我们面临的重要课题。

内容（主体部分）：

首先，环保意识的提升是关键。我们应该通过教育、宣传和启发，培养人们对环境的尊重和爱护之情。只有当每个人都认识到自己的行为对环境的影响，才能积极采取行动，减少污染和浪费。

其次，减少碳排放是环保的重要举措。随着工业化的快速发展，碳排放对气候变化产生了严重影响。我们应该鼓励使用清洁能源，减少化石燃料的使用，并推动能源的高效利用。同时，发展可再生能源也是保护环境的重要途径。

再次，推动循环经济和资源回收利用。资源的浪费和过度消耗已经成为环境问题的主要原因之一。我们应该倡导循环经济的理念，通过有效的资源回收和利用，减少资源的消耗和废弃物的产生。同时，我们可以鼓励大家采取节约用水、节能减排等实际行动，为保护地球贡献一份力量。

结语：

环保是一个长期而艰巨的任务，但我们有责任为下一代创造一个更美好、更可持续的世界。只有通过合作和共同努力，才能实现环境的保护和可持续发展的目标。让我们每个人都投身于环保行动中，从自身做起，改变生活方式，保护地球的家园。让我们携手走向绿色未来，为下一代创造一个更美好的世界。

 作文写作感言案例

提　问（学生输入）：我今年中考取得了很好的成绩，老师要求我在全班发

个感言(1分钟左右时间),请帮助我起草个精彩的感言,谢谢

生　成(回答):当然可以,建议题目为:超越自我,成就辉煌!

尊敬的老师和同学们,大家好!

今天,我站在这里感到非常荣幸和激动。首先,我想向大家表示衷心的感谢。在这次中考中,我取得了很好的成绩,这是我努力学习和不懈努力的结果。

我首先要感谢我的家人、老师和同学们,是你们给予我信心和勇气,让我坚持不懈地追求卓越。我克服了许多困难和挑战,通过刻苦学习和持之以恒的努力,我取得了令人自豪的成绩。

这个成绩对我来说不仅仅是一个数字,更是对我努力的肯定和奖励。它鼓励着我在未来的学习道路上继续前进。我将继续保持学习的热情和进取的态度,不断挑战自己,追求更高的目标。我相信,只要我坚持不懈地努力,勇敢面对困难,我将取得更大的成就。

最后,我要感谢我的班级和同学们。你们是我成长道路上最宝贵的财富。让我们一起努力,共同成长,为我们的班级和学校争光。祝福每一位同学在未来的学习中取得更大的成就!

让我们一起:团结努力,追求卓越!拼搏向前,共创辉煌!勇敢挑战,超越自我!永不言弃,追求卓越!坚持不懈,成就辉煌!谢谢!

通过以上这些简单案例可以清楚地看到,AI 大语言模型是如何实现辅助学生作文写作的,为学生提高写作能力提供了多个维度的有力支持与帮助。对学生而言,辅助写作支持不仅仅是让学生在写作的结构组织、逻辑性和表达力、写作技巧、修辞手法等方面得以提升,较好地掌握写作的基本要素,激发写作兴趣和增强自信,更重要的是培养学生的批判性思维、创造性思维和高阶思维能力,使他们成为文化自信、数字素养、综合素质更全面发展的未来人才。当然,特别需要注意的是,尽管 AI 大语言模型可以提供很多有用的支持和建议,但最终的作文质量还是需要写作者自己的创意和表达能力。写作者仍需理解并运用语言知识和写作技巧,结合自己的思

考和观点,使作文更具思想性、创造性、个性和独特性。

4.2 数学学科

数学,不仅被视为一门基础学科,也是一门涵盖广泛且极其重要的学科,它研究数字、数量、结构、空间和变化等概念及其相互关系,在科学、工程、经济、社会科学等领域具有重要的应用价值,也是培养学生计算思维、逻辑思维、分析问题和解决问题能力的重要工具。然而,数学领域涵盖广泛的概念和原理,学起来非常枯燥乏味,对多数学生都有一定的畏惧感。AI 大语言模型的出现为促进和改变数学的学习带来了很大机遇,它以其强大的理解、分析、推理和生成能力,以及卓越的学习性和适应性,正在逐渐应用到数学教学的各个环节。无论是帮助学生解答复杂的数学问题,还是解析数学概念和定理,提供个性化的推荐和指导,甚至包括参与到数学建模的实践指导中,AI 大语言模型都将显示出了巨大的潜能。它能为每一个学生提供量身定制的学习路径,有针对性地帮助他们解答学习中的难题,激发他们对数学的学习热情和兴趣。

AI 大语言模型在支持数学学科教学中的实践应用可以涉及很多方面,下面将重点围绕数学的概念解析、定理解析、数据分析与统计、建模与实践等案例来举例阐述。通过这些案例,我们可以看到,AI 大语言模型如何帮助学生更好地理解数学概念和定理,掌握数学知识,增强数学应用体验,以及助力学生提升计算思维和问题解决能力。同时,我们也将看到,教师也可以充分利用 AI 大语言模型协助数学备课、概念和定理解析、问题求解,变革教学模式,提升数学教学效果与效率。

(1) 概念解析

数学概念是指数学领域中的基本概念或概念体系,用来描述和研究数学对象和数学关系。数学概念可以是抽象的,如数字、集合、函数,也可以是具体的,如三角形、平行四边形、等式等。数学概念提供了一种描述和分类数学对象的方式,它们是数学理论和推理的基础。数学概念的理解是学生数学学习的重要基础,对于学术学习和日常生活应用都具有重要作用。

通过掌握数学基本概念,可以大大提高学生的学习能力、计算能力、思维能力和创造能力,使他们能够更好地理解和应用数学知识。

AI大语言模型可以帮助学生理解复杂的数学概念,解释不清楚的分类与关系,以及解答数学日常实际应用中的问题。例如,学生在观察二维空间的形状或图形时,可能对某些平面几何的关系或性质感到困惑。在这种情况下,AI大语言模型可以提供即时的解答和帮助,告知点、线、面、角等的概念与关系,帮助学生理解和知晓二维空间的平面几何关系。数学概念也是一个关键的数学学习基础,涉及理解和掌握数字、函数、集合、平面与空间几何、方程与不等式等的能力。具备良好的数学概念能力可以帮助学生更好地解决计算、度量、函数关系变化、平面与空间性质等,能更好地进一步学习数学定理,以及为代数、概率、微积分、数论等奠定扎实的基础。从更广的视角看,也有助于学生物理、化学、工程、技术等理工科类的学习。

下面是AI大语言模型在支持数学概念解析方面实践应用的几个具体案例,我们仅选取了"函数概念解析、方程与不等式概念解析"案例来说明AI大语言模型如何支持对数学概念的解析。

 ## 数学《函数概念解析》案例

提 问(学生输入):我对数学中的函数概念比较模糊,能否帮我解析一下,并能举些函数的例子,谢谢

生 成(回答):当然可以,以下是函数概念解析和例子:

函数是数学中的一个重要概念,用于表示输入值(自变量)与输出值(因变量)之间的一种映射关系。一般地说,函数将自变量的取值域映射到因变量的取值域上,即将 x 映射为 y。又称映射函数或映像。函数概念主要包括以下几个要素:**定义域、值域、映射关系和符号表示**。

定义域:定义域是指自变量的所有可能值的集合。它确定了函数可以接受的自变量的值范围,通常用集合形式表示。例如,函数 $f(x) = x^2$,其定

义域可以表示为 $[-\infty, +\infty]$，表示任意实数都可以作为函数的自变量。

值域： 值域是指函数映射后的所有可能值的集合，也就是函数的输出值（因变量）集合。值域可以是任意集合，包括实数集、整数集、有理数集、复数集等。在某些情况下，函数的值域可能是有限的，如 $f(x) = x^2$，其值域为非负实数集，又如函数 $f(x) = \sin(x)$，其值域是介于 -1 和 1 之间的所有实数，值域也可以表示为 $[-1, 1]$。

映射关系： 映射关系是指自变量和因变量之间的对应关系。它表示了函数中自变量和因变量之间的映射规律。具体来说，对于函数 $f(x)$，当自变量 x 取某个值时，映射关系确定了相应的因变量值 $f(x)$。这种关系可以用箭头表示为 $x \rightarrow f(x)$，表示自变量 x 映射到因变量 $f(x)$ 上。

映射关系表达了函数的特性，它确保给定的自变量值对应唯一的因变量值。也就是说，同一个自变量值不会对应多个不同的因变量值。例如，考虑函数 $f(x) = 2x+1$，映射关系表示为 $x \rightarrow 2x+1$。当自变量 x 取值 1 时，应用映射关系得到因变量值 $f(1) = 2(1)+1 = 3$。因此，映射关系表明了自变量 1 对应的因变量值为 3。

符号表示： 符号表示是指用数学符号和表达式来表示函数。通常，函数用字母来表示，常见的表示符号有 f、g、h 等。函数的自变量用通常用 x 表示，也可以使用其他字母。函数的表达式则用一个或多个代数表达式来描述自变量和因变量之间的关系。例如，考虑函数 $f(x) = 3x+2$，其中 f 表示函数，x 表示自变量，$3x+2$ 表示表达式。这个表达式表示了自变量 x 与因变量 $f(x)$ 之间的关系，即自变量 x 乘以 3，并加上 2，得到函数 $f(x)$ 的值。

函数的一些具体例子：

1. 函数 $f(x) = 2x+1$，这是一个线性函数，将定义域（自变量）中的每个实数映射到值域（因变量）。它的定义域可以是实数集合 R，值域也是实数集合 R。例如，当自变量 x 为 2 时，函数的因变量 $f(2) = 2(2)+1 = 5$。对于每个定义域中的实数，都有唯一的值域（因变量）值与之对应。

2. 函数 $g(x) = \sin(x)$，这是一个三角函数，将定义域中的每个实数映射到值域。它的定义域可以是实数集合 R，值域是闭区间 $[-1, 1]$。例如，当输入 x 为 π/6 时,函数的值域(因变量)为 g(π/6)= sin(π/6)= 1/2。对于每个定义域中的实数,都有唯一的值域值与之对应。

3. 函数 h(x)= |x|,这是一个绝对值函数,将定义域中的每个实数映射到值域。它的定义域可以是实数集合 R,值域也是非负实数集合 R^+。绝对值函数的定义如下:

当 x>=0 时,h(x)= x;

当 x<0 时,h(x)= −x。

例如,当自变量 x 为 3 时,函数的因变量为 h(3)= |3|= 3。而当自变量 x 为−2 时,函数的因变量为 h(−2)= |−2|= 2。绝对值函数的特点是:当自变量 x 的值非负时,函数值等于 x;当自变量 x 的值为负时,函数值取 x 的相反数。

4. 函数 f(x)= √x,这是一个平方根函数,对于平方根函数√x,由于不能对负数取平方根,所以定义域必须是非负实数。因此,定义域为 x≥0。值域(因变量)是对自变量 x 求平方根的结果。根据平方根函数的性质,值域是非负实数。也就是说,值域为 f(x)≥0。例如,当自变量 x 为 4 时,函数的因变量为 f(4)= √4=2。平方根函数的特点是它将非负实数映射为对应的平方根值。

这些例子基于 AI 大语言模型的支持解析了函数概念的应用和表示方法。通过解析函数概念,学生可以初步理解函数的定义、性质和映射关系,进而应用于解决实际问题和推理推导。函数概念在数学中应用广泛,它可以描述各种数学关系,如线性关系、三角函数关系、绝对值关系等,在其他学科领域中的应用也起着重要的作用。

 **数学《方程与不等式概念解析》案例**

提 问(学生输入):数学中"方程与不等式"概念解析一下,并能举些例子,谢谢

生　成（回答）：当然可以，"方程和不等式"是数学中常见的概念，用于描述数值之间的关系。下面是对方程和不等式的解析以及具体例子：

方　程：是表示两个数学式（如两个数、函数、量、运算）之间相等关系的一种等式，通常在两者之间有一等号"="。方程可直接列出等式并含有未知数。它具有多种形式，如一元一次方程、二元一次方程等。解方程的过程就是找到满足方程成立的未知数的值，称之为方程的解。

例如，下面是一个简单的方程：$2x+3=7$

在这个方程中，未知数是 x。我们需要找到使得方程成立的 x 的值。解这个方程，我们可以进行如下的计算步骤：

$2x+3=7$

$2x=7-3$

$2x=4$

$x=4/2$

$x=2$

因此，方程的解是 $x=2$。

不等式：表示数值之间大小关系的式子，包括大于（>）、小于（<）、大于等于（≥）和小于等于（≤）。不等式通常包含一个或多个未知数，能使不等式成立的未知数的值就是不等式的解。一般地，能使不等式成立的未知数的所有值称为不等式的解集，也就是不等式所有的解组成解集。

例如，下面是一个简单的不等式：

$3x-5>10$

在这个不等式中，未知数是 x。我们需要找到使得不等式成立的 x 的值的范围。解这个不等式，可以进行如下的计算步骤：

$3x>10+5$

$3x>15$

$x>15/3$

$x>5$

因此，不等式的解是 $x>5$，表示 x 的取值范围大于 5。

方程和不等式的一些具体例子：

1. **线性方程**：$2x+3y=10$，其中 x 和 y 是未知数。我们需要找到使得方程成立的 x 和 y 的值。解线性方程的方法：

首先，将方程转化为：$2x=10-3y$

接下来，将 x 的系数提取出来，得到：

$x=(10-3y)/2$

现在可以选择一个合适的 y 值，代入上述公式，求解对应的 x 值。例如，选择 $y=2$，代入公式：$x=(10-3(2))/2$

$x=(10-6)/2=4/2$

$x=2$

因此，当 $y=2$ 时，对应的解为 $x=2$。线性方程 $2x+3y=10$ 的解为 $(x,y)=(2,2)$。

2. **二次方程**：$x^2+5x+6=0$，这是一个二次方程，其中 x 是未知数。我们需要找到满足方程的 x 的值。解二次方程的方法：

将方程进行因式分解，找到两个因子的乘积等于常数项 6，且和等于一次项的系数 5。在这个例子中，可以将方程因式分解为 $(x+2)(x+3)=0$。

令每个因子等于零，得到两个方程：$x+2=0$ 和 $x+3=0$。

求解这两个方程，得到 $x=-2$ 和 $x=-3$。

因此，二次方程 $x^2+5x+6=0$ 的解为 $x=-2$ 和 $x=-3$。

3. **指数方程**：$2^x=16$，这是一个指数方程，指数方程是在指数里含有未知数的方程叫做指数方程。指数方程的求解过程就是找到使得方程成立的未知数 x 的值。解指数方程的方法：

首先，将方程转化为对数形式。对数的定义是：如果 $a^b=c$，那么可以写作 $\log_a(c)=b$。对于给定的方程 $2^x=16$，我们可以写作 $\log_2(16)=x$。

然后，计算对数。计算 $\log_2(16)$ 可以得到 x 的值。由于 2 的几次方等于 16，所以 $\log_2(16)=4$。因此，$x=4$。

因此,指数方程 $2^x=16$ 的解为 $x=4$。

4. 线性不等式:$3x-2<7$,求解过程就是找到满足不等式成立的 x 的范围。解线性不等式的方法:

首先,将不等式中的变量 x 移到一边,将常数项移动到另一边,以便将 x 单独表示。将不等式转化为:$3x<7+2$。

然后,进行简化计算,得到 $3x<9$。

最后,将不等式除以系数 3,得到 $x<3$。

因此,线性不等式 $3x-2<7$ 的解为 $x<3$。

5. 绝对值不等式:$|x-3|>5$,这是一个绝对值不等式,求解过程就是找到满足不等式成立的 x 的范围。解绝对值不等式的方法:

首先,将绝对值不等式分为两个不等式:$x-3>5$ 或 $x-3<-5$。

然后,先解第一个不等式:$x-3>5$。将常数项移动到另一边,得到 $x>5+3$,即 $x>8$。再解第二个不等式:$x-3<-5$。将常数项移动到另一边,得到 $x<-5+3$,即 $x<-2$。

因此,绝对值不等式 $|x-3|>5$ 的解为 $x>8$ 或 $x<-2$。

6. 分式不等式:$(x-2)/(x+1)\leq0$,这是一个分式不等式,求解过程就是找到满足分式不等式成立的 x 的范围。解分式不等式的方法:

首先,找出分式的定义域,即分母不能为零,所以 $x\neq-1$。

再找出分式的零点,即分子等于零的点,即 $x-2=0$,解得 $x=2$。

根据分式的零点将数轴分成三个区间:$x<-1$,$-1<x<2$,$x>2$。

在每个区间内选择一个测试点,判断分式的正负性:

当 $x<-1$ 时,选择 $x=-2$,代入原不等式得到 $(-2-2)/(-2+1)\leq0$,即 $-4/-1\leq0$,负数相除得正 4,不满足不等式 ≤0。

当 $-1<x<2$ 时,选择 $x=0$,代入原不等式得到 $(0-2)/(0+1)\leq0$,即 $-2/1\leq0$,负数除以正数得到 -2,满足不等式 ≤0。

当 $x>2$ 时,选择 $x=3$,代入原不等式得到 $(3-2)/(3+1)\leq0$,即 $1/4\leq0$,正数除以正数得到 $1/4$,不满足不等式 ≤0。

综合上述结果,可得到分式不等式的解为 $-1<x<2$。

因此,分式不等式(x−2)/(x+1)≤0 的解为−1<x<2。

上述 AI 大语言模型支持解析和例子展示了方程和不等式概念的应用和表示方法。通过解析方程和不等式概念,学生可以理解它们的定义、性质和数值之间的关系,进而应用于解决数值运算和实际问题。方程和不等式在数学中有广泛的应用,涵盖了代数、几何、微积分等各个分支,包括从数学运算到建模,它们是描述数值关系和解决问题的重要工具。

数学《空间几何概念解析》案例

提　问(学生输入): 能否对几何学中"空间几何"概念解析一下? 谢谢

生　成(回答): 当然可以,以下是对"空间几何"的简要解析:

空间几何是数学中研究点、线、面和体在三维空间中的相互关系和性质的分支学科。它是几何学的一个重要分支,与平面几何相对应。空间几何主要关注三维空间中的图形、形状、位置和运动等问题,是理论数学和实际应用中的重要工具。在空间几何中,有一些重要的基本概念,解析如下:

1. 点(Point): 点是空间中最基本的几何概念,它没有大小和形状,仅有位置坐标。在三维空间中,点由三个坐标表示,通常用字母如 A、B、C 等表示。

2. 线(Line): 线是由无限多个点连成的轨迹,具有长度但没有宽度。在空间几何中,一条线由两个点确定,也可以用一条方程式来表示。

3. 面(Plane): 面是由无限多个线连成的平面图形,具有长度和宽度但没有厚度。在空间几何中,一个面由三个非共线的点确定,也可以用一条方程式来表示。

4. 直线段(Line Segment): 两个点之间的部分称为直线段,它是线段的一种特殊情况,有起点和终点。

5. 射线(Ray): 起始于一个点的一条线段,延伸到无穷远处,只有起点没有终点。

6. **角(Angle)**：两条射线的交叉部分形成的角,用于描述两个线的方向和夹角。

7. **多面体(Polyhedron)**：由多个平面多边形组成的立体图形,如立方体、四面体等。

8. **曲面(Curved Surface)**：在空间几何中,不是平面的曲面,如球面、圆柱面、锥面等。

空间几何在许多领域都有广泛的应用,包括工程学、物理学、计算机图形学等。它为我们理解三维空间中的形状和结构提供了重要的数学工具,也为科学研究和实际应用提供了基础。

以上是数学概念的一些例子,通过解析这些概念,学生可以逐步理解数学概念的基本含义和特点,并将其应用于解决实际问题。当然,这些例子只是数学概念的冰山一角,数学领域涵盖了更广泛的概念和原理,通过借助 AI 大语言模型的支持,学生可以更深入地学习和探索,更好地理解数学学科的世界。

（2）定理解析

数学定理是在数学中被证明和确认为真实的陈述或命题。它们是基于逻辑推理和数学推导而得出的具有普遍性和严密性的结论。数学定理可以描述数学对象之间的关系、性质和规律,提供了数学思维和研究的基础。数学定理通常由假设(前提)和结论组成,通过一系列推理步骤和证明过程来建立。定理的证明可以使用严谨的逻辑推理、数学推导、数学归纳法等方法,以确保定理的正确性和有效性。

数学定理在数学研究、教学和应用中起着重要的作用。它们为数学领域的进一步发展提供了基础和方向,帮助解决实际问题和推动科学发展。数学定理的发现和应用对于数学学科的推进和应用领域的发展具有重要意义。同时,数学定理也被广泛应用于工程、物理、计算机科学、人工智能、经济学等领域,为这些领域的理论研究和实践应用提供了依据和工具。

AI 大语言模型在支持对数学定理解析方面无疑可以发挥重要的作用。它可以通过处理大量的数学知识和逻辑推理规则,提供对数学定理的解析、推导和证明。首先,AI 大语言模型具备广泛的数学知识和概念。它通过学习大量的数学文本和资料,掌握了数学定理、公式、定义、性质等基本知识,并能够在解析过程中准确引用和运用。其次,AI 大语言模型具备逻辑推理和推断能力。它能够根据已知条件和规则,进行逻辑推理和演绎,从而推导出数学定理的结论。它能够利用数学推理规则和方法,进行数学定理的证明和解析。此外,AI 大语言模型还能够提供多种解析方式和角度。它可以从不同的数学分支和理论背景出发,解析同一个数学定理的多个方面和应用场景。这样,它能够为不同需求和层次的学习者提供个性化的解析结果。

总的来说,AI 大语言模型通过其广泛的知识储备、逻辑推理能力和多样化的解析方式,支持对数学定理的深入解析和理解。数学定理的理解是学生数学学习的重要基础,对于学术学习和日常生活应用都具有重要作用。通过掌握数学定理基本概念,可以大大提高学生的数学认知能力、学习能力、计算能力、高阶思维能力和创造力,使他们能够更好地理解和应用数学知识。同时,它也为科学研究者和教育工作者提供了强大的工具和资源,促进了数学知识的传播和应用。

下面是 AI 大语言模型在支持数学定理解析方面的几个具体例子,我们只选取了"数学定理、费马定理、勾股定理"的例子来简要说明 AI 大语言模型如何支持对数学定理的解析。

数学《数学定理解析》案例

提　问(学生输入): 请对"数学定理"的概念进行一下解析,谢谢

生　成(回答): 可以,以下是关于数学定理概念的解析:

数学定理是数学领域中经过严格的证明和推导得出的重要结果或命题。定理在数学领域中具有十分重要的意义,它们描述了数学中的规律、

性质和关系。数学定理主要包括定理的定义、证明、重要性、例子等方面，具体解析如下：

1. 定理的定义：定理是一个经过严格证明的命题，它以数学符号和逻辑表达方式给出。定理的表述通常包含前提条件和结论，并明确了前提条件下的结论的正确性。

2. 定理的证明：定理的证明是通过严格的逻辑推理和数学推导来验证定理的正确性。证明过程依据数学公理、定义和已知的数学结果，通过逻辑推理推导出结论。

3. 定理的重要性：数学定理是数学领域中的基石，它们揭示了数学的内在结构、规律和关系。定理不仅仅是理论的结果，也有着广泛的实际应用。数学定理为数学研究、理论建设和实际问题的解决提供了坚实的基础。

4. 定理的例子：数学中有许多重要的定理，如费马定理、皮亚诺公理、勾股定理等。这些定理在数学的各个领域都有重要的应用和影响。例如，勾股定理描述了直角三角形边长之间的关系，为解决实际问题和测量提供了基本工具。

通过解析数学定理，可以深入理解数学中的重要结论和规律。数学定理不仅仅是纯理论的推导，它们与实际问题和应用紧密相关。通过学习和应用数学定理，可以拓展数学思维和解决问题的能力，并在数学和其他学科领域中取得进一步的成果。

 **数学《费马定理解析》案例**

提　问（学生输入）：请对"费马定理"的概念进行一下解析，谢谢

生　成（回答）：可以，以下是关于费马定理概念的解析：

费马定理，也称为费马大定理（Fermat's Last Theorem），是由法国数学家皮埃尔·德·费马（Pierre de Fermat）在 17 世纪提出的一项著名的数论定理。

该定理陈述了以下内容：对于方程 x^n+y^n=z^n，当指数 n 大于 2 时，关于 x、y、z 的方程 x^n+y^n=z^n 没有正整数解。

简单来说，费马定理指出了：当指数 n 大于 2 时，不可能找到满足该方程的整数解。费马本人在边缘注释中提出了该定理，但没有给出详细的证明。这个问题成为了数学界的一个重大难题，直到 1994 年，英国数学家安德鲁·怀尔斯（Andrew Wiles）提出了一种复杂而深入的论证，最终证明了费马定理的正确性，于 1995 年，他把证明过程发表在《数学年刊》（Annals of Mathematics）第 141 卷上。由此，怀尔斯教授获得了无数个世界顶级的数学界大奖。费马大定理的证明被称为"史上最精彩的数学谜题之一""证明费马大定理的过程就是一部数学史"。

费马定理在数学界引起了广泛的关注和研究，其证明过程涉及了多个数学领域，如代数几何、数论和模形式等。费马定理的证明不仅是数学的一个重要突破，也展示了数学家们的智慧和创造力。这个定理对于数论的发展和相关领域的研究产生了深远的影响，同时也激发了人们对数学难题和证明方法的兴趣和探索。

 数学《勾股定理解析》案例

提　问（学生输入）：请对"勾股定理"的概念进行一下解析，谢谢

生　成（回答）：可以，以下是关于勾股定理概念的解析：

勾股定理是一个著名的几何定理，也称为毕达哥拉斯定理，是关于直角三角形的一个重要定理。最早提出并证明此定理的为公元前 6 世纪古希腊数学家毕达哥拉斯（Pythagoras）。关于勾股的词意，中国古代称直角三角形为勾股形，并且直角边中较小者为勾，另一长直角边为股，斜边为弦，所以称这个定理为勾股定理。

勾股定理表述如下：在一个直角三角形中，斜边的平方等于两直角边的平方和。具体地说，设直角三角形的两个直角边分别为 a 和 b，斜边为 c，那么有：$a^2+b^2=c^2$。

这个定理可以用于求解直角三角形中的未知边长，或者判断一个三边长度组成的三角形是否为直角三角形。也就是说，当直角三角形中的两个边已知时，可以通过勾股定理计算第三条边的长度。勾股定理也可以推广到更高维度的空间中，称为勾股定理的扩展。

勾股定理在几何学和物理学中有广泛应用，例如计算三角形的面积、判断三角形是否为直角三角形等。它也是数学中的基本定理之一，对于初等数学和高等数学的学习都具有重要意义。

以上是数学定理解析的一些例子，通过解析这些定理，学生可以知道如何借助 AI 大语言模型来进行各种数学定理概念和含义的解析，并将其应用于解决实际问题。举例的这些定理在数学领域中具有重要的地位和影响，其中费马定理是数学理论中的基石之一，为数学的发展和研究提供了重要的基础。而勾股定理则是几何学中的基本定理，为解决直角三角形的问题提供了重要的工具和方法。这些定理的研究和应用对于推动数学和相关学科的发展具有重要意义。

（3）数据分析与统计

数据分析和统计在数学学科教学中具有重要的作用和意义，其中一些关键的作用和意义将表现在以下几个方面。数据思维培养：通过学习和实践数据分析和统计，学生可以学会收集、整理、解释和应用数据，培养对数据的敏感性和数据思维能力。这对于解决实际问题和进行决策非常重要。统计概念和方法学习：数据分析和统计为学生提供了学习统计概念和方法的机会。学生可以了解统计学的基本概念，如样本、总体、变量、频率分布等，以及统计方法，如描述统计、推断统计、假设检验等。这些知识和技能有助于学生理解和应用统计学的原理和方法。实际问题解决：数据分析和统计能够将数学与实际问题联系起来。通过实际数据的分析，学生可以应用数学知识解决现实生活中的问题，如市场调研、社会调查、环境监测等。这种应用能够使数学变得更加有意义和实用，激发学生对数学的兴趣和动力。探索和发现数学规律：通过数据分析和统计，学生可以探索和发现数学规律。通过观察数据、绘制图表和计算统计量,学生可以发现数学中的模式、趋势和关系。这种探索性学习可以培养学生的探索精神和创造力,加深对数学概念的理解。数据可视化和沟通能力:数据分析和统计可以帮助学生开发数据可视化和沟通能力。学生可以学会使用图表、图形和报告来呈现和解释数据,使数据更加易于理解和传达。这对于与他人分享和交流数据分析结果非常重要。总之,通过将数据分析和统计纳入数学学科教学中,可以增强学生的数学素养、数据素养和解决问题的能力。此外,数据分析和统计还有助于学生将数学与现实世界联系起来,使数学教育更加贴近实际应用和学生的兴趣。

AI大语言模型无疑可以支持数据分析和统计。虽然它主要设计用于自然语言处理和生成,但它也完全可以用于处理和分析结构化数据。以下的一些方法和技术,可以将AI大语言模型应用于对数据分析和统计的支持,例如,数据预处理:在将数据提供给AI模型之前,通常需要进行数据预处理。这可能涉及数据清洗、标准化、缺失值处理、特征工程等。数据预处理是确保数据在进行分析之前处于适当状态的关键步骤。数据探索和可视化:可以帮助进行数据探索和可视化。你可以提供一些查询或指令,让模型帮助你查找特定数据、计算描述性统计量、绘制图表等。例如,你可以询问模型某个特定变量的分布情况,或者让模型生成柱状图、折线图、散点图等。统计分析:可以帮助你进行基本的统计分析。你可以询问模型有关均值、中位数、方差、相关性等统计指标的计算,或者进行假设检验、回归分析、聚类分析等。模型可以根据你的问题和指令提供相关的统计结果和分析。时间序列分析:可以用于处理时间序列数据。你可以利用模型的能力进行趋势分析、季节性分析、周期性分析等。模型可以根据历史数据提供预测和趋势预测,以帮助你做出决策时参考。

下面是AI大语言模型在支持数据分析与统计方面的几个具体例子,我们只选取了"数据预处理、数据探索和可视化、统计分析、时间序列分析"为例来说明AI大语言模型是如何对数据分析与统计方面给予的支持。

 **数学《数据预处理》案例**

提　问(学生输入)：请问大语言模型是如何支持"数据预处理"？谢谢

生　成(回答)：AI 大语言模型对"数据预处理"的支持主要体现在以下几个方面：

1. **文本清洗**：AI 大语言模型可以帮助清洗文本数据,例如删除特殊字符、标点符号、HTML 标签或其他噪声数据。你可以提供相应的文本数据和指令,让模型帮助你进行文本清洗。

2. **缺失值处理**：处理缺失值是数据预处理的重要任务之一。你可以向 AI 模型提供有缺失值的数据集,并询问它关于缺失值的处理建议,例如使用平均值、中位数、插值方法等填充缺失值。

3. **数据转换**：AI 模型可以帮助进行数据转换,例如对数变换、标准化、归一化、对称化等。你可以提供数据和转换要求,让模型帮助你进行相应的数据转换操作。

4. **特征工程**：特征工程是数据预处理的重要环节,它涉及选择、创建和转换特征以改进模型性能。你可以向 AI 模型提供特征数据和相关要求,让模型提供关于特征选择、生成新特征、特征变换等方面的建议。

5. **异常值处理**：AI 大语言模型可以帮助你识别和处理异常值。你可以向模型提供数据和问题描述,让模型提供异常值检测的建议,并提供修正异常值的方法。

需要注意的是,虽然 AI 大语言模型可以提供一些指导和建议,但在实际应用中,对于复杂的数据预处理任务,可能需要结合专门的数据处理工具、编程语言等来完成。此外,仍然需要数据科学家和领域专家的知识和判断来指导和验证数据预处理的结果。AI 大语言模型在数据预处理中的作用主要是为用户提供指导、建议和辅助,但最终的决策和执行仍然需要人的判断和决定。

提　问(学生输入)： 请问大语言模型是如何支持"数据探索和可视化"？谢谢

生　成(回答)： 数据探索和可视化是指对数据进行探索性分析和使用图表、图形等可视化工具来理解数据的特征和模式。AI大语言模型对这方面的支持将体现在以下几个方面：

1. **描述性统计：** 通过计算和呈现数据的描述性统计量，例如均值、中位数、标准差、最小值、最大值等，来了解数据的基本特征。这可以帮助我们了解数据的集中趋势、离散程度和分布形态。

2. **直方图和密度图：** 直方图和密度图可以展示数据的分布情况。直方图将数据划分为不同的区间，并显示每个区间中的观测频数或频率，以展示数据的分布情况。密度图则是通过平滑直方图来估计数据的概率密度函数，更加平滑地展示数据分布。

3. **散点图：** 散点图可用于探索两个数值变量之间的关系。通过在坐标轴上绘制数据点，我们可以观察到数据的分布模式、相关性以及可能的异常值。

4. **箱线图：** 是一种用作显示一组数据分散情况资料的统计图，因形状如箱子而得名箱线图。它可以显示数据的分位数、中位数和异常值等。它提供了关于数据集中趋势、离散程度和异常值的信息。

5. **折线图：** 是一种可以用于显示随时间或其他连续变量的趋势图。它是用直线段将各数据点连接起来而组成的图形，以折线方式显示数据的变化趋势。通过绘制数据点并连接它们，我们可以观察到数据随时间变化的模式、季节性变化等。

6. **热力图：** 提供了一种直观、简洁且易于理解的方式来展示数据之间的关系，它是以颜色编码的方式显示数据矩阵中各个元素的值。它可以用于可视化多个变量之间的关系，例如相关性矩阵或交叉频率表。

AI大语言模型驱动教学创新与变革

7. 地理可视化：地理可视化通过地图展示数据的地理分布和空间模式。例如,使用地理可视化显示销售数据、人口分布、气候数据等,以便于发现地理上的分布和趋势。

这些是 AI 大语言模型支持数据探索和可视化过程中常用的一些方法和工具,使我们可以更好地理解数据、发现趋势和模式,并为进一步的分析和决策提供基础。根据具体的数据和分析目标,我们可以选择适合的探索方法和可视化技术来展示数据的特征和关系。

 数学《统计分析》案例

提　问(学生输入)：请问大语言模型是如何支持"统计分析"？谢谢

生　成(回答)：虽然 AI 大语言模型主要设计用于自然语言处理和生成,但仍可以提供一些"统计分析"的支持。以下是大模型在统计分析方面的一些支持方式：

1. 描述性统计：你可以向大模型提供数据集和统计指令,例如计算均值、中位数、标准差、相关系数等。大模型可以根据你的要求计算这些描述性统计量,并提供相应的结果。

2. 假设检验：你可以向大模型提供问题描述和数据集,让模型帮助你进行假设检验。例如,你可以询问模型是否存在显著差异,或者模型可以根据提供的数据和问题描述,帮助你选择合适的假设检验方法,并提供统计结果。

3. 回归分析：大模型可以支持基本的回归分析。你可以向模型提供自变量和因变量的数据,并询问它关于回归方程、系数估计、显著性检验等方面的信息。模型可以帮助你计算回归模型的参数和统计指标,并提供相应的结果。

4. 聚类分析：虽然大模型主要用于自然语言处理,但你可以提供数值数据,并询问模型关于聚类分析的问题。模型可以根据提供的数据和指令,帮助你进行聚类分析,并提供相关的聚类结果。

需要注意的是,AI大语言模型在统计分析方面的支持主要是基于其对大量数据和统计概念的训练经验。但由于模型无法实际执行计算和数据操作,它只能提供指导和建议,并依赖于用户的需求来实际应用和解释统计结果。在复杂的统计分析任务中,仍然需要结合专门的统计软件、编程语言等来执行和验证分析。

 ## 数学《时间序列分析》案例

提 问(学生输入): 请问大语言模型是如何支持"时间序列分析"? 谢谢

生 成(回答): 虽然AI大语言模型主要设计用于自然语言处理和生成,但仍可以在一定程度上支持时间序列分析。以下是大模型在时间序列分析方面的一些支持方式:

1. 趋势分析: 你可以向大模型提供时间序列数据,并询问它关于趋势分析的问题。模型可以根据提供的数据,帮助你识别趋势的存在、趋势类型(上升、下降、平稳)、趋势的强度等,并提供相应的结果和解释。

2. 季节性分析: 大模型可以帮助你进行季节性分析。你可以提供时间序列数据和问题描述,例如询问模型某个时间序列是否具有季节性、季节性模式的周期、季节性的影响程度等。模型可以根据数据和问题描述,提供相应的分析结果和建议。

3. 时间序列预测: 你可以向大模型提供历史时间序列数据,并询问它关于未来值的预测。模型可以基于历史数据和时间序列模型,帮助你进行未来值的预测,并提供相应的预测结果和不确定性估计。

4. 平稳性检验: 平稳性是时间序列分析中的一个重要概念。你可以向大模型提供时间序列数据,并询问它关于平稳性的检验。模型可以根据数据,帮助你进行平稳性检验,并提供相应的统计检验结果和解释。

需要注意的是:AI大语言模型在时间序列分析方面的支持有限。时间序列分析通常涉及复杂的统计方法和模型,对于大规模和高度复杂的时间序列数据,可能需要结合专门的时间序列分析软件、编程语言等来执行

分析。AI大语言模型的作用在于为用户提供一些基本的指导、解释和建议，以帮助他们在时间序列分析中进行初步的探索和理解。

当然，尽管AI大语言模型可以对数据分析和统计给予一定的支持，但它可能并不是最适合处理大规模和复杂的数据集的工具。对于这些情况，更适合的选择可能是使用专门的数据分析和统计软件、编程语言等工具。而AI大语言模型的优势在于其自然语言处理和生成的能力，可以帮助你迅速了解和掌握一些数据分析和统计方面的基本概念和方法，并能以一种直观和交互的方式获得解决问题的路径。

（4）建模与实践

建模与实践是在数学教学中一项非常重要的活动和内容，它涉及将数学理论和技巧应用于实际问题的建立和解决过程。建模与实践的重要性和作用主要体现在以下几个方面：实际问题解决：建模与实践使数学变得具有实际应用性。通过将数学方法应用于实际问题，我们能够解决现实生活中的挑战和难题。数学模型可以提供对复杂系统的描述和分析，帮助我们理解问题的本质，并提供解决方案。跨学科合作：建模与实践通常需要与其他学科和领域进行合作。在解决实际问题的过程中，我们需要与领域专家、工程师、科学家等进行合作，共同分析问题、提出假设、收集数据和验证模型。这种跨学科合作促进了知识交流和综合思考，提供了综合解决方案。技术和工具应用：建模与实践需要运用数学软件、编程语言、数据分析工具等技术和工具。这种实践能够提高学生的技术能力和应用能力，使他们熟悉和灵活运用数学工具，掌握数据分析、计算模拟等技术，以更好地解决实际问题。培养创造力和创新思维：通过建模与实践活动，学生需要思考和提出新颖的解决方案。这种实践鼓励学生发展创造力和创新思维，从不同角度审视问题，提出新的模型和方法，以应对现实世界的挑战。深化数学理解：通过将数学应用于实际问题，学生可以深化对数学概念和原理的理解。实践中的问题和挑战需要学生将抽象的数学概念转化为具体的问题求解，促使他们更深入地理解数学的应用和意义。总之，建模与实践不仅在数学学科中具有重要性,而且在其他学科和职业领域中也发挥着关键的作用。它培养了学生的问题解决能力、创新能力和实践能力,帮助他们将数学理论与实际应用相结合,为未来的学习和职业发展打下坚实基础。

AI 大语言模型在"建模与实践"中可以提供以下方面的支持。建模指导:大语言模型可以为学生提供建模指导。学生可以向模型描述问题,并寻求关于建立数学模型的建议和指导。模型可以提供关于建模思路、变量选择、模型结构等方面的建议,帮助学生建立起解决问题的数学模型。数据分析与处理:在建模与实践中,数据分析和处理是关键的环节。AI 大语言模型可以帮助学生处理数据,进行数据清洗、转换和可视化。学生可以向模型提供数据集和相应的问题,模型可以提供数据分析的方法、技巧和建议,以及数据可视化的指导,帮助学生有效地利用数据进行建模。模型验证与优化:AI 大语言模型可以支持模型的验证和优化。学生可以向模型提供建立的数学模型以及相应的数据,模型可以提供关于模型验证、参数优化、灵敏度分析等方面的建议和指导。这有助于学生在建模过程中进行模型验证、调整和优化,以获得更准确和可靠的模型结果。解释与交流:AI 大语言模型可以帮助学生解释和交流他们的建模过程和结果。学生可以向模型提供问题描述、模型结果以及分析报告的草稿,模型可以提供修改、改进和完善的建议。这有助于学生提高他们的解释能力和沟通技巧,使他们能够清晰、准确地表达和传达他们的建模工作。

下面是 AI 大语言模型在支持建模与实践方面的几个具体例子,我们选取了"建模指导、数据分析与处理、模型验证与优化、解释与交流"案例来说明 AI 大语言模型如何对建模与实践方面的支持。

 数学《建模指导》案例

提　问(学生输入):请给出一个 AI 大语言模型支持"建模指导"案例,主题任意

生　成（回答）：关于"建模指导"案例，让我们以一个常见的主题："电影票房预测"为例，具体步骤如下：

1. 定义问题： 明确问题是预测电影票房，可以考虑哪些因素可能对电影票房产生影响，如演员阵容、电影类型、上映时间、市场竞争等。

2. 变量选择： 选择关键变量，如电影的预算、演员的知名度、上映时间、评分、竞争电影数量等。这些变量可能与电影票房具有相关性。

3. 数据收集与处理： 收集与所选变量相关的历史电影数据，包括电影票房、预算、演员知名度、上映时间、评分等。确保数据的准确性和完整性，进行数据清洗、缺失值处理等。

4. 模型选择与构建： 选择适合的回归模型，如线性回归、决策树回归、随机森林回归等。根据问题和数据特征构建模型，并选择适当的特征工程方法。

5. 参数估计与模型验证： 使用历史数据对模型进行训练和参数估计，并使用验证数据集对模型进行验证和评估。使用评估指标（如均方根误差）来评估模型的性能。

6. 结果解释与推断： 解释模型的系数和结果，理解各个变量对电影票房的影响程度。从结果中推断出关于影响电影票房的因素和趋势。

7. 灵敏度分析与优化： 进行灵敏度分析，评估模型对于各个输入变量的敏感性。同时，优化模型，尝试添加其他相关因素、改进特征工程方法，以提高模型的准确性和预测能力。

需要注意的是：这只是一个示例案例，并且实际建模过程中可能需要更多的步骤和方法。具体建模过程需要根据问题的复杂性、数据的可用性和建模目标进行调整和细化。在实际应用中，还需要对结果进行解释、验证和优化，以确保模型的实用性和有效性。

 **数学《数据分析和处理》案例**

提　问（学生输入）：请问在建模与实践中，AI 大语言模型如何支持"数据

分析和处理"?

生　成(回答)：在建模与实践中，"数据分析和处理"起着关键的作用。以下是大语言模型支持数据分析和处理的一些方法和技术：

1. **数据清洗**：数据清洗是数据分析和处理的首要步骤。它包括处理缺失值、删除重复数据、纠正格式错误、处理异常值等。在"建模与实践"中，可以使用数据清洗技术来确保数据的准确性和完整性。

2. **数据转换和标准化**：数据转换和标准化是将数据调整为适合建模和分析的形式的过程。这可能包括对数变换、归一化、标准化等方法，以满足模型的要求和统计假设。

3. **特征选择与提取**：特征选择和提取是选择或构建适当的特征来描述问题的关键步骤。它涉及选择最相关的特征子集、创建新的特征、进行维度约简等。这有助于减少冗余信息、提高模型的效率和预测能力。

4. **数据可视化**：数据可视化是一种强大的数据分析和处理工具。通过使用图表、图形、热力图等可视化技术，可以直观地展示数据的模式和趋势。数据可视化有助于发现数据中的关联性、异常值、分布情况等，并为进一步的分析提供洞察。

5. **数据采样与拆分**：在"建模与实践"中，常常需要将数据集分为训练集、验证集和测试集。训练集用于模型的训练，验证集用于调整模型参数和选择最佳模型，测试集用于评估模型的性能。数据采样和拆分技术可以帮助确保数据的合理分配和模型的可靠性评估。

6. **缺失值处理**：处理缺失值是数据分析和处理中的重要任务。通过使用合适的插补方法，如均值填补、回归模型、插值法等，可以处理缺失值，并确保数据的完整性和可靠性。

7. **数据集成与合并**：在某些情况下，需要整合多个数据源的信息。数据集成和合并技术可以帮助将多个数据集合并为一个一致的数据集，以便进行更全面和综合的分析。

以上是支持数据分析和处理的一些常见方法和技术，在"建模与实践"中，结合具体的问题和数据特点，可以选择适当的方法来进行数据分析和处理,以准备好的数据为后续的建模和分析提供支持。

数学《模型验证与优化》案例

提　问(学生输入)：请问在建模与实践中,AI大语言模型如何支持"模型验证与优化"?

生　成(回答)：在建模与实践中,"模型验证与优化"是确保建立的数学模型准确性和可靠性的关键步骤。以下是支持模型验证与优化的一些方法和技术：

1. **验证数据集**：为了评估模型的性能,需要将数据集划分为训练集和验证集。训练集用于模型的训练和参数估计,而验证集主要用于评估模型的预测准确性和泛化能力。通过验证集的结果,可以判断模型的效果,并根据需要对模型进行调整和优化。

2. **评估指标**：选择适当的评估指标来度量模型的性能。这可以根据具体问题和模型类型进行选择。例如,对于分类问题,可以使用准确率、精确率、召回率、F1值等指标。对于回归问题,可以使用均方根误差(RMSE)、平均绝对误差(MAE)等指标。选择合适的评估指标有助于准确地评估模型的优劣。

3. **交叉验证**：交叉验证是一种常用的模型验证方法,特别适用于数据集有限的情况。它通过将数据集划分为多个不重叠的子集,轮流使用其中一部分作为验证集,其他部分作为训练集,进行多次模型训练和验证。通过交叉验证,可以更全面地评估模型的性能,并减少因数据划分不一致而引入的偏差。

4. **超参数调优**：模型通常有一些需要事先设定的超参数,例如学习率、正则化参数等。调整超参数是优化模型的重要步骤。可以使用不同的超参数组合进行训练和验证,然后根据验证集的性能选择最佳的超参数配置。常见的超参数调优方法包括网格搜索、随机搜索、贝叶斯优化等。

5. **模型比较与选择**：在"建模与实践"中,可能会尝试多个不同的模型来解决同一个问题。通过比较不同模型的性能和预测能力,可以选择最佳的模型来进一步优化。这可以包括比较模型的评估指标、可解释性、计算复杂度等方面。

6. 模型解释与诊断:模型验证不仅仅是评估模型的性能,还包括理解模型的内部结构和预测原理。通过解释模型的系数、特征重要性、学习曲线等,可以获得对模型的深入理解。模型诊断可以帮助发现模型的潜在问题和改进空间。

7. 持续优化与更新:建模与实践是一个迭代的过程。一旦建立了初始模型,通过模型验证和优化后,可以根据新的数据和实际情况进行持续优化和更新。这可以帮助模型保持准确性和适应性,适应不断变化的环境和需求。

通过以上方法和技术的组合应用,可以支持"建模与实践"中的模型验证和优化,确保建立的数学模型在解决实际问题时具有准确性和可靠性。

 **数学《解释与交流》案例**

提　问(学生输入):请问在建模与实践过程中,AI 大语言模型如何支持"解释与交流"?

生　成(回答):在建模与实践过程中,AI 大语言模型可以支持"解释与交流",以帮助学生更好地理解和开展他们的建模实践,以下是解释与交流的一些支持方式:

1. 结果解释:学生可以向大模型提供建模结果和相关的问题描述,以便获得对结果的解释。大模型可以帮助解释模型输出的含义、系数的作用、特征的重要性等。通过提供结果的解释,大模型可以帮助学生更好地理解建模结果和背后的数学原理。

2. 推断和洞察:大模型可以帮助学生从建模结果中推断出有关问题的洞察和结论。学生可以向大模型提供关于建模结果的问题,并根据模型的回答和解释来得出更深入的理解和推断。这有助于学生在解决问题和做决策时获得更多的洞察。

3. 可视化支持：大模型可以提供可视化支持，以帮助学生更直观地展示和传达建模结果。学生可以向大模型提供数据和问题描述，并询问如何通过可视化方法呈现结果。模型可以提供有关可视化技术、图表类型、视觉表达方式等方面的指导和建议。

4. 报告和文档撰写：在解释与交流过程中，大模型可以提供指导和建议，以帮助学生编写报告、文档和解释性文字。学生可以向模型提供草稿、问题描述或相关内容，并获得关于结构、语言表达、逻辑连贯性等方面的建议。这有助于学生更好地组织和呈现他们的建模工作。

5. 理解特定术语和概念：在解释和交流中，特定领域的术语和概念可能会涉及到。大模型可以帮助学生理解和解释这些术语和概念，以便更好地与领域专家和其他人进行沟通和交流。

当然，尽管大模型可以在一定程度上提供解释和交流的支持，但模型的能力和限制需要谨慎考虑。模型的回答和建议基于其训练数据和模式识别能力，可能受到数据偏差、限制或误解的影响。因此，在进行解释和交流时，仍需要学生自身的专业知识和判断，结合领域专家的意见，综合考虑和验证建模结果。

总体而言，AI 大语言模型完全可以在较大程度上对"建模与实践"活动给予帮助和支持，但由于不同模型的预训练和数据积累的限制，模型生成的解答和识别能力可能会受到数据偏差、限制或误解的影响。因此，在实际进行"建模与实践"时，仍然需要学生借助专业知识、领域专家指导和其他辅助工具，综合考虑和验证建模的结果。

4.3 英语学科

英语作为一门基础学科，对于学生的全面发展具有重要影响。它不仅是学生应该掌握的第二语言，更是提升跨文化沟通能力、培养批判性思维和扩展视野的重要途径。然而，传统的英语教学方式也面临较大的限制，如教学方式单一、语言环境单一、教师发音不准、资源有限等。随着 AI 大语言模型的出现,英语教学也迎来了新的可能性。由于 AI 大语言模型以其强大的语言理解和生成能力,以及持续学习和适应性的特点,在英语学科教学中无疑可以发挥重要作用。它可以帮助学生理解记忆单词,理解复杂的英语文本,提供个性化的阅读推荐,并在作文指导方面提供支持,展示出巨大的潜力。此外,AI 大语言模型可以为每个学生提供量身定制的学习路径,帮助他们克服学习中的困难,激发他们对英语学习的热情。

　　AI 大语言模型在支持英语学科教学中的实践应用可以涉及多个方面,重点可以体现在以下几个方面。阅读理解:AI 大语言模型可以通过与学生进行交互,直接快速回答学生关于文本内容、词汇、语法等方面的问题,也提供对文本的深入解释和分析。这有助于学生更好地理解英语文本的含义和上下文,帮助学生提高英语阅读理解能力。文学作品分析:AI 大语言模型可以通过对作品的内容、主题、人物等进行分析,协助学生分析和解读英语文学作品。同时,大模型还可以提供深入的文学评论和解释,帮助学生更好地理解和欣赏文学作品的内涵和艺术价值。写作指导:AI 大语言模型可以在写作指导方面提供支持。学生可以将自己的作文提交给大模型,大模型可以给出针对性的建议和修订意见,提供语法、拼写、句法等方面的纠正,并给出写作技巧和提升建议,帮助学生提高英语写作能力。口语练习:AI 大语言模型可以用于口语练习和发音纠正。学生可以通过与模型对话,模型可以提供语音识别和纠正,帮助学生改善发音和口语表达,提升他们的口语交流能力。当然,AI 大语言模型在支持英语学科教学中的实践应用涉及面非常广,下面将仅选择英语的阅读理解、文学作品分析、写作指导、词汇与语法等案例进行阐述。通过这些案例可以看到AI 大语言模型如何具体支持英语学科的教学与学习。

(1) 阅读理解

　　英语阅读理解是指通过阅读英语文本,理解和推断其中的含义、信息和意图的能力。英语阅读理解也是学生综合语言能力的重要组成部分,对于学习与学术研究,拓宽知识领域,参与国际学术交流以及跟踪国际最新发展都具有重要作用。通过培养学生的英语阅读理解能力,不仅有助于学生的拓宽视野,培养跨文化交流和理解的能力,而且也能提高学生的学习能力、判断能力和批判性思维,使他们能够更好和全面地发展自己。

AI 大语言模型可以帮助学生理解不同的英语文本,解释不清楚的词汇或短语,以及解答阅读中的问题。例如,学生在阅读某些英语文章时,可能对某些词汇或表达方式感到困惑。在这种情况下,AI 大语言模型可以针对学生的提问或疑惑,即时提供答案与解释,帮助学生较好地理解和欣赏文章。英语阅读理解也是一个关键的学习技能,涉及英语词汇的理解和掌握,语法和时态,句法与含义的表达等。好的英语阅读理解能力可以帮助学生更好地理解文章、故事、文献、作品等,能更好地从英语阅读材料中获取知识、文化、历史、科技等信息,并且在更广泛的背景下,也有助于理解各类英语新闻、报纸、杂志,以及其他各个领域的内容。

下面是 AI 大语言模型在支持学生英语阅读理解方面的 2 个具体例子,例子要求由大模型给出英语阅读材料的相关文本,并针对阅读材料提出相关问题,然后依据问题给出具体的解答。

 **英语《阅读理解》案例**

提 问(学生输入):请问大语言模型如何支持英语的"阅读理解",能否给出 2 个具体例子?

生 成(回答):可以,AI 大语言模型可以通过对英语文本的理解和生成能力,提供支持和解答英语阅读理解方面的问题。下面是 2 个具体的例子:

例子 1:阅读材料如下:

The Great Barrier Reef

The Great Barrier Reef, located off the coast of Queensland, Australia, is the largest coral reef system in the world. It is made up of over 2,900 individual reefs and stretches over 2,300 kilometers. The Great Barrier Reef is home to a wide variety of marine life, including over 1,500 species of fish and 600 species of coral. It is also a popular tourist destination, attracting millions of visitors each year.

问题:

1. Where is the Great Barrier Reef located?

2. How long is the Great Barrier Reef?

3. How many species of fish are found in the Great Barrier Reef?

学生可以向大语言模型提出以上问题,模型可以理解问题并提供相应的回答,例如:

1. Where is the Great Barrier Reef located?

模型回答: The Great Barrier Reef is located off the coast of Queensland, Australia.

2. How long is the Great Barrier Reef?

模型回答: The Great Barrier Reef stretches over 2,300 kilometers.

3. How many species of fish are found in the Great Barrier Reef?

模型回答: Over 1,500 species of fish are found in the Great Barrier Reef.

例子2: 阅读材料如下:

Rosa Parks and the Civil Rights Movement

Rosa Parks, often referred to as the "Mother of the Civil Rights Movement", was an influential figure in the fight against racial segregation in the United States. In 1955, Parks famously refused to give up her seat on a bus to a white passenger, sparking the Montgomery Bus Boycott. This event became a significant catalyst for the Civil Rights Movement. Parks' act of resistance and her subsequent arrest led to a wave of protests and demonstrations demanding equal rights for African Americans.

问题:

1. Who is Rosa Parks?

2. What did Rosa Parks do in 1955?

3. What was the impact of Rosa Parks' action?

　　学生可以向大语言模型提出以上问题,模型可以理解问题并提供相应的回答,例如:

　　1. Who is Rosa Parks?

模型回答: Rosa Parks is an influential figure in the fight against racial segregation in the United States. She is often referred to as the "Mother of the Civil Rights Movement".

　　2. What did Rosa Parks do in 1955?

模型回答: In 1955, Rosa Parks famously refused to give up her seat on a bus to a white passenger, sparking the Montgomery Bus Boycott.

　　3. What was the impact of Rosa Parks' action?

模型回答: Rosa Parks' act of resistance and her subsequent arrest led to a wave of protests and demonstrations demanding equal rights for African Americans. It became a significant catalyst for the Civil Rights Movement.

　　以上 2 个简单的例子说明,学生可以通过与大语言模型的交互,得到对英语阅读材料中问题的准确回答,帮助他们更好地理解文本的内容和背景。大语言模型利用其训练数据和语言模式识别的能力,能够准确解析问题并给出相应的回答。这为学生提供了一个交互式的学习工具,帮助他们加深对英语阅读材料的理解和应用能力。

(2) 文学作品分析

　　英语文学作品是指用英语创作的文学作品,包括小说、诗歌、戏剧、散文等形式。英语文学作品不仅涵盖了广泛的主题和风格,而且也代表了英语文学的创作水平和深度。一些著名的英语文学作品在世界文学史上具有重要地位,它们不仅是文学艺术的杰作,也反映了作者的观点、思想和时代的背景。阅读和研究英语文学作品有助于深入了解世界文化、历史和思想,同时提升阅读理解能力和文学素养。由于历史、文化、社会和语言的不同，对我国学生阅读和理解英语文学作品往往有较大的难度。AI 大语言模型的出现为英语文学作品的阅读和欣赏带来了极大可能。

　　AI 大语言模型基于其超大规模的英语语料数据库和语言模式识别的能力，能够较全面地支持对英语文学作品的问题解答和深度解析，极大助力学生更好地理解文学作品的主题、情节、人物以及其中蕴含的深层意义和文化价值。AI 大语言模型可以支持英语文学作品分析是多维度的，主要体现在以下几点：文本解读和理解：大语言模型能够对英语文学作品进行深入的文本解读和理解。它可以分析作品中的语言使用、情节发展、人物塑造等方面，帮助学生理解作品的意义和主题。文学元素分析：大语言模型可以识别和分析英语文学作品中的各种文学元素，如隐喻、象征、比喻、意象等。它能够帮助学生发现和解读这些文学元素的作用，深入理解作品的表达和意义。时代背景和文化解读：大语言模型具备对历史和文化知识的了解，可以为学生提供关于英语文学作品所处时代和文化背景的解读，包括作品中的社会、政治、经济等方面的含义。作者分析和背景研究：大语言模型可以提供关于作品作者的背景信息和相关研究的支持，可以帮助学生了解作者的生平、思想、创作动机等，从而更好地理解作品的背景和意图。比较和对比研究：大语言模型可以支持对不同英语文学作品进行比较和对比研究，帮助学生分析和比较作品之间的相似之处和差异，从而深入探讨文学主题、风格和传达的观点。

　　下面是 AI 大语言模型在支持学生英语文学作品分析方面的 2 个具体例子，例子要求先用英语对小说"麦田里的守望者，The Catcher in the Rye"和剧作"哈姆雷特，Hamlet"进行作品分析，然后要求将英语分析翻译成为中文。

英语《文学作品分析》案例

提　问（学生输入）：能否先用英语对小说"The Catcher in the Rye，麦田里的守望者"和剧作"哈姆雷特，Hamlet"进行一下分析？然后，将英语分析翻译为中文,谢谢!

生　成(回答):Certainly! Here's the analysis of novel "The Catcher in the Rye" and play "Hamlet" in English, then in Chinese:

1. Analysis of novel "The Catcher in the Rye":

"The Catcher in the Rye" is a novel written by J. D. Salinger and published in 1951. The story is narrated from the perspective of the protagonist, Holden Caulfield, a rebellious teenager who has recently been expelled from school. The novel takes place over a few days as Holden navigates through his experiences and encounters in New York City.

One of the central themes explored in the novel is the confusion and disillusionment of adolescence. Holden is portrayed as a disillusioned young man who struggles to find his place in a world that he sees as phony and corrupt. He rebels against societal expectations and longs for authenticity and purity in a world he perceives as morally bankrupt.

The character of Holden Caulfield has become an iconic figure in literature, representing the angst and alienation experienced by many young people. His cynical outlook and his desire to protect the innocence of childhood make him a relatable and sympathetic character.

The narrative style of the novel is notable for its conversational and informal tone, mirroring Holden's stream-of-consciousness thought process. The language is colloquial and full of teenage slang, creating an authentic and engaging voice for the protagonist.

"The Catcher in the Rye" has had a significant impact on literature and popular culture. It is often studied in schools and universities due to its exploration of themes such as identity, rebellion, and the loss of innocence. The novel continues to resonate with readers of all ages, sparking discussions on societal pressures, the transition to adulthood, and the search for authenticity in an increasingly complex world.

In conclusion, "The Catcher in the Rye" is a powerful and influential novel that delves into the struggles and complexities of adolescence. It captivates readers with its memorable protagonist, thought-provoking themes, and distinctive narrative style.

小说《麦田里的守望者》分析的中文翻译：

《麦田里的守望者》是 J. D.塞林格于 1951 年出版的一部小说。故事从主人公霍尔顿·考尔菲尔德的视角进行叙述,他是一位叛逆的青少年,最近被学校开除。小说以几天时间为背景,讲述了霍尔顿在纽约市的经历和遭遇。

小说探讨了青春期困惑和幻灭的核心主题。霍尔顿被描绘为一个幻灭的年轻人,他努力在他所看到的虚伪和腐败的世界中找到自己的位置。他反抗社会的期望,渴望真实和纯洁,而他眼中的世界则是道德败坏的。

霍尔顿·考尔菲尔德这个角色已成为文学中的一个标志性形象,代表着许多年轻人所经历的焦虑和疏离感。他愤世嫉俗的观点和保护童真的愿望使他成为一个可共鸣和令人怜悯的角色。

这部小说的叙事风格以其对话式和非正式的语调而闻名,反映了霍尔顿的意识流思维过程。语言通俗且充满了少年俚语,为主人公创造了一个真实而引人入胜的声音。

《麦田里的守望者》对文学和流行文化产生了重要影响。由于探索身份、反叛和纯真失去等主题,该小说经常被学校和大学选为研究对象。小说继续引发读者的共鸣,引发对社会压力、蜕变为成人以及在日益复杂的世界中寻找真实性的讨论。

总之,《麦田里的守望者》是一部有极大影响力的小说,深入探讨了青春期的挣扎和复杂性。它以其令人难忘的主人公、引人深思的主题和独特的叙事风格吸引着读者。

2. Analysis of play "Hamlet":

"Hamlet" is one of William Shakespeare's most famous tragedies, believed to have been written between 1599 and 1601. The play tells the story of Prince Hamlet, the young prince of Denmark, who is visited by the ghost of his father, the late King Hamlet. The ghost reveals that he was murdered by his own brother, Claudius, who has now married Hamlet's mother, Queen Gertrude. Filled with grief, anger, and a desire for revenge, Hamlet embarks on a journey to uncover the truth and avenge his father's death.

One of the central themes explored in "Hamlet" is the nature of revenge and its consequences. Hamlet's internal struggle between his desire for justice and his contemplative nature is a key element of the play. The famous soliloquy "To be, or not to be" reflects Hamlet's existential ponderings on life, death, and the moral implications of taking action.

The play also delves into themes of betrayal, madness, and the complexity of human nature. Characters such as Ophelia, Hamlet's love interest, and Polonius, Ophelia's father, further contribute to the exploration of these themes. The character of Hamlet himself is a complex and multifaceted protagonist, known for his introspection and philosophical musings.

Shakespeare's language in "Hamlet" is rich and poetic, featuring powerful speeches, wordplay, and memorable quotes that have become part of the literary canon. The play is renowned for its dramatic intensity, psychological depth, and exploration of human emotions.

"Hamlet" continues to be widely performed and studied today, making it one of Shakespeare's most enduring works. Its exploration of timeless themes, complex characters, and moral dilemmas resonates with audiences across different cultures and time periods.

In conclusion, "Hamlet" is a masterful tragedy by William Shakespeare that delves into themes of revenge, existentialism, betrayal, and the complexities of human nature. Its profound exploration of these themes, coupled with its poetic language and memorable characters, has cemented its status as one of the greatest plays in the English literary canon.

剧作《哈姆雷特》分析的中文翻译：

《哈姆雷特》是威廉·莎士比亚最著名的悲剧之一，据信创作于1599年至1601年间。该剧讲述了丹麦年轻王子哈姆雷特（Hamlet）的故事，他被已故的父亲、前国王哈姆雷特的鬼魂所探访。鬼魂透露他是被自己的兄弟克劳迪斯（Claudius）所谋杀，而克劳迪斯现在娶了哈姆雷特的母亲格特鲁德女王（Gertrude）。哈姆雷特充满悲痛、愤怒和复仇欲望，展开了一段揭开真相并为父亲的死复仇的旅程。

《哈姆雷特》探讨了复仇的本质及其后果的核心主题之一。哈姆雷特在渴望正义和他沉思的天性之间进行着内心的斗争，这是该剧的关键要素。著名的独白"生存还是毁灭"反映了哈姆雷特对生命、死亡以及采取行动的道德含义的思考。

该剧还深入探讨了背叛、疯狂和人性复杂性等主题。诸如奥菲利亚（Ophelia）和奥菲利亚的父亲波洛尼厄斯（Polonius）等角色进一步推动了对这些主题的探索。哈姆雷特本人是一个复杂多面的主角，以他的内省和哲学思考而闻名。

《哈姆雷特》中莎士比亚的语言富有诗意，包含着有力的演讲、文字游戏和令人难忘的名言，已成为文学典籍的一部分。该剧以其戏剧性的强度、心理深度和对人类情感的探索而闻名。

《哈姆雷特》至今仍广泛演出和研究，成为莎士比亚最具持久影响力的作品之一。它对永恒的主题、复杂的人物形象和道德困境的探索在不同文化和时期的观众中产生共鸣。

总之，《哈姆雷特》是威廉·莎士比亚的一部杰作悲剧，深入探讨了复仇、存在主义、背叛和人性复杂性等主题。其对这些主题的深刻探索，再加上其诗意的语言和令人难忘的角色，使其成为英语文学典籍中最伟大的戏剧作品之一。

以上 2 个简单的例子充分表明，学生完全可以通过与 AI 大语言模型的交互，得到对英语文学作品的分析结果（也包括用中文翻译的分析），帮助他们更好地理解英语文学作品的主题与核心，历史和背景，作者的思想和思考。大语言模型基于其训练的海量数据和语言模式识别的能力，能够较准确地对文学作品进行分析，尤其是对英语文学作品的分析。这为学生提供了一个交互式的文学作品学习工具，帮助他们有效地提升对英语文学作品的深度理解和分析能力。

（3）写作指导

英语写作是指使用英语表达思想、观点和信息的过程，涉及组织、编写和编辑英语文本的能力和技巧。英语写作在语言学习中的意义和重要性是多方面的。它不仅能够促进表达和沟通能力提升、学术和职业发展、思维和逻辑能力培养，而且同时也使人们能够清晰、准确地传达自己的意思，有效促进开展与国际友人的文化沟通和交流，包括提升个人的职业竞争力。通过不断练习和提升英语写作能力，人们可以在各个领域取得更好的学习和职业成果，同时丰富个人的逻辑思考、批判性思维和问题解决能力。当然，对非英语国家的学生而言，英语写作始终存在很大难度，除词汇、语法、时态等因素外，还有社会、文化、历史、背景等的差异性，为此，人们总是在探寻相关的方法或技术，能够有效帮助学习者提升英语写作的能力，AI 大语言模型的出现为解决这一难题带来了较大可能和前景。

AI 大语言模型可以在英语写作指导方面提供较大的支持，具体表现在以下几个方面：写作建议和修正：学习者可以使用 AI 大语言模型来获取写作建议和修正错误。模型可以分析学习者的写作并提供改进意见，例如改善语法、句子结构、词汇选择和段落组织等方面的建议。预测下一个词或短语：当学习者在写作过程中遇到停顿或不确定时，AI 大语言模型可以帮助预测下一个词或短语，提供灵感和引导，帮助学习者保持流畅的写作节奏。提供文本扩展：学习者可以使用 AI 大语言模型来扩展他们的写作，使其更具丰富性和表达力，包括可以提供同义词替换、相关概念和词组的建议，以帮助学习者增强文章的内容和表达方式。校对和编辑文本：学习者可以使用大语言模型来校对和编辑他们的文本。模型可以检测拼写错误、标点符号的使用、重复词语等，并提供修正建议，以提高写作的准确性和规范性。文章结构和提纲的建议：大语言模型可以根据学习者提供的主题或关键词，生成相关的文章结构和撰写提纲。这对于组织思路和构建逻辑连贯的文章非常有帮助。当然，需要注意的是：虽然 AI 大语言模型可以提供有用的写作支持和建议，但仍建议学习者运用批判性思维和独立审查来评估模型生成的内容，并对其进行进一步修改和改善。

下面是 AI 大语言模型在支持学生英语写作指导方面的 2 个具体例子，例子 1 是关于预测下一个词或短语，大语言模型可以根据写作者给定的某个句子，提供单词或短语可能的选项；例子 2 是关于用英语生成"Empowering Teaching Enhancement with AI Large Language Models，AI 大语言模型赋能教学提升"文章的结构与段落内容的建议。

 **英语《写作指导》案例 1**

提　问（学生输入）：能否对以下提供的 3 个英语句子生成预测下一个词或短语，原句如下：1. I enjoy going to the beach and playing in the ... 2. The rain was pouring outside, so I grabbed my umbrella and headed ... 3. She entered the room and saw a beautiful bouquet of flowers on ...

生　成（回答）：当然可以，以下是根据给定句子生成的单词或短语的可能预测选项：

1. I enjoy going to the beach and playing in the ...

   sand（沙滩）；water（水）；sun（阳光）；waves（波浪）

   这个例子中，当写作者在句子中提到去海滩并进行某种活动时，AI 大语言模型可以根据语境预测下一个可能的词或短语，以上 4 个单词就是预测的几个可能选项。

2. The rain was pouring outside, so I grabbed my umbrella and headed ...

   towards the bus stop（朝向公交车站）；to the nearest café（到最近的咖啡馆）；back to my car（回到我的车）；for the shelter（找遮蔽处）

   这个例子中，句子中提到由于下大雨，写作者抓起伞并采取了行动。上述短语就是预测的几个可能选项，这些选项提供了可能的目的地或行动。

3. She entered the room and saw a beautiful bouquet of flower on ...

   the dining table（餐桌）；the windowsill（窗台）；
   the writing desk（写字台）；the countertop（柜台）

   这个例子中，当她进入房间时，她看到了一束美丽的花束，由于 flower 后面带有 on 介词，表示花是放在……上面，所以依据语境，给出上述 4 个预测的可能选项，表示花束可能放在餐桌上、窗台上、写字台上或者柜台上。

在这些例子中，根据给定的句子，AI 大语言模型可以预测下一个可能的词或短语。学习者可以根据这些选项选择最合适的词或短语，继续构建句子并保持流畅和正确地写作。这种预测功能可以为学习者提供一定的灵感和引导，他可以根据自己的意图和创意从提供的选项中选择最合适的词或短语来完善句子的构建。当然，需要注意的是：预测下一个词或短语的准确性取决于模型的训练数据和上下文的复杂性。因此，在使用预测功能时，学习者应该进行适当的评估和调整，以确保所选的词或短语真正符合他们的意图和写作目的。

 英语《写作指导》案例 2

提 问(学生输入)：能否用英语对"AI 大语言模型赋能教学提升"为主题的文章生成相关的结构和段落内容建议?

生 成(回答)：当然可以，以下是根据主题用英语生成的文章结构与段落内容建议：

Title：Empowering Teaching Enhancement with AI Large Language Models Introduction：

- Introduce the concept of AI large language models and their transformative potential in the field of education.

- Emphasize the significance of incorporating AI large language models to enhance teaching practices.

- Present the main objective of the article：to explore how AI large language models can empower teaching and contribute to improved learning outcomes.

Main Body：

Section 1. Understanding AI Large Language Models in Education

- Discuss the role and capabilities of AI large language models, such as AI-powered language models, in educational settings.

- Highlight their capacity to understand and generate human language, enabling diverse applications in teaching and learning.

- Explain how AI large language models can revolutionize the educational landscape through their language processing and comprehension abilities.

Section 2. Personalized Instruction and Adaptive Learning

- Explore how AI large language models support personalized instruction by tailoring content and resources to individual student needs.

- Discuss the benefits of adaptive learning experiences powered by AI large language models, catering to different learning styles and abilities.

- Highlight the potential of AI large language models in providing real-time feedback and guidance to learners, fostering personalized learning journeys.

Section 3. Language Skills Development and Language Acquisition

- Discuss how AI large language models can enhance language skills development across reading, writing, listening, and speaking.

- Explore the use of AI large language models for language practice, vocabulary expansion, grammar instruction, and pronunciation improvement.

- Highlight the potential of AI large language models in simulating real-world language interactions and fostering language fluency.

Section 4. Content Creation and Resource Support

- Explain how AI large language models assist educators in generating high-quality educational content, including lesson plans, quizzes, and learning materials.

- Discuss the efficiency and effectiveness of AI large language models in supporting teachers' curriculum design, saving time, and enhancing instructional materials.

- Highlight the potential of AI large language models in providing reliable and up-to-date information resources for both teachers and students.

Conclusion:

- Summarize the transformative potential of AI large language models in educational contexts, empowering teaching and improving learning outcomes.

- Emphasize the significance of integrating AI large language models as a valuable tool for educators to enhance instructional practices.

- Encourage continued exploration and research on the utilization of AI large language models in education to maximize their benefits and shape the future of teaching and learning.

Note: This is a suggested structure and overview for an article on the topic. The actual content and organization may vary based on the specific focus and requirements of the article.

以上 2 个简单的例子可以表明,学生完全可以通过与 AI 大语言模型的交互,获得英语写作方面的指导,助力他们更好地选择准确的单词或短语完成有关英语句子书写,帮助他们高效地生成某篇文章的结构与主体内容,极大提升写作效能与水平。当然,学生也完全可以将自己已经写好的英语文章或作品直接提交给大模型,模型可以给出针对性的建议和修订意见,包括结构、语法、拼写、句法等方面的纠正,并给出写作技巧和提升建议,全面帮助学生提升英语写作能力。

（4）词汇与语法

词汇与语法在英语学习中的重要性不言而喻,词汇是语言的基础,英语学习的重点之一是夯实词汇量。而语法是语言的骨架,它提供了句子结构、单词之间的关系和语法规则,是产生准确、流畅和符合语言规范的表达。然而,由于英语词汇量极大,包括常用词汇、专业词汇和习语等,记忆和掌握这么多词汇是一个巨大挑战,而且许多单词还具有多种词义和用法也增加了词汇学习难度。对于语法来说,英语语法规则繁多,有时候存在复杂的语法结构和特殊的用法。语法规则的记忆和应用需要花费大量时间和练习,学习者可能会遇到困惑和挫折。为此,人们长期在寻找相关的方法或技术,能够有效帮助学习者提升词汇和语法学习的效能,AI 大语言模型的出现为解决这一难题带来了极大可能和希望。

AI 大语言模型可以在词汇和语法学习方面提供支持,具体体现在下面几个方面。单词定义和释义:学习者可以向大语言模型查询任何英语单词的定义和释义,大模型会提供详细的解释,帮助学习者理解单词的含义和用法。同义词和反义词:学习者可以获取单词的同义词和反义词,以丰富词汇量并学习单词在不同语境中的变化。词组和短语:大语言模型可以提供常用的词组和短语,帮助学习者学习习惯用语和固定搭配,提高语言的自然流畅度。语法结构和句型:学习者可以向大语言模型查询特定的语法结构和句型的用法。模型可以提供示例句和解释,帮助学习者理解和运用不同的语法规则。

下面是 AI 大语言模型在支持学生学习英语词汇与语法方面的 2 个具体案例,案例 1 先要求举 5 个英语单词例子(单词由大模型随机给出),然后再要求给出这 5 个单词的同义和反义词;案例 2 要求举 5 种不同语法结构和句型的例子,并要求给出每个例子的 2 个例句。2 个案例的提问与生成结果如下:

 **英语《词汇与语法》案例1**

提 问(学生输入):能否举 5 个英语单词例子,并给出定义与释义,然后再给出这 5 个单词的同义、反义词

生 成(回答):可以,先举 5 个英语单词的定义和释义例子,然后给出这些单词的同义和反义词:

1. Comprehend:to understand or grasp the meaning of something. 理解,领会

2. Ambitious:having a strong desire and determination to achieve success or reach a particular goal. 有雄心壮志的

3. Resilient:able to recover quickly from difficulties or setbacks. 有弹性的,能迅速恢复的

4. Consensus:a general agreement or opinion among a group of people. 共识,一致同意

5. Diligent:showing persistent and careful effort in doing something. 勤奋的,认真的

上述 5 个英语单词的同义词和反义词：

1. Comprehend：

同义词：Understand，grasp，apprehend

反义词：Misunderstand，confuse，misconstrue

2. Ambitious：

同义词：Aspiring，driven，motivated

反义词：Unambitious，content，complacent

3. Resilient：

同义词：Flexible，adaptable，sturdy

反义词：Fragile，vulnerable，delicate

4. Consensus：

同义词：Agreement，harmony，unanimity

反义词：Disagreement，discord，dissent

5. Diligent：

同义词：Hardworking，industrious，conscientious

反义词：Lazy，idle，negligent

希望以上的同义词和反义词能帮助您进一步理解这些单词的意义和用法。

 **英语《词汇与语法》案例 2**

提　问（学生输入）： 能否举 5 种不同语法结构和句型的例子，每个例子给出 2 个例句

生　成（回答）： 可以，下面是 5 种不同语法结构和句型的例子：

1. 条件句（Conditional sentences）：

If I study hard，I will pass the exam.（如果我努力学习，我会通过考试。）

Unless you hurry，we will miss the train.（除非你赶快，否则我们会错

过火车。）

条件句用于表达假设、条件或可能性，包括一个条件子句和一个结果子句。

2. 被动语态（Passive voice）：

The book was written by J. K. Rowling.（这本书是由 J. K.罗琳写的。）

The house was built in 1920.（这座房子是在 1920 年建造的。）

被动语态用于强调动作的接受者或者重点放在动作的承受者上，而不是执行者。

3. 比较级（Comparative）：

The weather today is hotter than yesterday.（今天的天气比昨天热。）

She is taller than her sister.（她比她妹妹高。）

比较级用于比较两个事物的不同程度。

4. 现在完成时（Present perfect tense）：

I have visited Paris three times.（我已经去过巴黎三次了。）

They have lived in this city for five years.（他们在这个城市已经住了五年。）

现在完成时用于表示过去发生的动作与现在的关联

5. 定语从句（Attributive clause）：

The book that I am reading is very interesting.（我正在读的那本书很有趣。）

The girl who won the award is my friend.（赢得奖项的那个女孩是我的朋友。）

定语从句用于修饰名词，提供额外的信息。

以上 2 个简单的例子充分表明，学生完全可以通过 AI 大语言模型得到英语词汇与语法学习的支持，有助于更好地理解英语单词的定义和释义，包括同义词和反义词，以及该词汇在不同语境中的运用和变化。由于 AI 大语言模型具有海量数据和语言模式识别的能力，尤其是英语语言的能力,所以能够较准确地对英语语法结构和句型的把握,尤其是对英语时态和句型的分析。这为学生提供了一个交互式的词汇与语法学习支持工具,有助于他们快速提升对英语词汇与语法学习和掌握的能力。当然,英语教师也可以借助 AI 大语言模型的支持,提升英语教学效果和效率,个性化指导学生,实现英语教学的创新和变革。

4.4 自然科学学科

自然科学学科涵盖了自然界各个不同的领域,尤其是物理、化学和生物等是自然科学中最为基础和重要的学科。物理学重点涉及物质的性质和运动,化学主要关注物质的组成和变化,而生物学则是涉及生物体的结构和功能等,它们各自研究不同方面的自然现象和生命体系,为人类理解和解释世界提供了关键的知识和理论基础。物理学研究物质的性质、运动和相互作用。它涵盖了从微观粒子到宏观天体的各种尺度,从基本粒子物理学到宇宙学。物理学的应用范围广泛,对技术创新、工程发展、能源利用和环境保护等方面都具有重要影响。化学研究物质的组成、结构、性质和变化。它探索了原子、分子和化学反应的基本原理。化学在许多领域中发挥着关键作用,包括药物研发、材料科学、环境保护、能源转换和食品科学等。生物学研究生命的起源、结构、功能和演化。它涉及从微生物到复杂的生态系统的各个层面,包括细胞生物学、遗传学、生理学、进化学和生态学等。生物学对于理解生命的本质、治疗疾病、保护生物多样性以及农业和食品生产等领域都至关重要。以物理、化学、生物为代表的自然科学学科对人类的重要性毋庸置疑,它们帮助人们理解自然界的基本原理和规律,推动科学知识的发展,拓展人类对世界的认知,而且可以解决各种现实问题,推动技术的发展和创新,包括新材料、新能源、新药物、食品安全与环境保护等,为人类和社会创造福祉。在教育领域,这些学科可以培养学生科学思维、理性思维、分析和解决问题的能力,为科学、技术、生命、医学、工程等领域造就大批有用人才。然而,由于自然科学涉及抽象概念多、知识范围广、数学要求高、实践能力强等要素,给学生学习带来了较大难度。为此,教育领域也一直在探究和寻求能有较好和有效的方法与技术来支持这些学科的学习。AI大语言模型的出现让人们看到了解决支持自然学科有效学习的极大希望和前景。

AI大语言模型的海量数据与生成能力不仅能为师生和研究人员提供了一个强大的自然科学的研究工具,而且可以在物理、化学和生物等学科的知识综述、科研文献检索、实验设计、数据分析以及理论模型和实验模拟等方面提供强有力支持。归纳起来至少能够在以下几个方面给予支持,学科知识综述和解释:可以提供关于物理、化学和生物等学科的知识综述和解释。师生可以向大模型直接提问有关基本概念、理论原理和实验原理等方面的问题,以便更好地理解这些学科的核心内容。科研和文献检索:可以用于科研和文献检索,帮助研究人员找到与物理、化学和生物等学科相关的最新学术文献。大模型可以提供文献综述、关键词搜索和文献摘要等功能,帮助研究人员快速获取所需的科研信息。实验设计和数据分析:可以帮助学生设计和规划实验,提供实验步骤、数据分析方法和结果解读的建议。大模型可以根据相关的理论和方法,为实验设计提供指导,从而促进科学实验的进行和结果的分析。实验模拟和建模:在物理、化学和生物等学科中,经常需要进行大量的模拟和模型创建,大语言模型可以快捷有效地进行实验模拟和建模,尤其可以帮助解决复杂的物理、化学和生物系统问题,提供模拟和预测的支持,促进对自然现象和生物过程的理解。所以,随着AI大语言模型不断训练和最新数据的更新,必将成为助力自然科学研究和支持学生学习物理、化学、生物等学科之利器。下面就从知识解释、研究与应用综述、实验设计与数据分析等几个方面来阐述AI大语言模型如何对自然学科学习的支持。

(1) 知识解释

自然科学中许多知识都是比较抽象,尤其是相关概念和理论,如量子力学、化学反应机理和细胞结构等。而且自然界中还有很多的未知事物,科技又飞速发展,人们的认知很难及时跟上新事物、新科技知识的更新速度,所以需要有一些工具与途径来帮助人们获得对新事物新知识的解释。

AI 大语言模型的出现让人们看到了解决这一问题的希望。

AI 大语言模型的本质特性就是具备海量的知识储备,而且具有不断学习、更新和生成知识的非凡能力,所以对物理、化学和生物等自然学科的知识综述和解释可以说是轻而易举,尤其是对自然科学中各个学科最新进展知识的获取也是其他手段或途径无法比拟的。作为大语言模型,用语言来阐述和解释知识可谓是得心应手,只需学习者按正确的提问方式向大语言模型提出问题,大模型就完全可以按照提问从不同方面给予解答或解释。这为人们学习自然科学知识提供了有力支持和快捷的途径。

下面是 AI 大语言模型在支持物理、化学、生物学科中一些较关注的知识和概念解释方面的实际例子,我们仅以"量子力学、纳米材料、单细胞测序"为例来说明 AI 大语言模型是如何支持对自然科学概念的解释。

物理《知识解释》案例

提 问(学生输入):请对物理学中关于"量子力学"概念给予解释

生 成(回答):可以,以下是对量子力学概念的解释:

量子力学是一门研究微观世界中物质和能量行为的物理学分支。它描述了原子、分子和基本粒子(如电子、质子、中子等)的行为,以及它们之间相互作用的规律。量子力学在 20 世纪初由一些杰出的物理学家(如玻尔、波尔、德布罗意、海森堡、薛定谔等)共同创立,对于解释微观世界的现象和性质具有深远的影响。以下是量子力学的一些关键概念:

1. 波粒二象性:根据量子力学,微观粒子既可以表现出波动特性,又可以表现出粒子特性。这意味着微观粒子在某些实验条件下会显示出波动模式(如电子的波动性),而在其他条件下则会表现出粒子特性(如电子的位置和动量)。

2. 不确定性原理:由海森堡提出的不确定性原理指出,在某些情况下,我们无法同时准确测量粒子的位置和动量。也就是说,我们不能同时知道一个粒子的位置和其运动状态。

3. 波函数： 量子力学中,用波函数来描述粒子的状态。波函数是一个复数函数,它包含了关于粒子位置、动量和能量等信息。波函数的平方模量给出了找到粒子在某个位置或状态的概率。

4. 纠缠： 量子纠缠是量子力学中一个非常重要且神秘的现象。它是指当两个或更多的量子粒子之间发生相互作用后,它们的状态将紧密相关,无论它们之间的距离有多远,它们的状态都会同时相互影响。这意味着当一个量子粒子的状态发生改变时,与之纠缠的其他粒子的状态也会立即发生相应的变化,即使它们之间的距离很远。

5. 超位置： 根据量子力学,微观粒子可能同时存在于多个位置。这与我们在日常经验中的宏观物体不同,其位置是确定的。

6. 量子态坍缩： 当对一个处于叠加态(Superposition)的量子系统进行测量时,其波函数会坍缩成一个确定的状态。这是一个令人困惑的现象,因为在测量前,系统似乎处于所有可能状态的叠加中。

量子力学的应用十分广泛,包括量子计算、量子通信、量子加密、半导体器件、核能等领域。尽管量子力学是一个非常成功的理论,但它也引发了一些深奥的哲学和物理学问题,如量子解释问题和量子力学的完备性等,这些问题至今仍在学术界引发讨论。

 **化学《知识解释》案例**

提　问(学生输入)： 请对化学中的"纳米材料"概念给予解释

生　成(回答)： 可以,以下是对纳米材料概念的解释：

纳米材料是一类尺寸处于纳米级别的物质,也就是其尺寸在 1 到 100 纳米的范围内。纳米尺寸的材料因其特殊的物理、化学和生物学性质而引起广泛的研究兴趣。在这个尺度下,物质的性质可以与宏观材料有很大的区别,产生许多新颖和有趣的现象。纳米材料的一些常见例子包括：

1. 纳米颗粒： 这是一种纳米级别的微小颗粒,可以是金属、半导体或其他材料。纳米颗粒的特殊表面积和量子效应使其具有独特的光学、电学和催化性能,被广泛应用于生物医学、催化剂、传感器等领域。

2. 纳米管: 纳米管是由碳或其他材料构成的纳米级别的管状结构。碳纳米管因其优异的机械、电学和导热性能而备受关注,有望在电子学、材料学和纳米技术中有重要应用。

3. 纳米晶体: 纳米晶体是晶体材料的纳米级别版本。由于其粒子尺寸较小,纳米晶体的光学、电学和磁学性质与宏观晶体有很大的差异,可用于光电子学、显示技术等领域。

4. 纳米薄膜: 纳米薄膜是在基底表面上沉积的纳米级别的薄膜。纳米薄膜具有高比表面积和新颖的表面性质,可应用于传感器、涂层和催化等领域。

纳米材料在科学、工程和医学领域都有广泛的应用。由于纳米尺寸的特殊性质,纳米材料被用于制造高性能的电子器件、改进材料的力学性能、设计高效的药物传递系统等。然而,纳米材料的研究和应用也涉及到一些挑战,例如对其安全性和环境影响的评估。因此,对纳米材料的研究和开发需要仔细考虑其潜在的风险和应用范围。

 **生物《知识解释》案例**

提　问(学生输入): 请对生物学中的"单细胞测序"概念给予解释

生　成(回答): 可以,以下是对单细胞测序概念的解释:

单细胞测序是一种先进的生物学技术,它允许科学家对单个细胞的DNA或RNA进行测序和分析。传统的测序方法通常需要大量细胞的样本,将细胞的DNA或RNA混合在一起进行测序,因此无法捕捉到细胞之间的遗传和表达差异。

而单细胞测序技术的出现改变了这种局面,它可以实现对个别细胞的基因组和转录组进行高通量测序。这意味着,对于复杂的组织或样本,可以将每个细胞作为一个独立的实验单元,分别对其进行测序和分析。单细胞测序的基本步骤通常包括以下几个方面:

1. 单细胞样本的准备： 首先，需要从研究对象中获得细胞样本，并将每个细胞分离为单个实验单元。

2. 细胞裂解和提取 RNA 或 DNA： 对于转录组学研究，需要对细胞进行裂解，提取 RNA；而对于基因组学研究，需要提取细胞的 DNA。

3. cDNA 合成或 DNA 扩增： 对于 RNA 测序，需要对提取的 RNA 进行逆转录，合成 cDNA（互补 DNA）；对于 DNA 测序，需要对提取的 DNA 进行 PCR 扩增。

4. 建库和测序： 合成的 cDNA 或扩增的 DNA 需要构建测序库，并使用高通量测序技术进行 DNA 或 RNA 测序。

5. 数据分析： 测序完成后，需要对产生的海量数据进行处理和分析。这包括基因表达分析、单细胞群体分析、细胞类型鉴定、细胞亚群鉴定等。

单细胞测序技术的广泛应用使得研究人员能够深入了解细胞间的遗传异质性和表达差异。它在生物学、医学和生物医药领域有着广泛的应用，为个体化医疗、精准治疗、发育生物学、免疫学、神经科学等领域提供了新的洞察力，并在研究疾病发生机制和药物研发中发挥着重要作用。

（2）研究与应用综述

"研究与应用综述"在自然科学和学术界中扮演着非常重要的角色。它是一种系统性的文献总结和整理，对特定领域的研究和应用进展进行全面而深入的梳理和分析。它的作用与重要性主要体现在以下几个方面，概述研究进展：综述可以将大量研究文献和成果整合在一起，对特定领域的最新研究进展进行概括和总结。这有助于其他研究人员了解该领域的最新动态，避免重复研究，促进合作与交流。发现研究热点：通过综述，可以发现特定领域的研究热点和前沿问题。这有助于指导未来研究方向，促进科学研究的发展和创新。筛选高质量文献：综述要求作者对大量文献进行筛选和分析，从中选取高质量的研究成果进行综合报道。这有助于其他学者快速获取最具价值的研究信息，提高学术资源的利用效率。提供理论支持：综述可以对特定问题的理论框架和观点进行深入解释和讨论，为后续研究提供理论支持和指导。促进学术交流：综述的发表和分享可以促进学术交流和合作。其他学者可以通过综述了解作者的研究观点和思路，从中获得启发，也有可能展开深入合作。决策支持：在一些应用领域，综述可以为政策制定者、工程师和决策者提供重要的参考信息。例如，综述可以对某种技术的现状、应用前景和潜在风险进行评估，帮助决策者做出明智的决策。总之，"研究与应用综述"在学术和实践中具有重要的作用和价值，它是学术界对特定领域研究的总结和反思，是推动学术进步和科学发展的重要工具。通过综述，学者们可以共享他们的知识和发现，为学术团队和社会的发展贡献自己的力量。但是，进行"研究与应用综述"是一个复杂的任务，它不仅要对大量的文献进行搜索和筛选，需要从海量的文献中找到与主题相关且有价值的研究成果，而且综述需要对不同文献中的信息进行整合和归纳，将不同研究的结果、方法和结论进行比较和总结，提取出共性和差异，形成完整的综述内容。可见"研究与应用综述"是一个极其繁琐且耗时的任务，所以研究者们非常需要能有一些工具与手段来协助他们高效地完成综述任务。AI 大语言模型的出现让人们看到了解决这一问题的可能与希望。

AI 大语言模型的本质特性就是具备海量的知识储备，逻辑判断与综合梳理能力，而且具有不断学习、更新和生成知识的非凡能力，所以在"研究与应用综述"方面可以为研究者提供很强的支持，包括文献检索和筛选：可以帮助进行文献检索，根据关键词和主题找到与研究领域相关的文献，并提供快速筛选和过滤；资料整理和归纳：可以帮助整理和归纳大量文献中的信息，提供组织结构和总结内容的建议，帮助作者更好地编排综述内容；参考文献生成：可以帮助生成参考文献格式，提供正确的引用和文献信息，节省时间和减少错误；学术知识支持：可以实时回答研究者的问题，提供关于特定领域的背景知识和相关研究的信息，帮助作者更好地理解和解释研究内容；研究质量评估：在综述过程中，需要评估不同文献的研究质量和可信度，以确保综述的可靠性和准确性；综合分析和结论：

综述需要对不同文献中的结果和观点进行综合分析,得出全面且有深度的结论,提供对该领域研究现状和未来发展的洞见。

下面是 AI 大语言模型在支持物理、化学、生物学科研究领域中关于"研究与应用综述"方面的实际例子,我们选取了"量子通信、纳米晶体、cDNA 合成"为例来说明 AI 大语言模型是如何对研究与应用综述的支持。

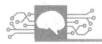 ## 物理《"量子通信"研究与应用综述》案例

提 问(学生输入):能否综述一下量子力学中关于"量子通信"研究与应用的进展?

生 成(回答):可以,以下是对"量子通信"研究与应用进展的综述:

当谈论"量子通信"的研究与应用进展时,主要涉及到量子信息科学中的一个重要领域:量子通信。量子通信利用量子力学中的特殊性质,如量子纠缠和量子超导,来传输和处理信息。相较于传统的经典通信,量子通信具有许多独特的优势,如量子态传输的安全性、量子比特的高效性能等,因此吸引了广泛的研究兴趣,并具有许多潜在的应用。以下是"量子通信"研究与应用进展的综述:

(1) **量子密钥分发**(Quantum Key Distribution, QKD):量子密钥分发是量子通信的核心内容之一。通过利用量子纠缠和量子测量的原理,QKD 可以实现在不受经典窃听攻击的情况下传输秘密密钥。目前,已有许多实验室和公司展示了量子密钥分发在长距离传输和实际网络中的应用。

(2) **量子远程通信**:量子远程通信是指利用量子纠缠态传输信息的过程。通过制备和分发量子纠缠态,可以实现远程的量子态传输和量子信息交换。这项技术在量子计算和量子通信中具有重要应用,也在实验室中取得了一些进展。

(3) **量子中继和量子网络**:量子中继和量子网络是将多个量子通信

节点连接在一起形成复杂的通信网络。量子中继可以延长量子通信的传输距离,并增强通信的可靠性。而量子网络则涉及更复杂的协议和算法,可用于构建分布式的量子计算系统和实现量子互联网。

(4) **量子通信在量子互联网中的应用**：随着量子计算和量子通信技术的不断发展,构建量子互联网的愿景逐渐成为现实。量子互联网将通过连接全球的量子计算节点和传输量子信息,实现更快速、更安全的全球通信。

(5) **实验室和商业化应用**：在实验室中,许多研究团队已经展示了量子通信的原理和实验验证。此外,一些公司也开始涉足量子通信技术,并试图将其商业化,为企业和用户提供量子安全通信的服务。

虽然量子通信在理论和实验方面取得了一些进展,但仍然存在着许多挑战。例如,技术上的困难、噪声和误差的影响、高成本等都是需要解决的问题。然而,随着量子技术的不断进步和成熟,相信"量子通信"将在未来为通信和信息领域带来新的突破和应用。

总体来说,"量子通信"是一个仍在不断发展的前沿领域,其应用前景非常广阔。希望上述综述能为您提供一个对"量子通信"的研究与应用进展有所了解的概览。如需更深入了解具体细节或最新进展,请查阅相关的科学文献和研究报告。

化学《"纳米晶体"研究与应用综述》案例

提　问（学生输入）：能否综述一下纳米技术中关于"纳米晶体"研究与应用的进展？

生　成（回答）：可以,以下是对"纳米晶体"研究与应用进展的综述：

当谈论"纳米晶体"的研究与应用进展时,这涉及到纳米技术在材料科学、化学、生物学、光电子学等多个领域的发展。纳米晶体是一类具有纳米尺寸的晶体结构,其尺寸通常在纳米级别,表现出许多特殊的物理和化学性质。以下是关于"纳米晶体"的研究与应用进展的综述：

（1）**合成与制备方法**：近年来,研究人员在纳米晶体的合成与制备方法方面取得了重要进展。包括溶液法、气相法、溅射法、热分解法等各种技术,可以用于制备不同形态和组成的纳米晶体材料。

（2）**光电子学与光学应用**：纳米晶体在光电子学和光学领域的应用是研究的热点之一。由于其特殊的能带结构和光学性质,纳米晶体被广泛应用于光伏电池、光电探测器、发光二极管(LED)、激光器等光电子学设备。

（3）**生物医学应用**：纳米晶体在生物医学领域也有着重要的应用。纳米晶体荧光探针可以用于细胞成像、药物输送和生物分析等方面,有望在生物医学诊断和治疗中发挥重要作用。

（4）**纳米晶体的催化应用**：由于其高比表面积和独特的晶体结构,纳米晶体材料在催化领域也具有巨大潜力。纳米晶体催化剂可以提高催化反应的效率,广泛应用于化学合成、环境保护等方面。

（5）**纳米晶体的能源应用**：纳米晶体材料在能源领域也有着广泛的应用前景。例如,纳米晶体在太阳能电池、燃料电池、储能材料等方面都有重要的研究和应用价值。

（6）**纳米晶体在传感器和电子器件中的应用**：纳米晶体材料在传感器和电子器件方面也有许多应用,如气体传感器、压力传感器、柔性电子器件等。

纳米晶体的研究与应用在科学与技术领域具有广泛的应用前景,为材料科学、纳米技术、生物医学和光电子学等多个学科的发展做出了重要贡献。虽然已取得了许多重要进展,但纳米晶体的研究和应用仍面临一些挑战,如材料的合成和稳定性、纳米晶体材料的生物相容性等问题。随着科学技术的不断发展,相信纳米晶体的应用领域将不断拓展,并为我们的生活和产业带来更多的创新和改进。

请注意,以上综述只是对"纳米晶体"的研究与应用进展做了简要的概述,涉及的领域广泛且复杂,具体的研究内容和应用情况会因不同的纳米晶体材料和学科而有所不同。如需更深入了解具体细节或最新进展,请查阅相关的科学文献和研究报告。

提　问(学生输入)：能否综述一下单细胞测序技术中关于"cDNA 合成和 DNA 扩增"研究与应用的进展？

生　成(回答)：可以，以下是对"cDNA 合成和 DNA 扩增技术"研究与应用进展的综述：

cDNA 合成和 DNA 扩增技术是现代生物学和生物技术领域中的重要技术手段，它们的研究与应用不断取得进展，为科学研究和生物医学应用提供了强大的支持。以下是关于 cDNA 合成和 DNA 扩增的研究与应用进展的综述：

1. cDNA 合成的进展：

(1) **高效率反转录酶**：随着反转录酶技术的不断改进，新一代高效率的反转录酶被开发出来，能够在更广泛的温度和条件下进行 cDNA 合成，提高了反转录反应的稳定性和效率。

(2) **逆转录聚合酶链式反应(RT‑PCR)**：RT‑PCR 技术将反转录酶和聚合酶链式反应结合在一起，实现从 RNA 模板到 cDNA 的快速合成，并在同一反应中进行目标 DNA 片段的扩增。RT‑PCR 广泛应用于基因表达分析和生物医学诊断。

(3) **单细胞 cDNA 合成**：单细胞转录组学研究的发展推动了单细胞 cDNA 合成技术的进步。新的高通量单细胞 cDNA 合成方法允许对单个细胞的转录组进行全面的分析，揭示了细胞异质性和发育过程中的动态变化。

(4) **滚环反转录**：滚环反转录是一种特殊的反转录机制，它能够在某些 RNA 分子的 5′端和 3′端同时合成 cDNA，使得 cDNA 合成的效率和准确性得到提高。

2. DNA 扩增(PCR)的进展：

(1) **高效酶和缓冲体系**：DNA 聚合酶的改进以及新的缓冲体系的开

发,使得 PCR 反应的特异性、效率和鲁棒性得到显著提高。高效酶的应用也缩短了 PCR 反应的时间。

(2) **实时定量 PCR(qPCR)**:实时定量 PCR 技术允许在 PCR 反应过程中实时监测 DNA 扩增产物的累积,从而能够准确、快速地测量起始模板的数量。qPCR 广泛用于基因表达分析、病原体检测和药物研发等。

(3) **数字 PCR**:数字 PCR 技术是一种基于数字式分析的 PCR 方法,能够对 PCR 产物进行单个分子的计数,从而实现更高精度的定量分析和低拷贝目标的检测。

(4) **基于 PCR 的 DNA 测序**:PCR 在第二代和第三代 DNA 测序技术中扮演了重要角色。PCR 的引入大大提高了 DNA 测序的敏感性和准确性,推动了现代基因组学和转录组学的快速发展。

总体而言,cDNA 合成和 DNA 扩增技术在过去几十年中取得了长足的进展,为基因表达研究、遗传学研究、生物医学研究和生物工程应用等领域提供了强大的实验手段。随着生物技术的不断发展,这些技术将继续得到改进和拓展,并为科学研究和医学应用带来更多的创新和突破。

AI 大语言模型是通过自然语言处理、信息检索技术、逻辑判断和分析来支持不同学科的研究与应用综述。它可以理解研究者的意图,提供更精准和个性化的综述结果。研究与应用综述在科学研究的全过程中起着关键的作用,它不仅帮助研究人员了解前人的研究成果,还能够发现新的研究问题和前沿领域,同时,科学的综述也有助于提高研究的质量和可靠性,确保科学研究的严谨性和可信性。

(3) **实验设计和数据分析**

自然科学中"实验设计和数据分析"的重要性是毋庸置疑的。其中,实验设计的重要性主要体现在以下几个方面。问题解决:实验设计能帮助研究者解决具体问题或者验证某些理论,是科学研究中不可或缺的一部分。变量控制:良好的实验设计应考虑到所有可能影响结果的变量,并尝试控制这些变量,以便只测试一个或者少数几个因素,从而确定因果关系。

资源利用：有效的实验设计可以帮助研究者更好地利用有限的资源，包括时间、资金、设备和人力等。而数据分析的重要性则表现在：理解结果：数据分析可以帮助研究者理解实验结果，解释现象，从而推动实验探究的深入。验证假设：研究者可以通过数据分析验证或者否定实验前设立的假设，也就是确认或者排除某种因果关系。预测未来：通过数据分析，研究者可以模型化现象或过程，预测未来可能的研究结果。所以在科学研究中，实验设计和数据分析是息息相关的。实验设计为数据提供了"生源"，而数据分析帮助我们理解并利用这些数据。一个好的实验设计可以使数据更加准确，而高级的数据分析方法可以挖掘数据中隐藏的信息。这两者结合起来，可以在科学研究中取得更好的效果。但是，实验设计和数据分析的过程是非常复杂和耗费人力资源的，也会遇到许多困难以及挑战。在实验设计阶段，就必须考虑清楚如何控制所有可能影响实验的变量，并解释或者量化其他无法控制的变量对实验结果的可能影响。与此同时，实验样本选择也是一个挑战，如果样本不具代表性，那么得出的实验结论可能不准确，而找到具有代表性的样本，往往需要大量的时间和资源。此外，复杂的实验对设计的要求会很高，可能需要大量的资源和时间，而这两者通常是有限的。因此，研究者必须在他们的时间与资源之间找到一个平衡。而在数据分析阶段面临的挑战是数据质量的问题，有意义的分析结果取决于数据质量的优劣，错误的、不完整的或者具有偏差的数据都将直接影响分析结果的准确性。与此同时，数据量的大小也同样影响数据分析的结果，没有足够的数据量，分析得出的结果也将无法具有可信度和普适性。由此可见，实验设计与数据分析是一项耗时、耗力、耗资源的任务，所以研究者们非常期望能有一些工具与手段来协助他们高效地完成综述任务。AI 大语言模型的出现让人们看到了解决这一问题的可能与希望。

　　AI 大语言模型的本质特性就是具备海量的知识储备，并具有较强的逻辑判断与综合梳理能力，而且具有不断学习、更新和生成知识的非凡能力，所以在"实验设计和数据分析"方面完全可以为研究者提供很强的支持。AI 大语言模型可以为实验设计提供理论支持和参考，例如，它可以生成与特定实验设计相关的文献引用、方法论和最佳实践等信息。可以帮助师生设计实验,提供实验步骤,包括提供设计实验所需要考虑的各种因素,比如如何选择和控制变量,如何选择合适的实验设计(例如,随机设计、因子设计等),甚至可以帮助设计数据收集和数据分析的方法等。在数据分析阶段,可以提供对数据预处理和分析的建议,包括数据清洗,探索性数据分析,选择适当的统计模型,解释结果等。当然,也可以基于师生的输入和需求,还能帮助生成实验报告,包括实验的方法、结果、讨论等。此外,它还可以提供关于如何对实验过程和结果创建有效可视化的建议和指导等。

下面是 AI 大语言模型在支持物理、化学、生物学科研究领域中关于"实验设计和数据分析"方面的实际例子,我们仅选取了"量子通信、纳米晶体、单细胞测序"为例来说明 AI 大语言模型是如何支持实验设计和数据分析的。

 物理《"量子通信"相关的实验设计》案例

提　问(学生输入): 能否以量子通信为例,进行相关的"实验设计"?

生　成(回答): 可以,以下是对量子通信相关的"量子密钥分发"的实验设计:

量子通信是一个复杂且深度的科学领域,涉及许多复杂的量子力学原理和实验技术。下面的实验设计是为了检验和演示一种基本的量子通信协议,即量子密钥分发(Quantum Key Distribution, QKD)。请注意,这只是一个简化的例子,并不能反映量子通信的全部复杂性。

1. 实验目的:

演示并验证 BB84 协议的可行性,BB84 是一种量子密钥分发协议。

2. 设备/材料:

(1)量子信源:可以产生并发送单光子的设备。

(2)光偏振器:可以调节光的偏振状态。

(3)光探测器:可以检测并区分不同偏振状态的光子。

3. 实验步骤：

（1）Alice(发送方)使用量子信源产生单光子,然后随机选择一种编码方式(矩形编码或对角编码)和一种比特值(0或1),并根据这两种选择调整光偏振器,使得每个光子的偏振状态对应于一个比特值。

（2）Alice 发送这些光子给 Bob(接收方)。

（3）Bob 随机选择一种检测方式(矩形检测或对角检测),并使用光探测器检测每个光子的偏振状态,然后记录下对应的比特值。

（4）通过一个公开的但不安全的通道,Alice 告诉 Bob 她使用的编码方式,Bob 只保留那些他使用了正确检测方式的比特值,这些比特值构成了他们的共享密钥。

4. 数据分析：

由于量子力学的原理,如果有窃听者 Eve 试图窃听通信,那么她的窃听行为将会改变光子的偏振状态,这将导致 Alice 和 Bob 的共享密钥中出现错误。所以,Alice 和 Bob 可以通过比较他们的部分密钥来检测是否存在窃听。如果错误率超过了某个阈值,那么他们就认为通信被窃听,然后丢弃这个密钥并重新开始。如果错误率低于这个阈值,那么他们就认为这个密钥是安全的,可以用来进行加密通信。

请注意,这只是一个简化的实验设计,并没有涉及到所有的细节和可能的问题。在实际的实验中,还需要考虑很多其他的因素,如光子的损失和噪声,设备的精度和稳定性等。而且,实验的成功需要深厚的量子力学知识和精细的实验技术。

化学《"纳米晶体"中相关的实验设计与数据分析》案例

提　问(学生输入)：能否对纳米晶体中的"光电探测器"实验进行"实验设计与数据分析"？

生　成(回答)：当然可以,以下先是对纳米晶体光电探测器的基础实验设计,然后是数据分析：

- **实验设计**

纳米晶体在光电探测器领域有着非常广泛的应用潜力，可以用于探测不同波长的光。基础的实验设计如下：

1. 实验目的：

评估纳米晶体光电探测器的性能，并研究其对不同波长光的响应特性。

2. 设备/材料：

（1）纳米晶体样品：选用特定纳米材料构成的晶体样品。

（2）光源：可以产生不同波长光的可调节光源。

（3）光谱仪：用于测量光的波长和强度。

（4）电压源和电流计：用于测量纳米晶体对光的电响应。

（5）光学设备：透镜、分束器、偏振器等，用于控制光的传播和特性。

3. 实验步骤：

（1）准备样品：选择合适的纳米晶体样品，并确保其表面干净无杂质。

（2）光源设置：使用可调节光源，设置所需的波长和强度。

（3）样品照射：将选定波长的光照射到纳米晶体样品上，确保光束的稳定和均匀。

（4）电响应测量：连接电压源和电流计，测量纳米晶体在光照下的电流和电压变化。

（5）响应曲线绘制：改变光的波长和强度，重复上述步骤，并绘制纳米晶体的响应曲线，展示其对不同波长光的响应特性。

（6）数据分析：通过分析实验数据，研究纳米晶体的光电特性、响应时间等重要参数。具体的分析过程如下。

- **数据分析**

对于纳米晶体光电探测器的实验，数据分析是一个关键步骤，可以通过对实验数据的深入分析来了解纳米晶体的光电特性。以下是数据分析的详细描述：

1. 数据清洗和预处理：从实验中获取的原始数据可能包括噪声和异常值。首先进行数据清洗，去除不合理的异常点，并可能需要对数据进行平滑处

理,以减少随机噪声的影响。

2. 响应曲线分析:根据不同波长和强度下的电响应数据,绘制纳米晶体的响应曲线。这些曲线可以揭示纳米晶体对光的响应特性,例如响应速度、灵敏度等。

3. 参数拟合:可以使用数学模型来描述纳米晶体的光电行为。通过非线性最小二乘法等优化方法,可以拟合模型参数,以使模型最好地符合实验数据。

4. 敏感度分析:分析纳米晶体对不同波长光的敏感度,探讨其对特定波长的光有无选择性响应,这对于多光谱探测等应用非常重要。

5. 时间响应分析:如果实验中测量了纳米晶体的时间响应,可以分析其响应和恢复的时间特性,这对于了解探测器的速度和灵敏度非常重要。

6. 与理论模型的比较:通过与理论模型的比较,可以了解纳米晶体的内在物理机制,这可能涉及量子力学、固态物理等复杂理论。

7. 误差分析:分析实验中可能的误差来源,如设备误差、操作误差等,并评估这些误差对实验结果的影响。

8. 结论与解释:基于上述分析,总结纳米晶体的光电特性,并尝试解释观察到的现象,可能涉及对纳米晶体结构、材料属性等的解释。

9. 未来工作建议:指出实验和分析中的局限性,并提出未来可能的改进方向和进一步研究的建议。

这些分析可以帮助研究者深入了解纳米晶体光电探测器的工作原理和性能,为改进探测器设计和扩展其应用提供依据。需要注意的是,这样的分析可能需要复杂的数学和统计方法,以及对纳米材料和光电物理的深入理解。

 **生物《"单细胞测序"相关实验的数据分析》案例**

提 问(学生输入):请问是否能够对单细胞测序中的"单细胞 cDNA 合成"实验如何进行"数据分析"给予描述?

生　成(回答)：当然可以,以下是关于"单细胞 cDNA 合成"实验中如何进行"数据分析"的描述:

单细胞 cDNA 合成是单细胞测序的关键步骤,用于将单个细胞中的 RNA 转化为 cDNA,以便进行下一步的 DNA 测序。实验目的是研究特定细胞类型的基因表达模式,或比较不同条件下的细胞响应。以下是针对单细胞 cDNA 合成实验中的"数据分析"过程:

1. 数据预处理

在单细胞 cDNA 合成实验中,数据预处理的质量控制阶段至关重要。这一步确保了接下来的分析基于准确和可靠的数据。以下是对质量控制的相关描述:

质量控制:

(1) cDNA 质量检测

- **琼脂糖凝胶电泳**:检测 cDNA 的大小和纯度,确保没有明显的降解和污染。

- **光谱测定**:使用 NanoDrop 等设备,评估 cDNA 的纯度和浓度。

(2) 逆转录效率评估

- **qPCR 分析**:通过特定的标准化基因,评估逆转录的效率,确保逆转录过程一致性。

(3) 扩增效率检测

- **扩增曲线分析**:观察 PCR 扩增的实时过程,确保扩增效率的一致性,排除非特异扩增的可能性。

(4) 样品混杂检查

- **标记验证**:如果使用了标记,通过检测特异标记确保样品未发生混杂。

(5) 测序前质量控制

- **文库检查**:在测序前,检查测序文库的质量和数量,确保满足测序平台的要求。

（6）测序数据初步分析

● **原始读取质量检查**：使用工具，如 FastQC，检查原始测序读取的质量，剔除低质量读取。

● **序列对齐和映射质量检查**：确保读取能正确和高效地映射到参考基因组。

（7）批次效应和技术偏见评估

● **统计分析**：评估是否存在与处理无关的批次效应或其他技术偏见，并在后续分析中纠正。

结论：数据的质量控制是实验的基石，直接影响实验结果的准确性和可靠性。在单细胞 cDNA 合成实验中，由于涉及复杂的样品处理和分析步骤，质量控制尤为重要。通过以上多个层次的质量检查，可以确保实验的成功和结果的科学价值。

2. 数据分析步骤

单细胞 cDNA 合成的数据分析必须非常精确和周到，因为单细胞数据往往更复杂和容易受到技术偏见的影响。通过严密和深入的数据分析，可以揭示单细胞水平上的复杂生物过程和异质性。单细胞 cDNA 合成的数据分析主要包括以下几个部分：基因表达定量分析、差异表达分析、富集分析、聚类分析：

（1）基因表达定量

基因表达定量是分析单细胞 cDNA 合成实验数据的核心步骤。以下是基因表达定量的分析过程：

● **读取映射**

a. **序列对齐**：使用适当的序列对齐工具（如 STAR，Bowtie 等）将测序读取映射到参考基因组。

b. **移除多映射读取**：移除映射到多个位置的读取，以减少不确定性。

● **表达量计算**

a. **基因级别计数**：使用如 HTSeq、FeatureCounts 等工具，统计每个基因的读取计数。

b. 标准化：将原始读取计数转化为 TPM（转录每百万）、FPKM（每千碱基每百万读取）或 RPKM（每千碱基每百万读取）等，以便在样本间进行比较。

- **数据探索与质量评估**

a. 主成分分析（PCA）：对表达数据进行 PCA，了解样本间的关系和可能的批次效应。

b. 相关性分析：分析样本间的相关性，确保实验组与对照组之间的差异大于实验组或对照组内部的差异。

（2）差异表达分析

　　差异表达分析旨在识别在不同生物学条件下的基因表达水平变化。在单细胞 RNA 测序中，可以揭示不同单细胞类型或不同处理条件下的基因调控网络变化。以下是差异表达分析的主要步骤和方法：

- **数据准备**

a. 标准化和归一化：使用如 TPM、FPKM 或 CPM 等方法对读取计数进行标准化，使不同样本间可比较。

b. 批次效应校正：如有批次效应，使用方法如 ComBat 进行校正。

- **差异表达模型**

a. 选择合适的统计模型：根据实验设计选择适当的统计模型，如负二项分布模型。

b. 方法选择：可选择如 DESeq2、edgeR、limma 等 RNA‑Seq 的工具进行差异分析。

- **统计检验**

a. 估计基因间变异性：评估基因表达水平之间的变化，并在模型中进行适当的调整。

b. 计算 P 值：通过适当的统计检验，如 Wald 或似然比检验，计算每个基因的 P 值。

- **多重检验校正**

a. FDR 控制：使用如 Benjamini‑Hochberg 等方法对 P 值进行校正，以控

制假阳性率。

- **结果解释与可视化**

a. **火山图和 MA 图**：用于直观展示差异表达基因。

b. **富集分析**：进行 GO 和 KEGG 分析，探索差异表达基因的功能和通路。

（3）富集分析

富集分析旨在识别大量的基因或蛋白质列表中的重要生物过程、功能分类或调控通路。在差异表达分析后，富集分析有助于理解哪些生物学功能或通路与实验条件的变化有关。以下是富集分析的主要步骤和类型：

- **数据准备**

a. **选择差异表达基因列表**：根据先前的差异表达分析选择显著差异表达的基因。

- **功能富集分析**

a. **基因本体（GO）富集分析**：使用如 DAVID、PANTHER 或 g: Profiler 等工具，分析基因在生物过程、分子功能和细胞组分中的富集情况。

b. **通路富集分析**：分析基因在已知生物通路（例如 KEGG、Reactome）中的富集情况。

- **分析方法**

a. **超几何检验**：常用于富集分析的统计方法之一，用于确定观察到的富集程度是否超出了随机期望。

b. **GSEA（基因集富集分析）**：这种方法考虑了整个基因表达剖面，而不仅仅是差异表达基因。

- **多重检验校正**

a. **FDR 控制**：与差异表达分析类似，多重检验校正用于控制假阳性率。

- **结果解释与可视化**

a. **功能解释**：通过查看富集的功能和通路，了解实验条件变化与生物学过程的联系。

b. **可视化**：使用图表和网络图展示富集的功能和通路。

（4）聚类分析

聚类分析是用于在数据集中找出隐藏的模式或群组。在单细胞测序数据分析中,聚类分析常用于鉴别细胞类型、亚群或不同的生物状态。以下是聚类分析的主要步骤和方法:

- **数据预处理**

a. **特征选择**:确定具有生物学意义和变异性的基因或特征。

b. **标准化和归一化**:使不同的特征具有可比性。

- **相似度或距离度量**

a. **选择合适的距离度量**:常用的距离度量包括欧氏距离、曼哈顿距离和余弦相似度。

- **聚类方法选择**

a. **分层聚类**:通过逐步合并或分割群组创建聚类树。

b. **k-均值聚类**:将数据划分为 k 个集群,以最小化每个集群内部的方差。

c. **谱聚类**:基于图论的方法,尤其适用于复杂和非线性的数据结构。

d. **混合高斯模型**:假设数据由多个高斯分布混合而成,并使用 EM 算法进行参数估计。

- **确定聚类数量**

a. **肘部法则**:找到增加集群数量导致内部方差下降速率急剧减缓的点。

b. **轮廓系数**:衡量对象与同一集群内其他对象的相似度与不同集群的对象的相似度之间的差异。

- **后处理和解释**

a. **标签和解释**:根据生物学知识为群组分配标签和解释。

b. **可视化**:使用如 t-SNE、PCA 或 UMAP 等降维方法进行可视化。

- **验证和评估**

a. **内部验证**:使用如轮廓系数、戴维斯-布尔丁指数等进行内部评估。

b. **外部验证**:如果有真实标签可用,则可以使用如 ARI、NMI 等进行外部评估。

以上的例子充分表明 AI 大语言模型在自然科学的"实验设计和数据分析"方面完全可以为研究者提供很强的支持。AI 大语言模型不仅可以为实验设计提供必要的理论支持和方法参考，可以帮助研究者设计实验，提供实验步骤，包括提供设计实验所需要考虑的各种因素。在实验数据分析方面，可以提供对数据预处理和分析的建议，包括数据清洗，探索性数据分析，选择适当的统计模型，解释结果、数据可视化等。当然，也可以基于研究者的实际需求，帮助生成相关的实验报告，包括实验的假设、方法、结果、讨论等。可以相信，随着 AI 大语言模型的不断学习和知识的不断积累，必将为自然科学的学习和实验方式带来极大的创新与变革。

　　当然，必须注意的是，虽然 AI 大型语言模型可以提供这些支持，但它并非万能的。它的知识库仅基于训练它时可用的数据，因此可能无法反映出最新的研究进展和技术。此外，它不能替代专业人员的专业知识和判断，也不能完全替代实际的数据分析软件或专用工具。

第五章

AI 大语言模型的典型代表：ChatGPT

在信息科技的发展史上，人们总能见证一些划时代的技术突破。当个人计算机诞生时，它打破了信息处理的壁垒；互联网的出现则为人们提供了前所未有的连接和交流机会；智能手机的兴起使这种连接更加便捷。而在这个连续的技术演进中，AI 大语言模型的崛起无疑是一个巨大的里程碑。它的出现几乎可以被看作是信息科技历史上最为重大的一次进步。

AI 大语言模型以其独特的预训练和生成式特点，表现为"无所不知、无所不能"。它不仅具备了逻辑推理、上下文理解、知识提取等基础能力，更拥有了文字创作、代码生成等多元化的强大功能（陈曦，2023）。从纯粹的信息加工处理的角度看，大语言模型的处理效率和准确性都已轻松超越人类（张晖，2023），它能够无缝地加工、输出和交互各种信息，确保信息传递的准确性和流畅性。

在这一重大技术进步的潮流中，2022 年 11 月由 OpenAI 推出的 ChatGPT 模型犹如一颗璀璨的明星闪亮登场，在短短的 2 个月时间用户数突破 1 亿，创造了一款工具软件上市后短时间内用户数暴增的历史最高纪录。ChatGPT 不仅仅是一个单一的会话模型，它能够适应各种自然语言处理任务，从简单的问答、文本摘要、提炼归纳到深入的知识探讨和创意写作，并能以自然和连贯的方式生成人类可理解的语言文本输出，它在多个维度上都展现出了超越同类模型的非凡能力。这不仅是技术的胜利，更是对人类智慧的致敬。OpenAI 为此模型倾注了巨大的资源和研究力量，默默耕耘了数十年，使其成为了数字时代最为出色的自然语言处理工具。不同于其他对话模型，ChatGPT 凭借其广泛适应性，在各种情境中都能灵活地与用户互动。无论是教育、医疗、娱乐还是商业领域，它都展现出了巨大的潜力和价值，真正实现了从理论到实践、理想到现实的跨越。当我们站在数字化、智能化新时代的门槛上，ChatGPT 和它所代表的 AI 大语言模型，将为我们展示一个充满梦想、无限可能的未来世界。

本章将对 ChatGPT 的发展历程和当前所处地位（社会评价与认可度）进行简要阐述，并重点围绕它的功能特征，包括自然语言理解和生成、上下文理解和记忆、多语言支持、知识覆盖面、适应性与拓展性、持续更新与进化，以及安全与道德约束等，还将展示一下它最新推出的作图插件功能。最后，对预期的应用领域、面临的挑战，以及未来的应用展望进行描述。

5.1　ChatGPT 概述

ChatGPT 由 OpenAI 公司于 2022 年 11 月正式发布推出，是由该公司在 2018 年起步研发的 GPT 模型衍生和发展而来。ChatGPT 继承了 AI 大语言模型的核心要素，包括自然语言生成、上下文理解和记忆、广泛的知识覆盖和多语言支持等，堪称是 AI 大语言模型最先发布并面向公众应用的一个典型代表。正如 OpenAI 创始人萨姆·奥尔特曼所言：ChatGPT 只是未来一系列更为强大的 AI 里程碑之一。

ChatGPT 的核心特征是擅长依据用户的需求自动生成连贯、自然且富有创意的文本输出，这使其在多种应用场景中具有强大的吸引力。基于

Transformer 的模型结构,以及大规模预训练和微调的策略,使得 ChatGPT 在处理各种语言任务上都表现得极为出色。总的来说,ChatGPT 是一种强大且灵活的工具,它为人们理解和利用自然语言提供了新的可能性。它不仅推动了 AI 大语言模型的发展,也为人工智能的未来描绘了一幅令人期待的图景。

然而,尽管 ChatGPT 在许多方面表现出色,它还并不很完善,也存在一些限制和挑战,比如,它不能很好地理解或生成图片,不能处理非文本的数据,不能理解复杂的语境和隐含的含义等。这些都是未来进一步研究的方向,也是 ChatGPT 可以不断创新的机会和发展的空间。

5.1.1 发展历程

ChatGPT 的发展历程并不算很长,基本可以追溯到 2015 年由数位世界顶级的 IT 人才(如马斯克、苏茨克维、布罗克曼等)共同创建了 OpenAI 公司,创立初期设定的发展目标为: 构建与人类水平相当的人工智能。围绕这一目标,公司在强化学习、机器人、多智能体、智能安全等方面多头出击。虽然 3 年左右时间并没有取得特别有说服力的成果,但是为后来的 GPT 爆发奠定了强大的技术储备和人才基础。到了 2018 年 6 月开始正式发力,OpenAI 公开发布了 GPT–1 模型,这也是 GPT 系列模型的第一个版本。发布之后,OpenAI 受到了世人的极大关注,由此也成为 AI 在深度学习和自然语言处理领域的一个重要里程碑。下面就简要梳理一下整个发展历程。

2018 年 6 月,OpenAI 公开发布了 GPT–1 模型,发布的目的是展示"预训练-微调"策略的能力。这种策略首先在大量文本的基础上进行预训练,让模型学习到大量的语言信息,然后在特定任务的小规模标注数据上进行微调,极大地提高了模型在各种自然语言处理任务上的性能。该策略也彻底颠覆了传统自然语言处理方法依赖于为每个任务手工设计的特征和模型结构。GPT–1 展示了一个通用模型只需要微调,就可以在多个任务上达到当时的最佳效果,这改变了自然语言处理的研究方向。GPT–1模型发布时拥有的参数量为 1.1 亿(这在当时已经是一个比较大模型了），重要的是它为后续的大模型如 GPT-2 和 GPT-3 推出铺设了前进道路。

2019 年 2 月，OpenAI 又公开发布了 GPT-2 模型。GPT-2 模型在模型架构和训练数据上做出了一些改进，使得它的性能比 GPT-1 有了显著的提升，尤其是模型的参数达到 15 亿。然而，由于 GPT-2 模型的生成能力强大，OpenAI 最初没有完全公开模型，以防止模型被滥用。这也引发了关于 AI 伦理和安全性的一场广泛的讨论。

2020 年 6 月，GPT-3 模型的发布更是引起了人们的广泛关注。GPT-3 模型的参数量达到了 1750 亿，这使得它在许多语言任务上达到了人类的水平。然而，由于 GPT-3 的计算需求巨大，使得训练这样的模型成了一个巨大的挑战。

2022 年 11 月，OpenAI 正式发布和推出了 ChatGPT，在原来 GPT 系列前加上了 Chat 一词，这是一种专为对话任务设计的模型。它继承了 GPT 系列模型的优势，强化了语言理解、生成能力和广泛的知识覆盖面，同时也在上下文理解记忆、对话管理、多轮对话的理解等方面做出了改进。根据 SimilarWeb 的数据显示，ChatGPT 自 2022 年 11 月在美国推出，仅在短短 2 个月内活跃用户规模便突破 1 亿大关，而且谷歌的搜索热度指数从 2022 年 11 月至 2023 年 4 月"AI"关键词的热度增长了 267%。

2023 年 3 月，OpenAI 正式发布了 ChatGPT-4，它是一个超大的多模态模型，也就是说，它的输入可以是文字（上限 2.5 万字），还可以是图像。大语言模型开始具备图片和文字同时处理的多模态能力，继续占据先入为主的优势。OpenAI 的创始人萨姆·奥尔特曼直接开门见山地介绍说：这是我们迄今为止功能最强大的模型！微软研究院对 ChatGPT-4 内部版本（能力超出已公开发布的线上版本）的研究结论是：在所有这些任务中，ChatGPT-4 的表现与人类水平接近得惊人。

总的来说，ChatGPT 是一个非常强大的文本生成工具，通过对大量的文本进行学习，它已经发展成为一个能够在各种任务中理解和生成文本的模型。ChatGPT 的发展历程反映了预训练生成式大语言模型的发展趋势，从 GPT－1 到 ChatGPT，人们看到了模型规模的不断扩大，性能的不断提升，以及应用领域的不断扩展。然而，由于 ChatGPT 在训练过程中并不是被特定目标指导，它仅仅是通过模仿它在训练数据中看到的语言模式来生成文本。因此，它的知识和理解是基于它训练数据的，对于在训练数据中未出现的新的概念和事件，其理解和推理可能会有所局限。另外，模型的计算需求、数据需求、区分信息真假、可控性和安全性等方面还需要很大的改进与提升。

2023 年 7 月初，OpenAI 在官网正式宣布，ChatGPT－4 API 全面开放使用。现所有付费 API 用户都可直接访问 8K 上下文的 ChatGPT－4，无须任何等待。OpenAI 表示，ChatGPT－4 是我们能力最强的型号。自 3 月份以来，数百万开发人员请求访问 GPT－4 API，利用 GPT－4 的创新产品的范围每天都在增长。如今，全球开发者都能使用 GPT－4 大语言模型，增强自己的应用程序或开发全新的生成式 AI 应用。

5.1.2　继续独领风骚

自 2023 年 3 月 ChatGPT－4 发布以来，AI 大语言模型已经成为 2023 年各个领域最火爆的关注焦点之一，而且世界著名的各个信息科技巨头微软、谷歌、Meta 等也纷纷紧随其后，包括国内的科技巨头和高校科研机构，如百度、阿里、腾讯、清华、复旦等也迅速跟进。目前，国内外已经问世的大模型已不下数百款，而且几乎每周都会有源源不断的新模型陆续登场。那么，到目前为止在这么众多的大模型中，究竟谁能独领风骚呢？下面我们从三家比较权威的机构近期的测评报告中看一下高低吧！

《每日经济新闻》在 2023 年 4 月底对 4 款大语言模型（文心一言、通义千问、MOSS 和 ChatGPT，当时也称"四大天王"）进行了谁最强评测（注：4 月底 ChatGPT－4 也才发布了 1 个多月，而且国内也仅有几家模型发布）。这次评测主要从模型"基本能力、实际应用以及价值观"层面的 10 大维度进行测试，评测结果见图 1。

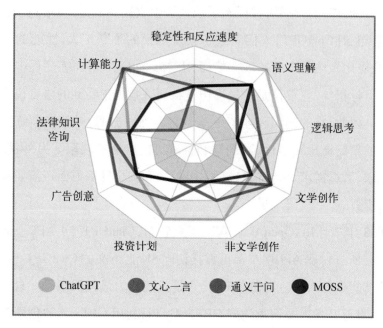

图1 "四大天王"最强评测结果

测评结果综合来看,ChatGPT 模型的基本能力一骑绝尘,在模型反应速度、语义理解、逻辑推理方面明显更加强大;在实际应用层面上,ChatGPT 更擅长非文学类的表达,例如议论文、新闻写作、投资计划等等,并且计算能力非常强大。在一些价值取向问题上,ChatGPT 的表现更符合主流价值观。测评报告对 ChatGPT 的评价关键词是:一骑绝尘、更加强大、非常强大、符合主流价值观。归纳为一句话就是:"独领风骚!"

《互联网周刊》5 月中旬发布了"2023 AI 大语言模型 TOP10 榜单",该榜单评测主要从五个维度对各大语言模型进行综合评价,包括语义理解、逻辑推理、情感分析、百科知识、文本质量。五个维度重点是考量中文语境下的理解与生成能力,并基于目前多数用户对大语言模型在生活与办公的普遍需求而选取"语义理解、逻辑推理、情感分析、百科知识、文本质量"五个通用底层维度,以评估各种大语言模型在支持用户日常处理事务、解决核心问题的能力。本次评测的时间截至 2023 年 5 月 10 日。榜单前 10 位排名如图 2 所示。ChatGPT 的综合评分远远高于其他模型,可见仍然继续"独领风骚!"

AI 大语言模型驱动教学创新与变革

2023AI 大语言模型 TOP10

RK	模 型	机 构	综 合
1	ChatGPT	OpenAI	92.5
2	文心一言	百度	87.5
3	PaLM	谷歌	86.5
4	Claude	Anthropic	85.0
5	LLaMA	META	83.5
6	通义千问	阿里云	82.0
7	ChatGLM	清华	81.5
8	MOSS	复旦	80.5
9	MIMO	MiniMax	79.0
10	星火认知	科大讯飞	77.5

图 2　2023 AI 大语言模型 TOP10 榜单

2023 年 8 月初清华大学新闻与传播学院发布了"大语言模型综合性能评估报告",评估结果见图 3。该评估报告选取了 7 款大语言模型(其中 ChatGPT 有 2 款,ChatGPT － 4 和 ChatGPT － 3.5),从"生成质量、使用与性能、安全与合规"三个维度进行了全面的综合评估。

报告还探讨了这些模型在不同知识领域,如创意写作、代码编程、舆情分析、历史知识等方面的回答情况,以及其在解决实际问题中的有效性和局限性。在这 7 款大模型中,ChatGPT － 4 获得了毫无悬念的第一,其次是百度的文心一言,第三是 ChatGPT － 3.5,后面就是 Claude、讯飞星火、通义千问及天工。

报告也指出,虽然 ChatGPT － 4 各方面领先,但是对国内用户来说,更懂中文的大模型才是关键,这方面百度的文心一言更好,在部分中文语义理解方面,文心一言以 92% 的得分率排名榜首,超越讯飞星火和 ChatGPT － 4。这跟百度的大模型包含大量中文文本资源有关,因此在中文语义理解方面略优于 ChatGPT － 4。

综合性能评估结果

排名	大模型产品	总得分率（加权）	生成质量（70%）	使用与性能（20%）	安全与合规（10%）
1	GPT－4	79.11%	81.44%	71.43%	78.18%
2	文心一言（v2.2.0）	76.18%	76.98%	72.38%	78.18%
3	ChatGPT 3.5	73.11%	73.03%	74.05%	71.82%
4	Claude（v1.3）	71.48%	73.23%	63.81%	74.55%
5	讯飞星火（v1.5）	66.67%	66.87%	64.76%	60.69%
6	通义千问（v1.0.3）	61.35%	59.79%	63.81%	67.27%
7	天工（v3.5）	61.16%	64.51%	50.48%	59.09%

注：总得分率＝生成质量＊70%＊使用与性能＊20%+安全与合规＊10%；由于评估的条件，时间以及模型随机性等限制，本次评估结果不可避免存在一定主观性，未来将进一步优化评估模型；评估截止时间为2023年6月30日。

图3　大语言模型综合性能评估结果

在这一评价中同样是ChatGPT排名第一，毫无悬念继续"独领风骚！"

5.2　功能特征

当人们在谈论人工智能大语言模型发展时，犹如在畅想一个深度学习结构的力量，它可以处理、理解和生成自然语言，达到前所未有的复杂性和精确度。而在这一时刻，ChatGPT－4犹如一颗璀璨的明珠闪亮登场，展现了技术与艺术的完美结合，它的崛起就是一种力量、一种奇迹、一个里程碑。

首先，人们必须清楚理解ChatGPT－4背后的巨大知识库。它不仅仅是数据的堆砌，而是经过精心训练的知识和经验的融合。它吸纳了无数的文本，从人文、科学到技术、艺术，形成了一个广泛而深入的知识网络。因此，当我们与其交流，我们不仅是在与一个机器对话，更像是与一个充满睿智的智者进行深入探讨。而其强大的逻辑推理能力使得它不仅可以提供表面的答案，还能够深入思考，连接不同的信息点，为人们提供更加深入和全面的答案。其在对话中的上下文理解也让对话更为自然流畅，它能够根据之前的对话内容做出有意义的回应,使得每一次的交流都如同与一个真实的人进行对话。此外,它在文本生成与创作方面的能力也不容忽视。从诗歌、故事到技术文章,它都能展现出令人惊叹的才华。这不仅仅是简单的文本拼接,而是真正的创意与想象的结合,显示了它在创新、创造方面的巨大潜力。

当然,ChatGPT－4 的真正魔力还在于其无所不知、无所不能的特质。预训练生成式 AI 使其能够在众多任务中展现出强大的能力,从知识提取、代码生成到自然语言处理的其他任务,它都能娴熟地完成。这种"全能"让它不仅仅是一个对话工具,更是一个强大的知识伙伴,随时准备帮助人们解决各种问题。

总的来说,ChatGPT－4 不仅展现了大语言模型的强大能力,更是其在多方面的应用中的典型代表。其背后融合的知识、技术与创意,使其成为当今 AI 领域中的佼佼者,预示着人类即将进入到一个全新的人机融合的智能时代。为了进一步对 ChatGPT－4 的功能特征有深入的了解,以便能够更好地运用好这些功能,本节将重点对它的一些主要功能特征做些简要剖析。

5.2.1　自然语言生成

自然语言生成是自然语言处理领域重要分支之一,它关注的是如何让计算机生成自然、流畅、有意义的自然语言文本。具体来说,ChatGPT 是基于 transformer 架构的模型,这是一种强大的深度学习模型,适用于处理序列数据,如文字、文本。ChatGPT 使用了一种被称为"自回归"的方法来生成文本,它会在给定的上下文基础上,逐词生成新的文本,每生成一个新的词,都会将这个词加入上下文中,用于生成下一个词。这种方式使得生成的文本能够保持自然性、连贯性和一致性,极大地扩展了其应用范围。

自然语言生成的应用范围和场景极其广泛,包括新闻文章生成、天气预报、股市报告、个性化邮件、会话聊天等。在这些领域中,自然语言生成可以帮助快速生成大量的内容,减轻人工的负担,提高工作效率。ChatGPT 作为一个大型的语言模型,很重要的是通过自然语言生成技术来完成其各种任务的。它在大量的文本数据上进行预训练,学习语言的模式和结构,然后通过生成器生成新的、自然的、连贯的文本。

值得注意的是,虽然 ChatGPT 生成的文本看起来很自然又连贯,仿佛是由人类编写的,但其实它并不理解文本的含义,也没有自己的观点和情感,它只是模仿其在训练数据中看到的模式。

5.2.2　上下文理解和记忆

ChatGPT 具有理解和记忆上下文的能力,可以将过去的对话或信息用于当前的生成,使得生成的文本能够和之前的内容保持一致性。上下文理解和记忆是 ChatGPT 的关键特性之一,它使模型能够在处理连续的对话或文本时保持一致性和连贯性。

上下文理解是指模型能够理解输入文本的上下文语境。在处理每一个新的输入时,ChatGPT 不仅考虑这个输入本身,还会考虑该输入的上下文,即前面的对话或文本。这种对上下文的理解使得 ChatGPT 能够进行连贯的对话,而不是每次都只对最新的输入做出反应。而记忆则是指模型能够记住上下文信息,并在需要时使用这些信息。对于 ChatGPT 来说,这种"记忆"是暂时的,只在处理一段连续的对话或文本时有效。在处理新的对话或文本时,之前的上下文信息会被清空,不会被用于新的处理过程。

值得注意的是,ChatGPT 的上下文理解和记忆能力有其局限性。首先,由于模型的设计,它只能记住有限的上下文,通常是最近的几百个词。超出这个范围的信息,就无法记住。其次,虽然 ChatGPT 能理解上下文,但这种理解是基于模式匹配的,而不是真正的理解。换句话说,ChatGPT 并不理解上下文的含义,它只是通过模式匹配来确定如何回应。

尽管有这些局限性,ChatGPT 的上下文理解和记忆能力仍然使它在处理连贯对话和生成连续文本时表现出色,这也是它区别于许多其他聊天机器人的一个重要特性。

5.2.3　多语言支持

尽管 ChatGPT 主要使用英语进行训练,但它的设计和训练方法使其具有一定的多语言支持能力，可以理解并生成其他语言的文本。换句话说，ChatGPT 可以理解和生成多种语言的文本。这主要是因为训练 ChatGPT 的数据集包含了多种语言的文本，这使得模型有机会学习和理解不同语言的模式。

具体来说，ChatGPT 的多语言能力取决于其训练数据的覆盖范围和质量。对于那些在训练数据中频繁出现的语言，例如英语、法语、德语、西班牙语、中文、俄语（目前大约支持 24 种语言）等，ChatGPT 的性能通常较好。对于那些在训练数据中较少出现的语言，ChatGPT 的性能可能就不那么理想。

但是，值得注意的是，ChatGPT 并不理解语言的含义，它只是在模仿其在训练数据中看到的模式。所以，虽然 ChatGPT 可以处理多种语言的文本，但它并不具备真正的多语言理解能力。例如，它不能在不同语言之间进行翻译，也不能理解不同语言之间的语法差异和文化差异，甚至会出现答非所问、胡说八道之状况，但这也是无意而为之。

总的来说，虽然 ChatGPT 可以处理多种语言，但其在非英语语言上的性能无疑不如英语。这是因为其主要的训练数据仍然是英语，而其他语言的数据相对较少。但随着时间的推移和更多的多语言数据的加入，这种情况肯定会得到大大改观。

5.2.4　知识覆盖广

因为 ChatGPT 在大量的互联网文本上进行训练，它获取了广泛的知识，包括但不限于科学、文学、历史、艺术、流行趋势等。作为一个大型的语言模型，ChatGPT 最早就是被设计来理解和生成各种类型的文本，这使得它能够处理广泛的主题和知识领域。经过这些年的预训练或学习的积累，在以下领域的主题与 ChatGPT 进行互动通常会比较顺畅，如自然科学中的物理学、化学、生物学、地理与环境、计算机科学、工程学等；在数学与统计学中的代数、微积分、几何学、概率论和统计分析等；在人文社会科学中的文学、历史、哲学、语言学、心理学、社会学、人类学、政治科学、经济学和教育学等；在医学与健康护理中的解剖学、生理学、药理学、诊断与治疗系统等；在商业与金融领域中的管理学、市场营销、会计学等；而在日常生活中的旅行、美食、爱好、影视、音乐、流行趋势、自助制作、人际关系和个人发展等；还有很多很多的领域和学科知识，真可称之为上至天文、下至地理，无所不知。通过不断地与ChatGPT进行会话交流可以真切感受到它拥有渊博的知识，无论是深奥的科学知识，还是古今中外的历史，都能娓娓道来；从天体宇宙到微观原子，它的知识库里几乎都有所涉及；跨越文化、时代和领域，它几乎都可以提供比较准确的答案。对于ChatGPT的知识覆盖面，你可能会用一句话来表达：你真有才，太牛了！

当然，虽然ChatGPT几乎在各个领域与主题上都有知识，但因为它主要训练的数据仍然是英语，而其他语言的数据相对较少，语言与文化是紧密相关的，所以对非英语知识理解的准确性和深度肯定会因主题和问题或任务的复杂性而有所差异。另外，尽管ChatGPT能够体现出覆盖很广的主题和知识领域，但它并不是真正"知道"或"理解"这些知识。它只是模仿它在训练数据中看到的模式，这意味着它可能会生成一些不准确或者错误的信息，尤其是对于那些特殊领域或发展迅速的主题和知识。因此，对于重要的决策或者复杂的主题，人们还是应该依靠领域的专家或专业人士，而不是依赖ChatGPT。

5.2.5 适应性与可拓展性

ChatGPT的架构和训练方法使其具有良好的适应性和可拓展性，能较好地适用于许多领域和行业。该模型可以针对特定任务进行微调，提高其性能，从而适应各种应用场景。由于涉及计算资源、算力算法和应用需求等多个因素，尤其是模型的参数大小将决定ChatGPT的可拓展性和适应性，以下仅从几个主要方面来看看ChatGPT的可拓展性和适应性。

在可拓展性方面，由于ChatGPT-4是基于Transformer算法架构构建的，模型的大小通常依据其拥有的参数大小，其前身GPT-3.5具有1750亿个参数，而ChatGPT-4已扩展为5 000亿个参数，更大的参数规模通常意味着更好的性能,能够生成更复杂、更准确的语言,使其能够捕捉更复杂的语言模式并提供更好的性能,从而也为模型的应用领域和范围的拓展奠定了强大基础。实际上,ChatGPT－4 的能力正在不断拓展过程中,文本、图像、视音频、作画、文图转换等功能正在逐步实现,用户的体验也变得越来越好。

在适应性方面,ChatGPT 体现在多个方面:其一是任务的适应性:ChatGPT 不仅仅是一个用于会话的模型,实际上是可以执行各种自然语言处理任务,如文本生成、摘要、文本翻译、问题回答等,而且模型也无须进行特定任务的再训练即可适应处理多种任务。当然,任务的适应性还包括依据用户的反馈和问题进行实时的调整,确保提供最相关和准确的答案。其二是对话风格的适应性:ChatGPT 可以根据用户的输入,调整其回应的风格和语调。例如,如果用户使用正式的语言,模型也会用正式的方式回应。反之,如果用户比较随意或幽默,模型同样能够捕捉到这种氛围,并用相似的风格进行交流。其三是知识深度和广度的调整:ChatGPT 可以根据用户的需求,既可以提供简要的答案,也可以提供详细和深入的解释。例如,对于初学者的问题,模型可以提供基础的答案;而对于特别专业的问题,它也能够给出更具专业深度的回应。其四是跨领域的适应性:无论是科学、技术、艺术、文化还是娱乐,ChatGPT 都能提供相关的信息和答案。这确保了在各种情境和背景下,用户都可以从模型中获得所需的支持与帮助。当然,也包括跨文化和地域适应性,尽管 ChatGPT 主要是基于英文进行训练,但它对全球各地的文化和背景都有一定的知识储备,所以不同国家和地区的用户都能从模型中获得相应的支持。其五是可定制性与跨平台性的适应性:对于企业或专业性强的用户,模型可以根据他们的需求进行专门训练和微调,使其更好地适应特定的应用需求。跨平台性是指 ChatGPT 可以在各种类型的计算机设备和平台上运行,从桌面计算机到移动设备,甚至在云端。

总之,ChatGPT 不仅在技术与算法上具有高度的可拓展性和适应性,而且在与用户的交互中也表现出了高度的人性化和智能。这使得它能够满足各种不同的需求,并为用户提供更加丰富和深度的体验。尽管如此,ChatGPT 的适应性仍有限制。比如,它还不能完整地理解图片和处理非文本的数据,不能理解复杂的语境和隐含的含义等,在这种情况下,它生成的文本或输出的结果会存在错误或者不准确的信息,对这一点人们必须要有充分的认识。

5.2.6 持续更新和进化

ChatGPT 以及其他大型语言模型的特点之一就是它们可以持续更新和进化。这种持续的进化主要是基于以下几个方面:数据的累积:随着时间的推移,每天都会有大量的新文本数据产生。这些数据可以被用来训练和完善模型,使其能够理解和生成与时俱进的内容。用户反馈:用户与模型的互动为模型提供了宝贵的反馈。例如,当模型产生不准确或具有偏见的输出时,用户的反馈可以帮助模型研究人员了解问题所在,并在未来的版本中对其进行修复和微调。算法的创新:AI 大语言模型和机器学习领域的研究一直在持续进行。新算法和技术的出现可以持续提高模型的效率、准确性和其他关键指标。模型的细化:对于特定的领域或行业,模型可以经过特定的训练和细化,形成专业性很强的垂直应用,从而更好地满足特定的需求。例如,虽然一个通用模型可以处理各种各样的问题,但针对医学或法律的特定垂直模型可能会提供更准确的答案。安全和道德上的进步:随着时间的推移,人们对模型可能出现的问题和挑战有了更深入的了解。这可以导致新的策略和技术的开发,以使模型更加安全和道德。适应变化的环境:无论是社会变革、技术革新还是新的文化趋势,模型都需要不断更新以保持其相关性和准确性。多模态的实现:尽管 ChatGPT－4 已经初步实现了多模态,但是还有很长的路要走,不断持续更新和进化的能力就是能够使大型语言模型最终实现真正的多模态,使它们能够不断适应和满足不断变化的环境和需求。

5.2.7 安全性与道德约束

对任何 AI 大语言模型而言,特别是像 ChatGPT 这样的大模型,确保安全性与道德约束是一个非常重要的目标。ChatGPT 在这方面做了很大的努力,体现出较强的责任心和负责任的态度,这方面也是优秀模型必须具备的功能特征之一。ChatGPT在一发布时就对模型的安全性和道德约束方面有明确的要求。

安全性方面主要体现在内容过滤:为了防止生成不恰当或有害的内容,ChatGPT-4可能会采用了先进的内容过滤机制。同时,为防止模型输出可能引起危害或误导的内容,都进行了特定的调整和训练,确保其输出是安全的。用户隐私:保护用户隐私是OpenAI的重要目标。ChatGPT-4采取了较多措施来确保用户提供的信息不被存储或用于其他目的。用户隐私还要防止信息泄露风险,有时大型模型可能会输出其训练数据中的具体信息,为避免这种风险,模型被设计为不能输出任何识别个人身份的信息。反馈机制与更新维护:ChatGPT-4模型设置了用户反馈机制,允许用户报告不当或有问题的输出,这有助于对模型安全的持续改进。为了应对新的威胁和问题,ChatGPT-4模型会定期更新,以保持其安全性。

道德约束方面主要体现在偏见与公正性:尽管大型语言模型试图保持中立,但它们可能会不经意地反映其训练数据中的偏见。为了解决这一问题,ChatGPT-4进行了各种策略和措施的研究,以减少在回答中出现的不必要或不恰当的偏见。透明度与责任:ChatGPT-4始终确保模型的操作和决策过程是透明的,使用户和研究者更容易理解模型的工作原理。并承诺ChatGPT-4是一个负责任的模型,不会生成有关非法活动的信息,如果有,将对其产生的不良结果承担责任。依赖性:确保ChatGPT-4不会使人类变得过于依赖它,而是作为一个辅助工具来帮助人类做出更好的决策。使用准则:为了道德和安全地使用,某些应用场景(如医疗、法律等)可能需要对模型使用进行特定的准则或限制。

总体而言,为了确保ChatGPT模型的安全和道德使用,OpenAI也明确告知将持续努力和研究。同时也指出,模型的安全和道德使用需要开放和透明的沟通,包括与政府和公众的合作也是关键的组成部分。

5.2.8 作图插件

ChatGPT-4推出时也明确表示是一个多模态的模型,在文本方面,是先进的语言处理工具，可以高水平地连贯和准确地生成、分类和归纳文本，并可以依据人的反馈对整部书籍进行归纳提炼，而且模型只需要进行小样本的学习。在图像方面，已经产生了 CLIP 和 DALL－E 等表示模型，CLIP 在 AI 可以阅读的文本和图像之间形成映射，然而 DALL－E 是一种从文本描述中创建生动图像的工具，它可以从文本描述中创造出原创、逼真的图像和艺术，并可以组合概念、属性和样式。而在音频方面，基于 Whisper 和 Jukebox 神经网络，在英语语音识别方面接近人类水平的稳健性和准确性（鲁棒性），可以生成各种流派和艺术家风格的原始音频音乐。同时基于 MuseNet 深度神经网络，可以用 10 种不同的乐器生成 4 分钟的音乐作品。尽管这些功能在 2022 年底发布 GPT－3 版本时就指出已经实现，但是用户真正在注册使用 ChatGPT－4 或它的 PLUS 版本时几乎是无法直接使用这些功能的，估计是从商业或技术保密角度考虑的。

目前，专门支持图像、音视频、PPT、思维导图等的大模型已经不断推出，这无疑也是对 ChatGPT 提出了极大挑战。这些作图绘画大模型可以生成出极其优秀的作品，水平可以用"无可挑剔、赞叹不已"来形容。但是，这些大模型主要是以作图绘画为主，类似专用的 AI 绘图工具，还没有与大语言理解生成融合在一起。面对这一局面，近期 ChatGPT－4 已经推出了作图的插件，名称是 Show Me Diagrams（显示图表），它可以支持用户在会话过程中直接作图和图表功能，极大提升了用户使用的体验感。那么，Show Me Diagrams 插件能画什么类型的图和表呢？目前，它所支持的图表类型主要有：

- **图形**（Graph）：描述对象之间关系的图表
- **序列图**（Sequence）：描述对象之间如何交互的图表
- **类图**（Class）：描述系统的结构图
- **状态图**（State）：描述系统的状态转换
- **实体关系图**（Entity-Relationship）：描述实体之间的关系
- **用户旅程图**（User-Journey）：描述用户与产品的交互

- **甘特图**（Gantt）：描述项目进度的图表
- **饼图**（Pie-Chart）：描述部分与整体的关系
- **需求图**（Requirement）：描述系统需求
- **Git 图**（Gitgraph）：描述 Git 分支和提交
- **思维导图**（Mindmap）：描述思维结构
- **时间线**（Timeline）：描述时间上的事件序列

作者以极大的兴趣认真体验了部分作图效果，虽然还不是十分完美，但已经是非常了不起啦，通过文字会话就能直接为用户输出所需的图表（而且用户是可以直接在线进行任意编辑修改，修改也是非常方便的），这是一个极大的跨越！远远超出了"大语言"模型的概念，应该称之为"大文图"模型，而且作图是在理解用户的需求意图基础上实现的。作者进行了反复体验，效果非常不错，现选择几幅作图效果展示如下：图 4 所示是关于《思维导图介绍的导图》（Show Me Diagrams 先给出英语图，然后可以要求它再翻译成中文图）；图 5 所示是关于《志愿者领养宠物统计饼图》（同样是先英语，再翻译成中文）；图 6 所示是关于《牛顿第二定律实验设计流程图》（要求直接用中文，先给出最简洁的流程，然后再给出详细的

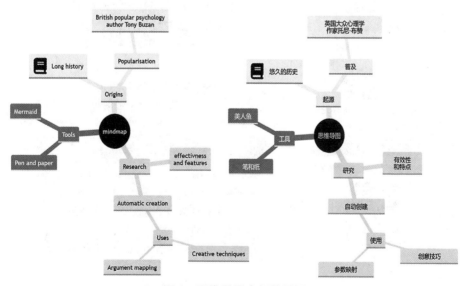

图 4　思维导图介绍的导图

流程图）。这 3 个例子足以说明 ChatGPT‐4 已经在多模态上迈出了很大一步，为用户带来了极大效能和极好的体验感。

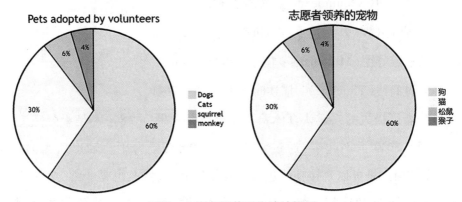

图 5　志愿者领养宠物统计饼图

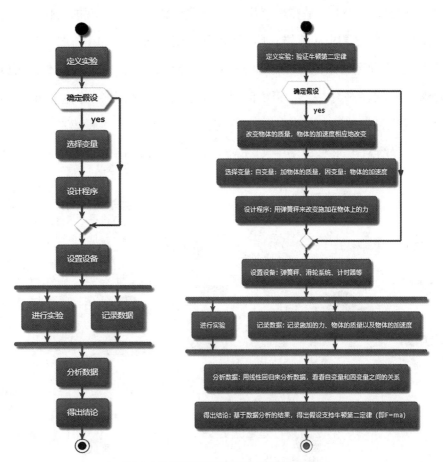

图 6　牛顿第二定律实验设计流程图

5.3　应用领域

基于对 ChatGPT 功能特征的描述,人们已经看到它代表着对自然语言处理的最新理解和技术演进。作为大语言模型的典型代表,ChatGPT 的出现不仅为研究者带来了技术上的突破,也为各行各业带来了实践应用的新机遇。本部分我们将重点探讨 ChatGPT 支持的部分应用领域,包括客户服务、个性化指导、内容创作、科研和开发、健康医疗,以及金融法律。

5.3.1　客户服务

在数字化时代,快捷便利的客户服务是各行各业都必须认真对待的一项基本工作,也是 ChatGPT 的一个重要应用场景。随着在线商务和服务的增长,用户的查询和需求也随之增多。传统的客服中心经常面临大量的重复性问题,而 ChatGPT 可以为这些问题提供即时、准确的答案,有效减轻客服人员的工作压力,并提高用户满意度。与此同时,它还能根据历史数据和用户反馈不断优化,为客户提供更加贴心的服务。客户服务已经从传统的电话和面对面交流转变为在线聊天、邮件和社交媒体。这些变化为客户服务带来了前所未有的便捷性,同时也带来了一些新的挑战。其中,AI 技术尤其是 ChatGPT 模型正逐渐在客户服务领域崭露头角。

ChatGPT 作为一种崭新的客服方式和工具,对客户服务的支持至少体现在以下几个方面,首先是实时响应,在众多的客户服务场景中,用户期望得到快速的响应。传统的客户服务团队可能难以在短时间内满足大量用户的请求,而 ChatGPT 可以提供几乎实时的反馈。它的响应时间通常只有几秒钟,大大提高了客户满意度。其中还包括全天候可用性,ChatGPT 不需要休息或放假。这意味着无论何时,只要有需求,用户都可以获得支持。这对于全球化的企业和不同时区的客户尤为重要。其次是标准化与个性化的结合,尽管 ChatGPT 提供的答案是基于其巨大的训练数据,但它也能根据用户的输入进行上下文适应,提供个性化的建议。与此同时,每次提供的答案都是标准化的,确保了服务信息的一致性。在服务过程中,ChatGPT 可以持续从与客户的互动中学习,逐步完善其回答。这种自我优化的特性使得它在长期应用中变得更加高效和准确。而且由于具备了强大的数据处理和分析能力，除了直接与客户互动外，ChatGPT 还可以结合其他 AI 工具进行大数据分析，从而识别常见问题和反馈，进一步优化客户体验。例如，对于经常被提及的问题，企业可以进行更深入的研究或优化产品和服务。再次是跨语言支持，随着全球化的趋势，企业可能需要为来自不同地区和语言背景的客户提供服务。ChatGPT 有能力理解和生成多种语言，这大大降低了语言障碍，使得跨国客户服务变得更加流畅。最后还有节约成本的优势，部署 ChatGPT 进行初步的客户咨询和答疑可以大大降低人力成本。尽管它可能无法完全替代人类客服代表，但通过处理大量的常规和简单查询，它可以使人力资源更加集中地应对复杂和特定的问题。

当然，客户服务也同样存在挑战，尤其是对于复杂或情感化的问题，ChatGPT 可能无法提供与人类客服相同的深度和同理心。此外，对于涉及隐私和敏感信息的咨询，依然可能存在风险。但是，总体来说 ChatGPT 为客户服务领域带来了革命性的变革，其高效、标准化和持续优化的特性为企业和客户提供了巨大的价值。但正确地利用它，并结合人的优势，将是实现最佳客户体验的关键。

5.3.2　个性化指导

个性化是当代社会发展的必然和趋势，也是人们追求和向往美好生活的目标之一。ChatGPT 在"个性化指导"方面展现了其独特和卓越的潜能。随着科技进步和人们对个性化服务的需求增加，对于各种场景提供定制的建议和解决方案变得尤为重要。ChatGPT 在个性化指导方面支持的最大群体是学生，首先是表现在个性化学习建议。对于学生和学习者，ChatGPT 可以根据他们的学习习惯、知识背景和目标为其提供适应性的资源和建议。比如，一个学习编程的初学者可能需要不同的资源和练习，而一个进阶学习者则需要更深入的材料和挑战。对学习者而言，适合个性化的职业发展和规划也是重要的一环，ChatGPT 可以认真分析学习者的知识背景、技能、经验和职业目标，提供个性化的职业建议，如潜在的工作机会、培训资源或职业路径。其次是对广大的民众对定制的健康和健身建议的需求。基于用户的健康状况、身体数据和健身目标，ChatGPT 可以有针对性地提供适当的锻炼建议、营养饮食指导或生活方式的建议。再次是购物消费与休闲娱乐的个性化建议，比如购物和消费建议，对于那些希望获得关于产品选择或服务的意见的消费者，ChatGPT 可以根据他们的需求、预算和偏好提供个性化的建议。而对于娱乐和休闲活动，基于用户的兴趣和偏好，ChatGPT 可以推荐电影、书籍、音乐或其他休闲活动，为用户提供个性化的娱乐体验。当然，还有解决特定问题的支持。当用户面对特定的挑战或问题时，ChatGPT 可以为他们提供有针对性的解决方案。例如，对于技术问题，ChatGPT 可以为用户提供针对性的技术指南或故障排除建议，对于心理问题，ChatGPT 可以为患者提供心理咨询和安慰支持，缓解心理压力等。

毫无疑问，ChatGPT 在个性化指导方面的支持突显了其强大的适应性和广泛的应用范围。其背后的大语言模型能够理解和分析用户的需求，并在短时间内提供有针对性的建议。然而，尽管其建议可能是有意义和实际的，但在一些关键和敏感的领域，例如健康和职业选择，用户仍然需要结合专业意见和深入研究来做出个性化的建议决策。

5.3.3　内容创作

ChatGPT 在内容创作领域的应用为创作者们创造了新的可能性。作为一个先进的 AI 大语言模型，ChatGPT 不仅能理解语言的结构和意义，还能根据已有的知识为创作者提供有创意的建议。ChatGPT 对内容创造的支持首先体现在写作助手方面。对于作者、记者和写作爱好者来说，ChatGPT 可以作为一个强大的工具来提供写作灵感。当面临写作障碍时，与 ChatGPT 进行交互可以帮助他们找到新的创意或从不同的视角看待问题。此外，ChatGPT 还可以为作者提供语法建议、词汇选择等，使其写作更为流畅。在这方面还支持知识的整合与扩展，ChatGPT 拥有大量的知识，它可以在创建内容时整合这些知识，为创作者提供跨学科、跨文化的视角。这对于需要广泛研究和背景知识的项目尤为有益，如历史小说或科普文章等。其次是对编剧、小说家或游戏设计师等而言,创建吸引人的故事和角色是他们的主要任务。在这方面,ChatGPT 可以为他们提供意想不到的剧情转折、角色背景或情感动机,使作品更具深度和多样性。而于艺术家和设计师等可以提供艺术和设计灵感的支持,包括提供关于色彩搭配、元素布局等方面的建议。例如,平面设计师可以询问如何最佳地展现某一主题,或是探索与某一概念相关的形式表现。再次是对计算机程序员代码编写的支持,程序员在编写代码时,经常会遇到需要查找参考资料或求助于同行的情况。ChatGPT 可以快速为他们提供代码片段、解决方案或技术细节。不仅如此,对于一些常见的编程任务,如数据清洗或基本算法的实现,ChatGPT 甚至可以直接生成代码,尤其是直接用人工智能编程语言 Python 生成代码。最后是迭代与优化支持,许多内容创作往往需要多次迭代和修改。在这一过程中,ChatGPT 可以作为一个值得信赖的伙伴,它可以不厌其烦地一遍又一遍地提供反馈、建议并帮助创作者优化其作品。

由此可见,无论是写作、编剧、艺术设计还是程序编码等,ChatGPT 都能提供有益的建议和灵感。而且,随着作图绘画工具插件的加入,使内容创作进入到一个更高的层次,创作者可以用语言方式提出问题,然后以作图或绘画的方式输出结果,使内容创作变得更为直观和可视。但是,必须记住的是尽管 ChatGPT 为内容创作提供了强大的支持,但创作者仍然是核心,他们的独特视角和创意使作品具有生命力。ChatGPT 更多的是一个工具和合作伙伴,它能够释放创作者的潜能,但最终的创意仍然来源于人类的思考和情感。

5.3.4 科学研究和开发

ChatGPT 为科学研究和开发也能起到非常重要的支持作用。科研人员和开发者经常需要进行文献资料查询和大量的数据和信息处理,而 ChatGPT 不仅可以帮助他们快速高效地梳理出相关有针对性的文献内容,而且可以帮助对各类数据进行快速提取、整理和分析,极大地节省了科研人员宝贵的时间,加速研究和开发进程。具体来说,ChatGPT 对科学研究和开发的支持表现在多个方面：

首先是支持文献搜索与整理。科研工作者可以使用 ChatGPT 来帮助他们在海量文献中进行快速搜索和摘要，找出与他们研究主题相关的关键信息。其中还涉及知识整合，由于 ChatGPT 的知识库来源于大量的文本资料，它可以协助研究者整合不同领域的知识，为研究提供新的视角和思路。

其次是实验设计和科研过程的支持，ChatGPT 可以协助科学家在实验设计阶段，为其提供最佳实验方案或路径、潜在的实验方案或对已有实验设计的建议，优化实验设计方案的制订，为科研的顺利进行奠定重要的基础。同时在科研开展的过程中，ChatGPT 还支持编程和代码辅助，进行计算或模拟的研究，提供代码片段或算法建议等。支持数据分析，帮助研究者理解统计结果，甚至帮助构建初步的数据分析模型。支持模型构建与优化，在某些领域，如机器学习或计算化学，ChatGPT 可能能提供关于如何构建和优化模型的建议或策略。

再次是对研究论文和研究报告撰写的支持，在撰写研究报告或研究论文时，研究者可以使用 ChatGPT 进行初步的结构、校对、编辑等工作，包括提供语法建议和风格改进。对某些跨学科的研究项目，ChatGPT 可以协助研究者了解其他领域的基础概念和术语，促进不同背景的研究者之间的交流。

当然，虽然 ChatGPT 在许多方面都有巨大的潜力，但它仍然不能替代人类研究者的专业判断和深入的专业知识，尤其是 ChatGPT 的内容更新可能会滞后于科技的飞速发展。在使用这种工具时，始终需要批判性的思考，并与其他研究方法和工具结合使用。

5.3.5 健康医疗

健康医疗是涉及面最多和最广的领域，它不仅涉及医学领域的教学科研、诊断治疗，更涉及广大民众对健康医疗的需求。在健康医疗领域，ChatGPT 尽管不能替代专业医生，但可以为用户提供初步的建议和指引，特别是在远程和资源有限的环境中。医疗信息咨询与提供：提供关于疾病、药物和治疗方法的基本信息,帮助病人和家属快速获得知识,降低医务人员的咨询压力,包括患者咨询、症状分析、药物信息查询。其优势体现在实时反馈、方便快捷、广泛的医学知识库。远程医疗与健康管理:在远程医疗环境中为患者提供实时的咨询、建议和提醒服务,包括远程医疗服务支持、健康生活方式建议、助理和提醒服务。其优势体现在增强患者的健康自我管理能力,提高医疗服务的覆盖率。心理健康支持:可以为需要心理支持的患者提供一定的安慰和建议,其优势是实时反馈,有助于及时对心理健康的维护,但不能替代专业的心理咨询。医学研究支持:协助医学研究者进行文献搜索、整理和初步的数据分析,包括医学文献搜索与整理、医疗数据分析等。这些应用的优势体现在高效率,能处理大量的医学文献和数据,准确的知识提取等。医学教育与培训:辅助医学生和初级医务人员进行职前职后的不断学习和培训。其优势是可以提供丰富的教学资源,加强知识的巩固与应用。同时,还可以生成医学案例和模拟病历,供医学生进行练习和模拟诊断,还可以进行手术计划和手术模拟。当然还可以辅助医学教师进行教学设计和典型案例剖析,提高教学效果和质量。

综合分析,ChatGPT 作为一种先进的 AI 大语言模型,在医疗健康领域展现了广泛的应用前景。从为患者提供日常的健康咨询,到协助医疗专家进行研究,它的潜在价值正在逐步得到实现。但与此同时,对于其在医疗领域的应用,还需要格外小心,确保提供的信息和建议的准确性和安全性,避免误导患者。此外,ChatGPT 的应用也不应替代医生和心理专家的专业判断,而是作为一个辅助工具来使用。

5.3.6 金融与法律

金融与法律都是现代社会重要的基石,涉及每一个企业和个人。金融是经济的核心,它促进资本的有效流动和分配,支持经济增长和创新。而法律则为社会提供了一个公正、有序的运行框架,确保了公民权益的保护和争端的公正裁决。这两个领域都对现代社会的稳定和繁荣起到了至关重要的作用。ChatGPT 对金融与法律领域的应用支持主要表现如下:在金融领域,ChatGPT 的市场分析功能能够快速分析金融市场的动态和趋势,为投资者提供初步的市场信息,也可以根据企业金融数据自动生成财务报告、市场分析等。而在风险管理上可以协助金融机构进行初步的风险评估,提供风险管理建议。在个人理财咨询方面可以为个人用户提供关于储蓄、投资和退休规划的建议和信息。也可以通过数据分析,为投资者提供资本市场,如股票、基金、债券等提供投资建议。在法律领域,ChatGPT可以为公众和专业人士提供关于法律、法规和判例的基本信息,包括法律基础知识查询。也支持法律问题初步咨询,为那些有法律疑虑的个人和组织提供初步的法律意见和建议。支持法律教育与培训,为法学生和初入职场的律师提供法律概念、术语和实例的教学支持。与此同时,还能支持合同和法律文档草拟,协助在合同草拟和其他法律文档创建过程中提供标准条款或建议。对律师和法学研究者,可以协助支持他们进行法律案例分析和研究。

综合来说,ChatGPT 在金融和法律领域都展现出了巨大的潜力和价值。在金融领域能够为投资者、金融机构和普通用户提供实时的金融信息和建议,尤其在市场分析、风险评估和客户服务中发挥其强大的数据处理和分析能力。当然,由于金融决策的复杂性和重要性,ChatGPT 给出的建议还是需要进一步的专业人士的验证。而在法律领域能够提供广泛的法律知识和服务,包括法律咨询、案例研究和合同草拟等。但是,由于法律的复杂性和严肃性,ChatGPT 的建议和分析仍然需要专业律师的进一步确认和补充。总之,ChatGPT 在金融和法律领域的应用被视为一个强大工具,最终的决策和判断还是需要基于人类的专业知识和经验。

除上述重要领域的应用以外,ChatGPT 在教育领域的应用非常之广,而教学应用是教育领域应用的重中之重,归纳起来 ChatGPT 对教学应用的支持将重点聚焦在:教学管理应用:教务管理、教师管理、学生管理、资源管理等;教学应用:教学设计、方法与策略、计划制定与课程安排、质量评价等;学习应用:个性化学习、项目与协作式学习、混合式学习、跨学科学习、移动学习等;资源生成:教学资源、学习资源、实验资源、评估资源等。在这些应用中,每一项都值得人们去深入探究与挖掘,将 ChatGPT 的潜能与价值充分发挥出来,真正实现教学的创新与变革。

5.4　教学应用面临的挑战

随着 ChatGPT 在教育领域的应用越来越受到关注,它所面临的问题和挑战也会随之越来越多。就教学应用而言,这些挑战将主要会集中在知识更新的问题、缺乏深度和批判性思维、过度依赖的问题、伦理和隐私问题、文化和语境差异,以及技术与设备的普及性等。

5.4.1　知识更新问题

当今时代,知识更新的速度比以往任何时候都要快。每天都有新的研究报告、技术发明、文化现象和全球事件等,这使得人们所了解的知识体系在不断地演变和扩展。这对 ChatGPT 在实际教学应用时的问题尤为突出,具体表现在,首先,固定知识库的局限性:虽然 ChatGPT 等模型拥有巨大的知识库,但这些知识是到某一个时间点为止的。模型内部的知识库并不会实时更新,这意味着随着时间的推移,模型的回答可能会变得过时。例如,关于最新的科技发展、全球政治事件或新的科学研究,模型可能无法提供最新的信息。其次,对历史数据的过度依赖:由于模型的回答是基于它所训练的数据,这可能会导致它过于倾向于历史视角,而忽略或低估新的观点和发展趋势。这甚至还涉及过时或错误的观点,有时过去的观点或信息可能被证明是错误的或已被新的研究所取代。但模型可能仍然基于这些过时的信息提供回答。另外,知识更新对学生和教育者是极其重要的,如果师生仅依赖模型来获取信息或答案,而模型提供的是过时或不准确的内容,这可能会误导学习者。再次,对真实世界的脱节:模型可能不知道某些新的概念、词汇或文化现象,这使得其在解释或与现实世界互动时可能出现困难,甚至会出现"答非所问",一本正经的"胡说八道"。

为了应对这些挑战,ChatGPT 模型的开发者需要考虑定期更新模型的训练数据,确保其内容保持现代和相关性。同时,用户在使用模型时也需要意识到这一局限性,并结合其他信源来获得最新和最准确的信息。

5.4.2 人机交互问题

虽然 ChatGPT 模型具有很多优点,但在实际的应用中,它也存在一些人机交互问题,具体表现在以下几个方面:回答可能不符合学生的需求,ChatGPT 模型虽可以生成大量高质量的回答或文章,但是,由于它只是根据语言模式生成答案或文章,可能会出现一些不符合学生需求的情况。例如,学生在搜索"英语单词拼写规则"时,模型可能会给出大量的英语单词,而非拼写规则。这可能会让学生感到困惑,降低他们的学习效果。用户体验问题,用户体验也是人机交互的一个关键问题。学生和教师会对模型的使用感到疑虑或不适,这可能会影响到模型的应用和推广。例如,如果模型的响应速度过慢,或者模型的输出结果缺乏可读性和可理解性,学生和教师就失去使用它的兴趣。回答可能存在误导性,模型可以生成高质量的文章,但是,它的输出并不总是准确的。在某些情况下,模型可能会给出错误的信息或误导性的信息。这可能会让学生产生错误的理解和认识,导致学习效果不佳。模型可信度问题,在教学的过程中,学生和教师需要对 ChatGPT 产生的结果进行理解和认可,从而确定模型的可信度。然而,由于模型是一个复杂的黑盒模型,人类无法直观地判断模型的推理过程和判断依据,从而对模型的可信度产生怀疑。性能稳定性问题,ChatGPT 模型的性能稳定性也是一个人机交互问题。由于模型的输出结果是由许多子模型共同决定的,这些子模型之间存在一定的依赖关系。而在深度学习算法中,误差的传播非常容易发生,也就是说,如果一个子模型出现了误差,它会很快传递到其他子模型中,从而影响整个模型的性能和稳定性。可能存在版权问题,ChatGPT 模型可以自动生成大量的文章,但是,它的输出可能会存在版权问题。如果学生在学习过程中使用了模型生成的文章,而这些文章涉及版权问题,可能会对学生产生不良的影响。可能会降低学生的写作能力,如果学生长期依赖于 ChatGPT 进行写作,可能会导致他们的写作能力下降。这是因为,学生没有机会自己进行思考和表达,无法锻炼和提升自己的写作能力。

ChatGPT 模型确实可以为教师和学生带来很多便利,但是,上述的人机交互问题如果得不到很好解决,必将影响模型的进一步深入应用。为此,除了进一步提升模型的友好交互的体验性能,也有必要培训教师和学生如何合理地使用模型,能够对其输出进行筛选和整合,对其准确性和可信度进行检验和评估,加强对版权问题的认识和重视,避免过度依赖,锻炼学生的写作能力等,确保模型在教学应用中发挥最佳的效果。

5.4.3　过度依赖的问题

ChatGPT 模型在教学应用的过程中,过度依赖的问题也不容忽视。学生可能因为模型的便利性而过度依赖它,忽视了自主学习和思考的重要性。这不仅会影响学生的学习效果,还可能导致他们在没有模型帮助的情况下难以应对学习或实际问题。过度的依赖或不当的使用会导致一系列问题和挑战,如扼杀批判性思维,如果学生或用户习惯性地直接向模型提问并接受其答案,他们可能会失去进行批判性思考、独立研究和评估信息真实性的能力。这样的结果也将可能导致侵蚀学习过程,真正的学习往往涉及探索、失败、再次尝试和深入思考。过度依赖模型可能会跳过这些关键的学习阶段,使学生失去深入探讨和解决问题能力的培养。数据隐私和安全问题,频繁使用在线的 ChatGPT 工具可能会导致敏感或私人信息被不经意地共享,从而引发数据隐私和安全问题。此外,技术过度信赖与失能,与过度依赖计算机、智能手机或其他技术工具相似,过分依赖 AI 模型可能会导致某些技能的退化或失能,例如基本的研究技能、解决问题的能力或人与人之间的沟通技巧。由此还可能会导致就业机会的减少、技能的不匹配和社会不平等的加剧。

总之,尽管 ChatGPT 模型具有巨大的潜力,但关键在于如何恰当、有节制和批判性地使用它们。为了充分利用其优势,同时避免过度依赖的问题,教育者、政策制定者和用户都需要进行专门的培训和指导。

5.4.4　缺乏深度和批判性思维

虽然 ChatGPT 能够回答各种问题,但它的答案通常基于已有的数据和模式。在复杂的学术或哲学问题面前,模型可能无法提供深入或多角度的解析,也可能缺乏批判性思维和自主判断。深度思考和批判性思维是人类智慧的核心组成部分,它们使我们能够深入分析问题、评估信息来源的可靠性、区分事实与观点以及形成基于证据和逻辑的结论。然而,在ChatGPT的实际应用中,这两个方面往往成为其主要的短板。首先,基于历史数据的局限,ChatGPT等大型语言模型是基于大量的历史文本数据进行训练的。尽管它们可以迅速地提供与查询相关的答案,但这些答案往往是基于已有的、经过编码的知识,而不是经过深度思考和批判性评估的。而且,很多时候,模型生成的回答仅仅是对问题的表面处理,缺乏对背后复杂情境和环境的深入理解。其次,模型可能会回避或忽视某些有争议的、复杂的或需要深入研究的问题,因为它们缺乏真正的批判性思维能力,无法对信息来源进行权衡和评估。同时,也无法评估信息的真实性和准确性,模型可能会引用多个来源,但它不能真正评估这些来源的可靠性或准确性。这意味着模型有时可能会传播或强化不准确或误导性的信息。再次,缺乏情境意识,在处理某些问题时,上下文和情境对于形成深入和批判性的回答至关重要。模型可能缺乏这种情境意识,导致其回答过于笼统或不适用于特定情境。

因此,为了充分利用ChatGPT模型的潜能,同时克服上述缺陷,教育者、研究者和普通用户需要结合其他工具和方法,如主动搜索、深入研究和与专家进行对话,来形成更为全面和批判性的视角。

5.4.5 隐私和伦理问题

在教育应用中,尤其是针对未成年人的教育,如何确保模型不会提供不适当或误导性的内容,如何保护学生的隐私,都是需要考虑的重要问题。ChatGPT在为学生提供即时反馈、辅助教学和提供个性化学习建议方面都显示出了巨大的潜力。然而,随着这些技术的广泛应用,也带来了一系列伦理和隐私方面的问题和挑战。对数据隐私和安全性问题在具体的应用场景中是极其重要的,教师或学生可能会向ChatGPT询问私人和敏感的问题。尽管这些查询大多数情况下是匿名的,但如何确保这些数据不被滥用或泄露是一个关键问题。所以确立严格的师生数据隐私保护机制,对于涉及的个人信息必须采用加密与私密保护技术,严格限制数据访问权限,并定期进行安全检查、持续改进,是 ChatGPT 面临的挑战。而对伦理问题则是指与 ChatGPT 使用相关的一系列道德和价值考量。这些伦理问题涉及如何使用该技术,该技术可能带来的影响,以及如何确保人工智能技术的公正、透明和负责任地使用等。伦理考虑之一是知识的准确性和偏见,由于 ChatGPT 是基于其训练数据进行响应的,它可能会产生不准确或偏见的信息。这时候必须考量如何确保用户得到的信息是客观和无偏见的?如何应对 ChatGPT 潜在的刻板印象或歧视性内容?其二是透明性和解释能力,ChatGPT 的工作原理对大多数用户来说是一个"黑盒子",这可能导致用户盲目信任或怀疑其回答。这就涉及到如何提高 AI 的透明性和解释能力?用户如何知道模型为什么会给出特定的回答?其三是增强了偏见与歧视,如果 ChatGPT 的训练数据中涵盖了某些偏见,这可能导致某些文化、性别或种族群体在回答中也将受到偏见和不公平的待遇。其四是技术的普及性与平等性,这一问题是指不是所有人都能够访问和使用高级 AI 技术,这无形中可能加剧社会不平等。这一问题就要考量如何确保各种背景的人都能平等地访问和受益于这些技术?最后可能涉及的是人机关系问题,因为过度与 AI 互动可能影响人们的正常的人际关系和社交技能,也可能导致学生失去与老师和同学的交往机会,对此就需考虑如何平衡人与机器和与真人的互动?

综上所述,尽管 ChatGPT 为教育带来了许多新的机会和便利,但同时也伴随着一系列伦理和隐私方面的问题。教育者、技术开发者和政策制定者都需要共同努力,确保在充分利用这些技术的优势的同时,也能够有效地解决伦理和隐私方面的挑战。

5.4.6 文化和语境差异

在全球一体化的背景下,教育的受众日益多元化,这意味着任何工具或教育资源,包括 ChatGPT 都需要正视文化和语境差异的挑战。尽管 ChatGPT 可以处理多种语言,但在某些特定文化或地域背景下,其答案可能缺乏相应的语境理解,导致答案失真或不准确。以下是这方面的一些关键考虑因素:首先是文化敏感性,ChatGPT 及其他 AI 工具在其训练数据中可能已经植入了某种文化的观点或者价值观。这可能导致模型在回应某些文化特定的问题时表现出偏见或误解。例如，关于历史、宗教或社会习俗的问题可能会受到模型训练数据中主导文化的影响。其中也涉及语境理解，因为语言不仅仅是文字和语法，它还蕴含了深层的文化和社会背景。对于某些词汇或短语，即使直译正确，也可能会失去其原始文化中的深层含义。这对于教学尤为关键，因为一个概念在不同的文化和语境中可能有完全不同的解读。其次是教育方法和价值观问题，不同的文化可能对教育和学习有不同的期待和方法。在某些文化中，记忆和模仿可能被高度重视，而在其他文化中，批判性思维和问题探究可能更为核心。ChatGPT需要考虑能够识别并适应这些差异。其中也包括例子和类比的选择，为了解释复杂的概念，ChatGPT可能会使用例子或类比。然而，某些例子在一个文化中可能是常识，但在另一个文化中则完全陌生。再次是对文化交流和尊重问题，教学不仅仅是知识的传递，还涉及学生之间、学生与教师之间的交流和互动。在多文化背景下，如何确保ChatGPT能够鼓励跨文化交流并尊重每个学生的背景和观点是一个不容忽视的问题。尤其随着文化交融和全球交流的加剧，语境和文化引用也在不断地发展和变化。ChatGPT需要能够跟上这些变化，确保其回答始终是最新和最相关的。

总之，面对多文化和多语境的教育环境，ChatGPT以及其他AI教学工具都需要展现出足够的灵活性和敏感性，确保为所有学生提供公正、准确和有意义的学习体验。

5.4.7　技术和设备的普及性

随着社会的发展与技术的进步，许多先进工具和平台已经变得更加普及和经济，但全球范围内仍存在巨大的数字鸿沟。ChatGPT在教学应用中的普及仍将受到以下几方面因素的制约。首先硬件设备的普及：尽管许多发达地区的学生和教育者都有访问先进技术的机会，但在发展中国家和边远地区，学生可能没有稳定和高速的互联网连接，更不用说高性能的电子设备来运行先进的AI工具。其中也包括软件和平台的接入性，ChatGPT和其他AI工具通常需要特定的平台或应用程序才能运行。在某些地区,这些软件可能因为语言、文化或法规限制而难以获取或使用。其次是技术教育和培训的缺乏,对于那些不熟悉技术的教育者和学生,使用ChatGPT 等先进工具可能会遇到障碍。需要考虑如何为他们提供培训和支持,确保他们能够充分利用这些工具和软件平台。再次是经济因素的制约,虽然一些工具可能提供免费的版本,但高级功能或特定的教学资源可能需要付费。对于某些地区或学校,经济制约可能是主要障碍之一。这也涉及软硬件的更新和维护,硬件设备与软件平台需要定期更新和维护。这不仅需要额外的资源和经费支撑,某些地区可能因为资金的限制或缺乏技术支持而使得 ChatGPT 模型的应用变得比较困难。最后是关于文化和社会接受度问题,在某些文化或社群中,传统的教学方法可能仍然占主导地位,而 ChatGPT 模型在教育中的应用可能受到怀疑或反对。这需要时间和努力去促进更广泛的接受和应用。

总之,虽然 ChatGPT 和其他 AI 教学工具为教育带来了巨大的潜力,但我们还需要努力克服上述挑战,如何确保各种背景的人都能平等地访问和受益于这些技术。

5.5 应用展望

以 ChatGPT 为代表的 AI 技术正在重新定义人们如何获取和使用知识,这不仅为人类带来了前所未有的工作效率,更在释放人的创造力,允许人们更加聚焦于需要独立思考和创新的领域。在这个充满无限可能的未来世界,AI 技术成为推动社会进步的主要动力之一,ChatGPT 及其衍生技术可能将成为未来社会发展和知识经济的核心驱动力,呈现出令人瞩目的潜力和应用前景。展望 ChatGPT 的应用未来,探讨其背后的"三主义"以及它所依赖的"三要素"就可以基本知晓它的未来潜力无限,空间巨大。

5.5.1 强大支撑:三主义与三要素

"三主义"是推动 ChatGPT 的内在思想驱动力,它们是:连接主义、行为主义和符号主义。以数据驱动为核心的连接主义,也即人们熟知的深度学习,为 ChatGPT 提供了大量经过学习和提炼的知识和信息。深度学习模型能够通过大量数据自主学习和识别模式，为 ChatGPT 提供强大的语义理解能力。以反馈控制为核心的行为主义，即强化学习，为 ChatGPT 提供了一种学习环境的互动方式，使其能够在与用户交互的过程中不断完善和调整自身。以逻辑推理为核心的符号主义，赋予了 ChatGPT 强大的推理和逻辑分析能力，使其能够进行深入的问题分析和提供有效的解决方案。三主义与人工智能的交融，展现了未来信息系统的雏形，使其有望成为数字时代的知识门户与交互中心。

"三要素"是支撑 ChatGPT 的外在技术动力，它们是：数据、算法和算力。数据如同燃料，为模型提供必要的知识来源和学习材料。算法（模型）则如同引擎，将数据转化为有意义的输出，为用户提供有价值的回应。算力则作为加速器，保证模型的高效运行。这三要素相互依赖，共同确保 ChatGPT 能够高效、准确地为用户提供服务。三要素与人工智能的融合将重新定义人们如何获得信息和使用知识。

基于强大的支撑，展望未来，以 ChatGPT 为代表的大型语言模型可能成为 AI 时代一种全新的信息系统入口和知识调用方式。这不仅意味着它会成为日常生活和工作中的常用工具，而且还意味着它将为众多行业提供创新解决方案和新的工作模式。从搜索引擎、客户服务到内容创作，ChatGPT 都可能为传统的业务模式带来革命性的变化。

5.5.2 教育深刻变革

随着 ChatGPT 为代表的 AI 大语言模型技术的快速进步，教育的面貌即将经历深刻的变革。未来的教育系统将更为精细化、个性化，更加贴合每个学生的个体需求。想象在这样的时代里，学习路径完全为每位学生量身定制，与他们的学习速度与风格达到完美匹配，这不再是遥远的梦想，而是即将成为现实。

实时反馈将成为教育中的常态。无须等待日复一日，学生将能够立即获得有关他们作业和测试的建议和评价，这不仅将帮助他们更快地把握并纠正错误，而且也会增强他们的自主学习能力和自我驱动力。同时，全球化教育正逐步形成。语言与文化不再成为学习的障碍，而是学习的媒介。

AI 技术,尤其是实时翻译功能,将使知识的传播真正地超越国界,文化和语言的壁垒将逐渐消失。

而对于学生们的未来规划,AI 的影响同样不可小觑。从早期的职业兴趣测评到未来可能的职业路径规划,AI 将更加深入地参与其中。学生的兴趣、技能和潜在的职业趋势都将被纳入分析中,从而提供更为精准的学术和职业指导,帮助他们找到最适合自己的道路。此外,持续学习变得尤为重要。在此背景下,AI 不仅为学生服务,也为广大在职人士提供支持。技能更新、知识补充,都可以通过 AI 得到有效的帮助,保证每个人都能适应这个日新月异的时代。模拟和虚拟现实技术,特别是与 AI 相结合的应用,将为学生提供一个既安全又逼真的实验和实践环境,使他们得以亲身体验和深入理解知识。

教育中另一个革命性的变化是虚拟助教的引入。这些全天候在线的虚拟助教不仅能够随时解答学生的疑问,提供必要资源,而且还能根据每个学生的需求提供个性化的指导。对于特殊需求的学生,这一点尤为重要。他们需要的不仅仅是传统意义上的教育资源,更需要一种定制化、个性化的教育方式,确保他们在学习中不会被边缘化。

评估与测试也将得到彻底的革新。从单一的选择题、填空题,到更为复杂和个性化的测试方式,这一切都将为更准确地评估学生的理解和能力而设计。而教师,这个令人尊敬的职业,也将经历前所未有的变革。他们不再仅仅是传统意义上的讲授者,而是更多地成为学生学习过程中的组织者、指导者、启发者和帮助者,并与 AI 并肩合作,确保每个学生都能得到全方位的支持。

毫无疑问,AI 大语言模型对未来教育的影响和变革可能会非常深远,尤其是以 ChatGPT 等为代表的模型,将彻底改变教育的面貌,使之变得更加个性化、高效和包容。但随之而来的也有伦理和隐私等挑战。正因如此,未来教育将更加注重对学生的全面培养,不仅是知识和技能,更是思维方式、价值观和伦理观念,确保他们在与人工智能技术共生的未来社会中,不仅能够生存,更能够独立、有批判性地思考,成为真正适应时代发展和有用人才。

总之，我们认为未来有了 AI 大语言模型得力好帮手，特定知识越来越容易获得，完全可以使人类从烦冗工作中解放出来，进而更多投入到需要独立思考、综合判断、创新思维的工作中。为此，对未来教育应用思考的聚焦点应该放在要更重视对超越 ChatGPT 的思维和能力的培养。首先是批判性思维培养，恰当使用 AI 工具可为教育目标的实现提供便利，但是对 ChatGPT 所生成的答案，要进行质疑、判断和推理，而不是不假思索地全盘接受。其次是计算思维培养，教育的目标不是"获取特定知识"，而是形成创造性解决问题的能力。学生科学或技术教育中最有价值的收获是终生可用的通用心智工具。再次是科技伦理遵循，ChatGPT 的关联学习能力很强，却缺乏对公理的坚持。当你试图诱导它犯错时，它很容易发生"信念屈服"，从而产生"虚假关联"。要强化科技伦理教育，从而弥补机器带来的潜在的伦理风险。

最后，我们希望让 ChatGPT 能够成为你的睿智指导老师，让它能够告诉你该学习哪些最基本的概念，然后会根据你的水平，制定你的相应的学习计划。成为你的课后辅导老师，让她给你出一些比较有趣、变换花样的各种题目，来加深对特定的概念的理解，且所出题目非常有趣，会让你觉得学习不再是枯燥乏味，而是愉悦和有趣。成为你的学习伙伴，可以时刻地陪伴在你的身边。成为你的专业助手，为你高效完成资料查询、收集、梳理、分类等耗时耗力的工作。还能帮助你对学习内容的归纳和总结，来为你生成某篇文章或者相关理论的总结等。在这一过程中，你所要做的努力是，学会提问，勤于思考、善于判断、超越自我。

5.5.3　仍有很长之路

尽管 ChatGPT 在引领社会发展和推动变革方面拥有巨大潜力，但其前景并非毫无阻碍。为了真正发挥其变革性能量，必须进一步提升其能力，同时直面并解决它现存的不足之处，确保 AI 技术真正为人类带来长足进步和广泛福祉。ChatGPT 可以进一步提升其能力并解决其不足之处可主要归纳为：

（1）提高上下文理解和保持能力

努力提升 ChatGPT 对长文本段落和多轮对话的上下文理解和保持能力，从而提高其回应的连贯性和相关性。这些提升可以使 ChatGPT 在摘要或基于对话的应用等复杂任务中更加有效。

（2）增强常识推理能力

ChatGPT 的未来版本应该融入更好的常识推理能力，使模型能够更有效地处理隐含知识和直观理解。这方面能力将导致更准确、有意义的回应，减少后续问题的数量，甚至在需要理解人类经验或暗示知识的情况下也能做到这一点。

（3）实时信息事实核查

未来 ChatGPT 模型发展可能包括实时信息访问的事实核查能力，使它能够提供更准确、最新的回应。事实核查功能还可以增强模型生成信息的可靠性和可信度。

（4）适应性和定制性

迁移学习和微调技术的进步将使 ChatGPT 更容易适应特定任务、领域或行业，进一步扩展其应用范围。改进的定制选项应该使用户能够更有效地调整模型的行为，确保 AI 生成内容与其独特的需求和偏好相符。

（5）减少偏见和促进公平

ChatGPT 的开发者应该更加专注于通过完善训练过程、数据筛选和模型评估来减少偏见并促进输出的公平性。这些努力将有助于确保生成的内容更具代表性、包容性，并且不易强化有害的刻板印象或歧视。

ChatGPT 的未来充满希望，预期的发展和改进将克服当前的限制，使 ChatGPT 等 AI 语言模型变得更加多功能、强大和高效，适用于各种应用领域。ChatGPT 和类似的大型语言模型的未来发展趋势可能还包括：训练更大的模型：随着数据、算法、算力三要素的不断增加，人们可能会看到更大的模型，这些模型将有更深的理解能力和更好的生成能力。定制化和个性化：未来的模型可能会更加个性化，垂直化，更好地适应特定的任务或用户。融合其他 AI 技术：大型语言模型必定会与其他 AI 技术（如计算机视觉、强化学习等）融合，以实现真正多模态、更复杂的任务。然而，AI 大语言模型发展规模可能还将会出现两个相反趋势：巨大和小微。巨大模式是全模态，海量参数，从大数据到全数据的发展；小微模式是模型压缩和优化，以有限资源达成近似性能（沈阳，2023）。

最后，人们必须清楚地认识到：任何一种技术在赋能人类都要花费较长时间才能对生产率产生实质影响。如瓦特改良蒸汽机 100 年后，才对劳动生产率的贡献才达到顶峰；发电机在发明 40 年后才带来实质性生产力提高。其原因是技术需要与其他领域、行业和技术更加紧密结合，才能真正产生巨大力量。ChatGPT 同样任重道远，仍有很长之路要走！

图书在版编目（CIP）数据

AI大语言模型驱动教学创新与变革 / 邱峰著. — 上海：上海教育出版社，2023.10（2024.7重印）
ISBN 978-7-5720-2361-3

Ⅰ.①A… Ⅱ.①邱… Ⅲ.①自然语言处理－应用－教育研究 Ⅳ.①G40-03

中国国家版本馆CIP数据核字(2023)第207449号

责任编辑　屠又新
封面设计　蒋　妤

AI大语言模型驱动教学创新与变革
邱　峰　著

出版发行　上海教育出版社有限公司
官　　网　www.seph.com.cn
地　　址　上海市闵行区号景路159弄C座
邮　　编　201101
印　　刷　上海商务联西印刷有限公司
开　　本　700×1000　1/16　印张 18.75
字　　数　260 千字
版　　次　2023年11月第1版
印　　次　2024年7月第2次印刷
书　　号　ISBN 978-7-5720-2361-3/G·2101
定　　价　89.00 元

如发现质量问题，读者可向本社调换　电话：021-64373213